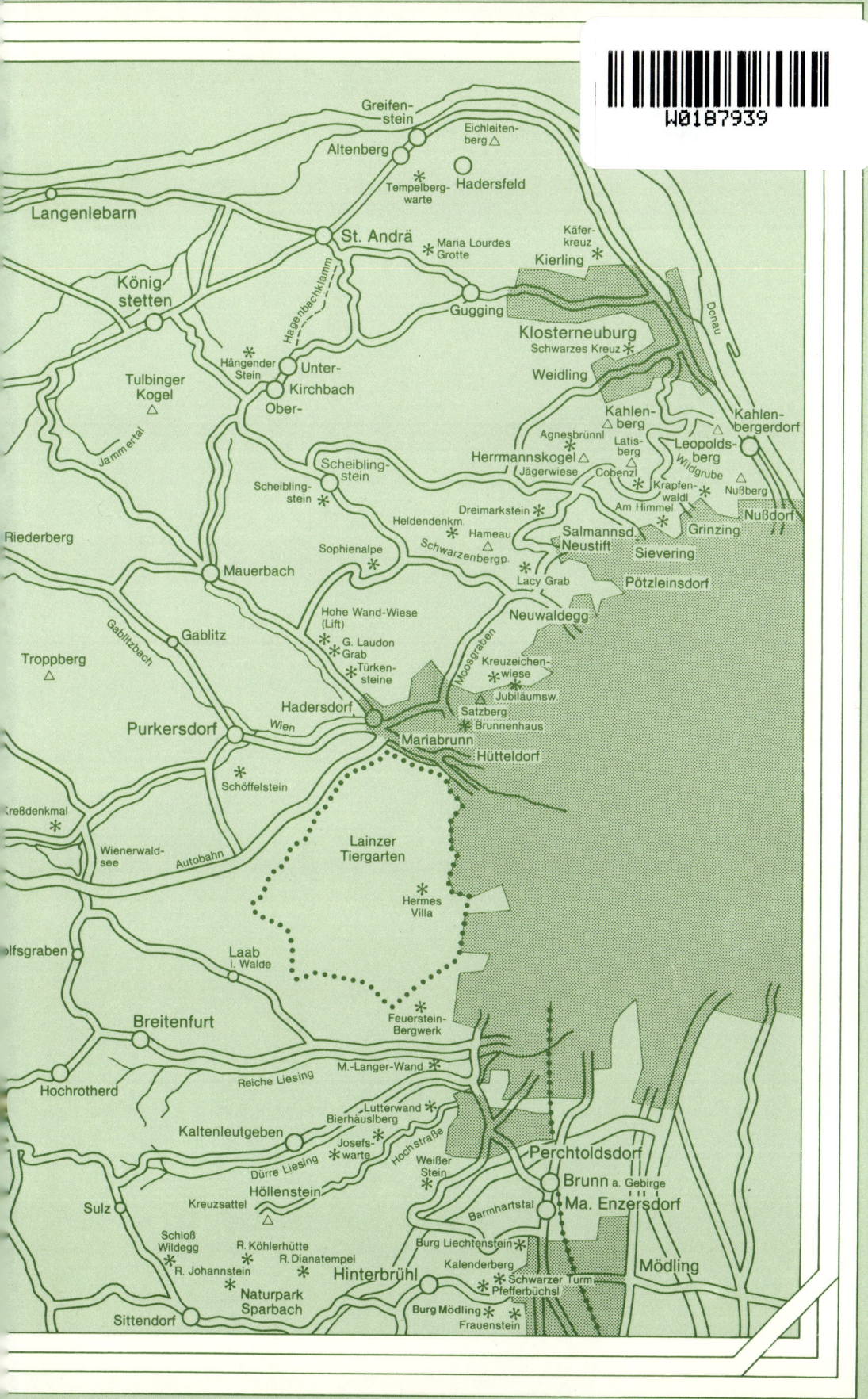

Greifen-
stein
Altenberg
Eichleiten-
berg △
Tempelberg-
warte
Hadersfeld
Langenlebarn
St. Andrä
Maria Lourdes
Grotte
Käfer-
kreuz
Kierling
König
stetten
Hagenbachklamm
Gugging
Klosterneuburg
Schwarzes Kreuz
Donau
Weidling
Tulbinger
Kogel
△
Hängender
Stein
Unter-
Kirchbach
Ober-
Kahlen-
berg
△
Kahlen-
bergerdorf
△
Agnesbrünnl
Latis-
berg
△
Leopolds-
berg
Jammertal
Scheibling-
stein
Scheibling-
stein
Herrmannskogel △
Jägerwiese
Cobenzl △
Wildgrube
Krapfen-
waldl
Nußberg △
Am Himmel
Nußdorf
Riederberg
Dreimarkstein
Heldendenkm.
Hameau
Schwarzenbergp.
Salmannsd.
Neustift
Grinzing
Sievering
Sophienalpe
Lacy Grab
Pötzleinsdorf
Mauerbach
Hohe Wand-Wiese
(Lift)
Neuwaldegg
Gablitzbach
Gablitz
G. Laudon
Grab
Türken-
steine
Moosgraben
Kreuzeichen-
wiese
Troppberg
△
Jubiläumsw.
△
Hadersdorf
Wien
Satzberg
Brunnenhaus
Purkersdorf
Mariabrunn
Hütteldorf
Schöffelstein
Kreßdenkmal
Lainzer
Tiergarten
Wienerwald-
see
Autobahn
Hermes
Villa
olfsgraben
Laab
i. Walde
Breitenfurt
Feuerstein-
Bergwerk
Hochrotherd
M.-Langer-Wand
Reiche Liesing
Kaltenleutgeben
Lutterwand
Bierhäuslberg
Josefs-
warte
Hochstraße
Perchtoldsdorf
Dürre Liesing
Weißer
Stein
Sulz
Höllenstein
Kreuzsattel
△
Brunn a. Gebirge
Barmhartstal
Ma. Enzersdorf
Schloß
Wildegg
R. Köhlerhütte
R. Dianatempel
R. Johannstein
Burg Liechtenstein
Kalenderberg
Schwarzer Turm
Pfefferbüchsl
Mödling
Naturpark
Sparbach
Hinterbrühl
Burg Mödling
Frauenstein
Sittendorf

Karl Lukan
Das Wienerwaldbuch

J&V

Karl Lukan

DAS WIENERWALDBUCH
Kulturhistorische Wanderungen

Jugend und Volk Wien München

Quellenvermerk:
Fotos: Fritzi Lukan
S. 29: Die Zahnradbahn. Aus: Illustrirter Führer durch Wien und Umgebungen. A. Hartleben's Verlag, Wien. Pest. Leipzig 1895 – Annonce in der »Neuen Freien Presse« 1847. Aus: Unvergessene alte Kahlenbergbahn. Verlag Carinthia, Klagenfurt 1974
S. 45: Die Habsburg-Warte auf dem Hermannskogel. Aus: Illustrirter Führer durch Wien und Umgebungen. A. Hartleben's Verlag, Wien. Pest. Leipzig 1895
S. 61 und 145: Privatbesitz Karl Lukan
S. 149: Die Grotte vom Cobenzl, Sammlung Fritz Kristan
S. 208: Rückseite des »Ostara«-Heftes 1, Magdeburg 1922. Aus: Wilfried Daim, Der Mann, der Hitler die Ideen gab. Isar Verlag Dr. Günter Olzog KG, München 1958
S. 227: Burg Merkenstein. Aus: Georg Matthäus Vischer, Topographia Archiducatus Austriae Inferioris Modernae, 1672. Akademische Druck- und Verlagsanstalt, Graz 1976

Karten: Renate Uschan
Umschlaggestaltung nach einem Foto von Fritzi Lukan: Tino Erben

ISBN 3-7141-7607-1 Jugend und Volk Wien

© Copyright 1980 by Jugend und Volk Verlagsgesellschaft m.b.H.,
Wien München
Alle Rechte vorbehalten. 4592-80/1/70
Satz: Fotosatz Bergler
Druck und Bindung: Wiener Verlag

INHALT

HOHER ANNINGER: FÜHRER LUKAN   7

»SONNTAGSLEUT IM WIENERWALD«   8
Herr Biedermeier unterwegs / ». . . jetzt pfeift der Dampf und läßt im Sturm uns reisen« / »Wiens malerische Umgebungen« / 6244,5 Kilometer Wienerwaldwege / »Schwammerlbrocker« / Utopie: »Wiener Land« / Herr Schreber und der »Schrebergarten« / »Glocknergrat« und »heizbarer Kamin« / Sonntag auf Brettln / Das Gipfelbuch auf dem Roßgipfel

KREUZ UND QUER DURCHS »KAHLENGEBIRGE«   27
Der verflixte Namenswechsel / Der Kahlenberggrat / »Knöpferlbahn«, »Zuckerlbahn« und »Ruckerlbahn« / Der Künstlerstein / Im Ritterfriedhof / Kuriose Projekte / Die Wiener Höhenstraße / Beethoven und seine Pastoralsymphonie / Himmel, Krapfenwaldl und Cobenzl / Einsamer Latisberg / Johann Strauß und Raimund in Neustift am Walde / Das Agnesbrünnl am Hermannskogel / 22.452 Quadratkilometer Aussicht / »Veilchenfest« und »Pfaff vom Kahlenberg« / St. Severin und Heiligenstadt / Alt-Sievering / Wundersamer »Grinzinger« / Der »Grinzing-Plan« / Der Schleier der Markgräfin / »An der schönen, blauen Donau« / Der »Riesenfinger« und der Riese

ZWISCHEN DONAUSTROM UND WIENFLUSS   62
Die Mongolenköpfe von Klosterneuburg / St. Leopold, »Leo« und alle Poldln / Die ungleichen Türme von Klosterneuburg / Lenau in Weidling / Der »Germane« von Kierling / Schwarzes Kreuz und Käferkreuz / Die »Jessas-Maria-und-Josefs-Bahn« / Greifenstein: Reise in die Vergangenheit / Der nördlichste Berg der Alpen / Peter Altenberg in Altenberg / Adolf Lorenz als Skipionier / Konrad Lorenz' seltsame Experimente / »Schluchtenwildnis« Hagenbachklamm / Der »Hängende Stein« bei Unterkirchbach / Volksmedizin im Wienerwald / Figl wettet um ein Schwein / Der Scheiblingstein / Das Römergrab von Au am Kracking / Die Tausendjährige Eiche am Haaberg / Pötzleinsdorf, des »Schweizers Lustrevier« / Lacys Zauberpark und Laudons Grab / Das Heldendenkmal vom Hameau / Das »Galiziberglied« / Wiens erste Hochquellenwasserleitung / Schneekanonen auf der Hohe-Wand-Wiese / Die Kartause Mauerbach / »Frauenkäferl, flieg nach Mariabrunn« / Die »Kaiserin-Elisabeth-Westbahn« / Aus der Postkutschenzeit / Der Flugdrache vom Wienerwaldsee / »Kaiserbrünndl – Wienflußquelle«

ALLERLEI AUS »SCHÖFFELS WIENERWALD«   116
Die »k. k. Maffia« und ihr Gegner / »Aus den Papieren eines Polizeikommissärs« / Der Kampf um den Wienerwald – heute / Friedrich Schlögl erzählt / Ein verrückter Geheimtip / Die Klause bei Klausenleopoldsdorf / Der Andreas Hofer vom Schöpfl /

Das »heilsame Bründl« von St. Corona / Egon Schiele im Gefängnis / Josef
Weinheber und Neulengbach / Der Engländer von Kirchstetten / Villers und sein
»Wiesenhaus im Wienerwald« / Ludwig Ganghofer und sein Jäger / Autoweihe in
St. Christophen / Das große Geheimnis um Schloß Breitenfurt / Die
»Müllirahmstrudelzone« / Warme Winter und eisige Sommer / Der »arme
Schlucker« und der Lainzer Tiergarten / Wildschweinisches / Der erste
Exportbetrieb Österreichs im Maurerwald / Die »reiche« und die »dürre« Liesing

SÜDLICHER WIENERWALD – AM RANDE 145

Von der Badnerbahn und dem Wiener Neustädter Kanal / Kurbad Rodaun / Mark
Twain in Kaltenleutgeben / Der »Goldmacher von Rodaun« / Die Türken in
Perchtoldsdorf / Geheimnisse um den »Weißen Stein« / Grenzsteine und magische
Wettervertreiber / Der Romantikerfriedhof von Maria Enzersdorf / 497 Awaren-
gräber an der »Goldenen Stiege« / Der »Teufelskopf« von Mödling / Hyrtl
und Schöffel / Beethoven in Mödling / Arnold Schönberg auf dem Anninger / Die
»Breite Föhre« / Die Rätselinschrift von Gumpoldskirchen / »Wer ain Jungkfrau
beraubt irer eheren« / Die Reblaus in Österreich / »Drei Därrischen-Höhle« im
Anninger / »'s Schwarzblatl aus'n Weanawald« / »Der leidenden Menschheit
gewidmete Wohltat der Natur« / Baden in Baden / Der Christbaum in der Weilburg /
Gschichten aus dem Helenental / Das Rad auf Rauhenstein / Urtelstein und
Jungendbrunnen / Der Karlstisch / Skandal in Bad Vöslau / Der Herrgott und der
Wein

SÜDLICHER WIENERWALD – INTERN 194

Die Hochstraße / Die Perchtoldsdorfer Heide und das »Buch mit den sieben Siegeln« /
Die »Höhlenkinder« und der Sonnleitner / Föhrenberge und Höllenstein / Die
»älteste Ruine des Wienerwaldes« / Vom »Brühl« und vom Sparbacher Tiergarten /
Der Husarentempel bei Mödling / Schubert und die »Höldrichsmühle« / Die
»Seegrotte« in der Hinterbrühl / Die »Weiße Frau von Wildegg« / Wie man
Ordensmann wird / Der letzte Babenberger / Stift Heiligenkreuz und seine Künstler /
»Der Mann, der Hitler die Ideen gab« / Mayerling / Der Peilstein und die »Wilde
Jagd« / Vom Peilstein-Kletterführer / Die Pankraziburg bei Nöstach /
Klein-Mariazell und das Wallfahrtsmuseum / Berndorf und seine seltsamen
Schulen / Raimund in Pottenstein / Der sonderliche Graf Wimpffen / Viel
Merkwürdiges um Merkenstein / Eisernes Tor / Vom Wienerwald zum
Hochschneeberg

DIE »WALD- UND WIESENTOUR« 232

LITERATUR 235

HOHER ANNINGER: FÜHRER LUKAN

»Man fühlt sich so heimisch, so wohl in diesen Gründen, ein ganz eigenes Gefühl der Behaglichkeit und Zufriedenheit beschleicht die Seele, und Eindrücke dieser Art sind es ja, welche die bleibendsten und theuersten Erinnerungen im Gemüthe des fühlenden Menschen zurücklassen.«

Der Topograph F. C. Weidmann im Jahre 1823 über den Wienerwald

Viele Jahre war ich im Führerausschuß des »Österreichischen Gebirgsvereins«, führte schwierige Klettertouren auf Rax und Schneeberg und vom Gesäuse bis zu den Dolomiten. Bei den Sitzungen wurden natürlich auch Wienerwaldführungen festgelegt, und die älteren Herren nannten da Berge, von denen ich noch nie in meinem Leben gehört hatte ... Saubichl und Kuhberg, Totenköpfl und Eigerin ...

Einmal wollte ich im Spätherbst (Sauregurkenzeit für einen Kletterer) auch so eine Wienerwaldführung übernehmen. Aber der Führerobmann war davon nicht sehr begeistert. Er meinte, daß eine Wienerwaldführung doch etwas sehr Subtiles sei. Man muß die Leute ja nicht nur irgendwo hinführen, sondern ihnen auch etwas erzählen können, muß über Fauna und Flora, über Kunst und Kulturdenkmäler Bescheid wissen ... »Glaubts, derpackt das schon unser junger Kamerad?« fragte er das Forum. Die Herren nickten zustimmend. Ich durfte also von Mödling auf den Hohen Anninger (wie man ihn damals noch nannte) führen.

Bei dieser Führung brauchte ich nichts zu erzählen, das besorgte einer der Teilnehmer, ein schon weißhaariger Herr: Von Mödling bis zum Anningergipfel und vom Anningergipfel bis nach Mödling zurück erzählte er »Geschichten aus dem Wienerwald«.

Ich fand sie so interessant, daß auch ich begann, zu sammeln ... alte Berichte und moderne Fakten, Kurioses, Amüsantes, oft Unglaubliches ...

Ergebnis: Dieses Buch!

»SONNTAGSLEUT IM WIENERWALD«

»Spazierfahrten in die Gegenden um Wien« – lautete der Titel eines schmalen Bändchens, das 1794 erschien und »den Freunden ländlichen Vergnügens gewidmet« war. Der Kulturhistoriker und Pädagoge Franz Gaheis ist damit Verfasser des ersten Wienerwaldführers geworden.

Gaheis hat – wie er im Vorwort schreibt – »für den empfindsamen Leser die Schönheiten der Natur mit malerischen Farben geschildert, nicht selten einen aufmerksamen, kritischen Blick auf die Wirkungen der Baukunst, Gartenkunst und dergleichen geworfen; selbst den Einfluß, den die Lage eines Ortes auf die Gesundheit hat, öfters anzumerken nicht vergessen. Auch die Beschaffenheit der Wege, die Charakteristik der besuchten Gasthäuser, die Anzeige der Mauthen, und was sonst auf Erhöhung oder Verminderung des Vergnügens einer Landfahrt Einfluß zu haben pflegt, ist kurz und wahr angezeigt worden«.

»Kurz und wahr« zeigte Gaheis z. B. über Grinzing nur an: »Grinzing ist wegen des Weines bekannt, welcher in dieser Gegend häufig wächst, und zwar von dem Dorfe seine Benennung hat, aber im Gasthause bey dem guten Weinberg eben nicht unvermischt zu bekommen ist.«

Gaheis schrieb seinen Führer für »Leute von Distinction«, allen anderen fehlte Ende des 18. Jahrhunderts noch die Zeit und das Geld für eine »Spazierfahrt in die Gegenden um Wien«. Denn damals mußte ein großer Teil der Bevölkerung auch noch am Sonntagvormittag arbeiten, und die Preise der Fuhrwerke erreichten (für die Einkommensverhältnisse) astronomische Höhen. Der Sonntagsnachmittagsspaziergang des kleinen Mannes und seiner Familie führte daher nur auf das Glacis, in den Prater oder in einen der (damals noch ländlichen) Vororte.

1838/39 erschien Adolf Schmidls dreibändiges Werk »Wien's Umgebungen auf zwanzig Stunden im Umkreise« mit einem Gesamtumfang von 1882 (!) Seiten. Was war geschehen, daß der Aktionsradius der Wiener nun so ausgeweitet werden konnte? Schmidl sagt es im Vorwort seines »gewichtigen« Werkes: »Da wurde zuerst vor etwa 10 Jahren ein Gesellschaftswagen nach Hietzing errichtet, welcher sich auf dem Petersplatze aufstellte, und anfangs nur drei Mal des Tages abfuhr. Der Zudrang war aber so groß, daß er bald zu allen Stunden des Tages hin- und herfahren mußte. Schnell folgten nun ähnliche Institute für die anderen benachbarten Orte, und gegenwärtig fahren nicht weniger als 60 Wägen täglich in die verschiedenen Umgebungen Wiens, von denen 18 alle Stunden abgehen. Sonntags sind daher bei schönem Wetter oft über 140 Wägen beschäftigt, welche wenigstens 10.000 Personen befördern.«

Schmidls Begeisterung für die Gesellschaftswagen – Vorläufer der heutigen Verkehrsbetriebe – kommt uns heute allerdings ein wenig übertrieben vor, wenn wir die in seinem Buch abgedruckten Fahrpläne lesen . . .

Wien – Grinzing an Wochentagen: 9 – 11 – 2 – 3 – 4 – 6 – 8 – 9 Uhr
Wien – Grinzing an Sonn- und Feiertagen: »Zu allen Stund«

Schwieriger war es, nach Gumpoldskirchen zu kommen. Da verkehrte täglich nur ein Wagen mit der Abfahrt um 5 Uhr abends. Und die Rückfahrt? Lakonisch heißt es im Fahrplan: »Morgens.«

1840 wurde von der »Wien–Raaber-Eisenbahn« (so hieß zuerst die Südbahn) das erste Teilstück bis Wiener Neustadt eröffnet. Die Fahrzeit von Wien nach Baden dauerte eine Stunde; in der IV. Klasse zahlte man dafür 30 Kreuzer (soviel kostete damals in einem Landgasthaus ein Kalbsbraten mit Salat), in der III. Klasse 45 Kreuzer, in der II. Klasse 1 Gulden, und wer gar im Salonwagen erster Klasse reiste, mußte dafür 1 Krone und 30 Kreuzer bezahlen.

Schon 1847 meldet Schmidl, daß die Bahn während der Pfingstfeiertage über 60.000 Personen beförderte. Allerdings beklagt er auch, daß man bei einem solchen Andrang viel zu große Zugsgarnituren zusammenstellt, »wodurch oft eine Fahrdauer sich herausstellt, die kein Fiaker nach demselben Orte nöthig hätte!«.

Aber so wie die Menschen am Anfang der großen Motorisierung

Aus den »Bestimmungen für Reisende« der k. k. pr. Wien – Gloggnitzer Eisenbahn vom 1. September 1846

3. Die Stationskassen werden eine halbe Stunde vor Abgang eines jeden Wagenzuges geöffnet, jedoch sind daselbst die Fahrkarten immer nur für den zunächst folgenden Train zu bekommen.

4. Alle Passagiere haben sich längstens 5 Minuten vor der Abfahrt bei der Stationskasse Fahrbillets zu lösen, dieselben dem aufgestellten Portiere oder Kondukteur zur Abreißung der Coupons vorzuzeigen, und sich in den zu ihrer Aufnahme bestimmten Raum zu begeben.

8. Die Fahrbillets haben mit den Wagen gleiche Farbe, so zwar, daß für die erste Klasse grüne Billets und grüne Wagen, für die zweite Klasse gelbe Billets und gelbe Wagen, und für die dritte und vierte Klasse braune Billets und braune Wagen bestimmt sind.

9. Nach dem ersten Glockenzeichen, welches auf den Hauptstationen 5 Minuten vor der Abfahrt erfolgt, wird das Ausgeben der Fahrbillets eingestellt, und die Kasse geschlossen. Die Reisenden haben längstens nach diesem Zeichen ihre Plätze gegen Vorweisung der Fahrbillets und nur in der dadurch bezeichneten Wagenklasse einzunehmen; nach dem zweiten Läuten werden die Eingänge zu den Bahnhöfen oder Personenhallen abgesperrt, sowie die Wagenthüren zugemacht; später eintreffende Passagiere werden nicht mehr zugelassen, deren Billets verlieren ihre Giltigkeit.

11. Das Publikum hat sich mit Anfragen nicht an den Lokomotivführer, sondern nur an die Kondukteure zu wenden.

19. Auf den Zwischenstationen haben sich die Passagiere, welche die Fahrt mitmachen wollen, bereit zu halten, um, sobald die Glocke oder Dampfpfeife das Herannahen des Wagenzuges verkündet, und die angekommenen Personen denselben verlassen haben, ungesäumt in jene Wagen einsteigen zu können, welche ihnen vom Kondukteur angewiesen werden; wenn in den vorhandenen Wagen keine leeren Sitze mehr vorhanden wären, so müssen sich die Reisenden herablassen, einen nachfolgenden Train abzuwarten, da ihre Aufnahme nur unter dieser Bedingung Statt findet.

nach dem Zweiten Weltkrieg mit dem Verkehrsmittel Auto nichts Vernünftiges anzufangen wußten, so war es schon in der Biedermeierzeit mit dem neuen Verkehrsmittel Eisenbahn. Herr Biedermeier fuhr also nunmehr mit der Bahn nach Mödling oder Baden, stieg dann in einen Gesellschaftswagen oder in eine Kalesche um, ließ sich in den Brühl oder ins Helenental kutschieren, speiste dort ausgiebig – und fuhr wieder nach Hause. Er dachte nicht daran, seine Füße zu strapazieren. Und das, obwohl zur Südbahneröffnung sogar ein Spezialführer erschienen war mit dem nicht gerade kurzen Titel: »Andeutungen zu Ausflügen von einem halben Tag bis zu vier Tagen mittels der beiden von Wien auslaufenden Eisenbahnen« (die zweite Bahn war die Kaiser-Ferdinands-Nordbahn).

Übrigens: Kaiser Ferdinand verdankt die Südbahn auch den sogenannten »Busserltunnel« zwischen Gumpoldskirchen und Pfaffstätten. Majestät zweifelte nämlich daran, daß ein Eisenbahnzug auch unterirdisch fahren kann. Zum Beweis, daß er's kann, baute man dann diesen ganz und gar unnötigen Tunnel . . .

Groß war die Wandlung, die die Eisenbahn bewirkte – aus einer Reise war eine Fahrt geworden. Und die Dichter erkannten als erste, wohin der eilende Zug noch führen wird. Von Emanuel Geibel (»Der Mai ist gekommen«) stammt auch das elegische Gedicht »Tempora mutantur«:

> »Wie lag im gold'nen Märchenduft die Ferne,
> da uns noch eng der Heimat Bann umgab;
> vom ersten Berg schon sah'n wir andre Sterne
> und Zaubergerte schien der Wanderstab.
> Sehnsüchtig wuchs das Herz, wenn seine Weisen
> das Posthorn sang im mächt'gen Waldrevier –
> jetzt pfeift der Dampf und läßt im Sturm uns reisen,
> verwandelt war die Zeit und wir mit ihr.«

In einer 1816 erschienenen Landeskunde von »Österreich unter der Enns« behauptete der Autor Carl W. Blumenbach, daß dieses Land »von der Natur mit zu wenig Mutterliebe gepflegt wurde«. Blumenbach empfand noch wie ein Mensch des Rokoko, er schätzte mehr die kultivierte Landschaft mit fruchtbaren Feldern oder blumiger Gartenzier. (Nebstbei: Carl W. Blumenbach war nur ein Pseudonym für den bürgerlichen Namen Carl Wenzel Wabruschek!)

Zur gleichen Zeit sahen Romantiker im Gebiet um Mödling bereits eine »Perle des Landes«, beschrieben schwärmerisch den Brühl mit seinen »wilden, malerischen Felspartien«. Auch das Naturgefühl ist zeitgebunden.

Jedenfalls war unser Wienerwald am Beginn des 19. Jahrhunderts bereits »entdeckt« und wurde eifrig beschrieben und besungen, wobei es auch recht skurrile Darstellungen gibt. So meldete z. B. ein Herr Ph. A. G. Meyer von den Dörfern im Wienerwald, daß es darin »nur selten eine Schenke gibt«. Und vom Innern eines Wienerwaldbauernhauses erzählt er: »Die erste Stube ist das Besuchszimmer, gewöhnlich weiß angestrichen, mit einem grünen Ofen, zwei Schreibtischen, sechs Stühlen und einem Sopha versehen.« – Ein Wienerwalddorf ohne Wirtshaus und ein Wienerwaldbauernhaus mit zwei Schreibtischen? Ein zeitgenössischer Kommentar stellt zu diesem Text fest, daß es sich dabei wohl nur um Gerüchte handeln kann ...

»Wiens malerische Umgebungen« nannte der ehemalige Burgschauspieler und spätere Topograf Franz Carl Weidmann seinen 1823 erstmals erschienenen »getreuen Führer«, der einige Neuauflagen erlebte. Dies aber nicht wegen großer Nachfrage, sondern weil er immer nur in kleinen Auflagen gedruckt wurde. Der Käuferkreis war noch klein, das Naturgefühl hatte breitere Kreise noch nicht erfaßt. Obwohl der Wienerwald von Dichtern, Malern, Musikern und Gelehrten verschiedener Fakultäten bereits entdeckt worden war, begegneten sich bis zur Jahrhundertmitte auf seinen Wegen (mit wenigen Ausnahmen) nur selten Wanderer. Diese Wege waren auch noch nicht markiert. Und noch in der 4. Auflage 1870 von Weidmanns Führer kann man lesen: »Der Weg vom Kobenzl auf den Kahlenberg ist ohne Führer leicht zu verfehlen.«

Aber zu Fuß war man gut beisammen! Nur zwei Gehzeiten-Beispiele aus Weidmanns Führer:

> *Von Nußdorf auf den Kahlenberg: 1 Stunde*
> *Von Salmannsdorf auf den Hermannskogel: 1 Stunde*

Dazu teilt der Autor treuherzig mit, daß er eher zu große Zeitangaben gegeben habe »in der festen Überzeugung, daß bei dem Unterschiede der körperlichen Kräfte dieses Verfahren allezeit zweckmäßiger sey. Auch der ungeübteste Fußgänger darf daher überzeugt seyn, in den hier angegebenen Zeiträumen das gesetzte Ziel sicher zu erreichen«.

Im Haltertal konnte – so berichtet Weidmann auch – der müde Fußgänger in einer Holzhauerhütte Erfrischungen erhalten … »doch muß man Kaffeee, Zucker u. dgl. mitbringen«!

1862 fand in der Akademie der Wissenschaft die konstituierende Versammlung eines neuen Vereines statt; er nannte sich »Österreichischer Alpenverein«. Paragraph 1 seiner Statuten lautet: »Zweck des Vereines ist: die Kenntnisse von den Alpen mit besonderer Berücksichtigung der österreichischen zu verbreiten und zu erweitern, die Liebe zu ihnen zu fördern, und ihre Bereisung zu erleichtern.« – Zahl der Mitglieder bei seiner Gründung: 630.

Konsequent verfolgte der Alpenverein seine Ziele. Aber die nähere Umgebung Wiens – der Wienerwald und die Voralpen, Rax und Schneeberg – blieb unbeachtet und unbetreut. Um das zu ändern, wurde 1869 der Österreichische Touristenklub gegründet. Zahl der Mitglieder im ersten Vereinsjahr: 230.

1890 taten sich noch einige Männer zusammen, um einen Verein zu gründen, ein »bürgerlicher« sollte es werden – es wurde der »Niederösterreichische Gebirgsverein«.

Und die Arbeiter? 1895 erschien in der »Arbeiter-Zeitung« ein Inserat: »Naturfreunde werden zur Gründung einer touristischen Gruppe eingeladen, ihre Adressen unter Natur 2080 einzusenden an die Exped.« – So entstand der Touristenverein »Die Naturfreunde«.

Außerdem kam es im Verlauf der Zeit auch zur Entstehung vieler kleinerer Bergsteigervereinigungen und alpiner Gesellschaften, die ebenfalls ein Stück Wienerwald als »Arbeitsgebiet« übernahmen. So wurden also Wege markiert, Tafeln angebracht, Aussichtswarten errichtet, Schutzhütten gebaut – der Wienerwald wurde erschlossen. Und stolz konnte z. B. die Sektion »Wienerwald« des Österreichischen Touristenklubs anläßlich ihres 40jährigen Bestandes (1926) berichten, daß sie im Wienerwald eine Wegstrecke markiert oder mit Wegtafeln versehen hat, die der Entfernung Wien–Spitzbergen–Wien entspricht … genau 6244,5 Kilometer.

1869 war auch bereits die erste Wienerwaldkarte in Arbeit, und der Verlagsbuchhändler Hölder bat den besten Wienerwaldkenner dieser Zeit um einen Begleittext dazu. Es wurde mehr daraus: »Försters Touristenführer in Wiens Umgebung«, jenes schmale Büchlein, das seit 1870 in vielen Auflagen erschien und für Hunderttausende wirklich zum Führer wurde. Einen Herrn Förster allerdings hat es nie gegeben; Verfasser war der gelernte Feinmechaniker und spätere Buchhandlungsgehilfe Ferdinand Ronninger und ab 1892 dessen Sohn Karl. Dieser Best- und Longseller (wie man heute sagen würde) wurde vor allem geschätzt wegen seiner wirklich präzisen Angaben und knappen, aber treffenden Formulierungen; man gebrauchte ihn mit dem schönen Gefühl, daß sein Verfasser den Wienerwald wie seine Westentasche kennt und schon von Kindesbeinen an in ihm unterwegs ist. Aber das war Herr Förster/Ronninger nicht. Der beste Wienerwaldkenner dieser Zeit war ein gebürtiger Leipziger, der erst 1856 nach Wien gekommen ist . . .

Mit der Gründung der alpinen Vereine entstand auch die »Vereinspartie«, die Führungstour, bei der es auch heute noch weniger wichtig ist, daß der Führer seine Teilnehmer den richtigen Weg auf den Kahlenberg führt – es geht mehr um das gemeinsame Erleben. Die erste Vereinspartie der »Naturfreunde« führte am Ostersonntag 1895 auf den Anninger (85 Teilnehmer). Vereinsabzeichen gab es noch keines, Erkennungszeichen war die »Arbeiter-Zeitung« in der Hand.

Eine Führungstour des »Gebirgsvereins« im Jahre 1900 war eine Durchquerung des Wienerwaldes. Der Verlauf: »Ab Vöslau 7.15, Harzbergwarte 7.47, Gradenthal erreicht 8.08, Alexander-Ruhe 9.15, Augustinerhütte 9.43, Siegenfeld 10.15, Gaaden 10.47, Sparbach 11.19 – Mittag – Abmarsch 1.15, Höllenstein 2.10, Kaltenleutgeben 2.40, Grüner Baum 3 Uhr, Laab 3.36 ($1/_4$ Stunde Rast), Baunzen 4.40, Purkersdorf 5.20, Rast, Abmarsch 5.40, Hainbach 6.30, Weidlingbach 8.08, Weidling 9 Uhr, Klosterneuburg 9.20 Abends. Da es um 3 Uhr langsam zu regnen angefangen hatte und der Regen seitdem fortdauerte, beschlossen wir, da wir vom Hermannskogel ohnehin keine Aussicht gehabt hätten, die Partie im Thale nach Klosterneuburg fortzusetzen. Natürlich ging der Marsch meistens auf unmarkierten Richtwegen, manchmal auch direct weglos vor sich. Der Schrittzähler gab 90.000 Schritte an. Zu 14 gingen wir ab und kamen zu 13 an. Ohne daß wir es uns jetzt noch erklären könnten, kamen wir alle ohne Ermüdung und so frisch wie in der Frühe in Klosterneuburg an.«

Sehr beliebt waren damals auch die »Sonntagsnachmittagswanderungen« des Führers Rudolf Kusdas. Zum Beispiel: Um 13 Uhr traf man sich im Kahlenbergerdorf, und dann gings über Leopoldsberg – Kahlenberg – Hermannskogel – Hameau – Sophienalpe bis Hütteldorf, wo man zwischen 18 und 19 Uhr eintraf.

Eine »Sonntagsnachmittagswanderung«?

Diese Halbrundwanderung um Wien läßt sich noch ausdehnen, wenn man von der Sophienalpe nicht Richtung Hütteldorf absteigt, sondern nach Hadersdorf und von dort entlang der Mauer des Lainzer Tiergartens bis nach Rodaun marschiert. Schönster Lohn für den weiten Weg über die Höhen um Wien: Der Blick oberhalb Rodauns auf den weit entfernten Ausgangspunkt Leopoldsberg!

Adelbert Muhr, der bekannte Schriftsteller, ist einmal rund um ganz Wien gewandert – immer so ca. 30 Kilometer Luftlinie vom Stephansdom entfernt – und hat darüber ein liebenswertes Buch geschrieben: »Reise um Wien in achtzehn Tagen.«

Der Schriftsteller legte eine Wegstrecke von ca. 300 Kilometern zurück. Wäre er schnurstracks nach Westen gewandert, wäre er bis nach Bayern gekommen. Nach Norden: durch die Tschechoslowakei bis Polen. Nach Osten: bis an die ungarische Theiß. Nach Süden: bis nach Jugoslawien. Er wanderte nur rund um Wien. »Sie haben es wohl mit der Romantik?« fragte ihn jemand. Muhr antwortete: »Nein, mit der Lebensnotwendigkeit!«

Am Ende seines Buches (248 Seiten) schreibt er: »Es wäre noch manches zu erzählen, was ich auf meiner Fahrt erfahren, besser: auf meinem Gang ergangen habe, wie man es eben nur im Gehen erleben kann, niemals im Fahren. Vielfalt genug in der Einfalt, und was für sehenswürdige Sehensunwürdigkeiten! Im Niemandsland gibt es unverhofft viel mehr als niemand, Menschliches und Allzumenschliches, Leute genug und unvergeßliche Menschen . . .«

Ein außergewöhnliches Erlebnis bietet auch der erst vor kurzem entstandene »Wienerwald-Weitwanderweg« (rote Markierung, Numero 404).

Der Weg: Grinzing – Kahlenberg – Leopoldsberg – Klosterneuburg – Hadersfeld – Tulbingerkogel – Riederberg – Troppberg – Rekawinkel – Schöpfl – Hegerberg – Kukubauerhütte – Hainfeld (hier wird kurz das Gebiet des Wienerwaldes verlassen und das Voralpengebiet gestreift) – Unterberg – Kieneck – Hocheck – Altenmarkt – Peilstein (jetzt sind wir wieder im Wienerwald) – Eisernes Tor – Pfaffstättnerkogel – Mödling. Weglänge: 222 Kilometer. Reine Gehzeit: 64,15 Stunden.

64,15 Stunden? Ja, so genau ausgetüftelt hat das die OdIWW (das ist die »Organisation der Internationalen Wienerwald-Wande-

Aus der Führer-Ordnung
des Niederösterreichischen Gebirgsvereins
Veröffentlicht in der Zeitschrift
»Der Gebirgsfreund«, Februar 1891

»1. Für jeden Ausflug sind in der Regel zwei Führer zu bestimmen, welche als erster und zweiter Führer bezeichnet werden. Der erste Führer übernimmt die Verantwortung für die richtige Führung und die ganze Durchführung des Ausfluges. Der zweite Führer hat darauf zu achten, daß Niemand zurückbleibt.

2. Insbesondere hat der erste Führer das Recht, überall dort, wo er es für nöthig hält, an der Spitze des Zuges zu marschiren, und darf ohne seine Zustimmung Niemand vor ihm gehen.

3. Besondere Pflicht des ersten Führers ist es, die Marschgeschwindigkeit des Ausfluges so zu regeln, daß stets die Fühlung mit dem Schluß der Ausflügler, d. i. dem zweiten Führer (durch zeitweilige Hornsignale) aufrecht erhalten bleibt. Sollte diese Fühlung dennoch verloren gehen, so ist der erste Führer verpflichtet, Wartepausen eintreten zu lassen, bis die Fühlung wieder hergestellt ist. Es hat das besonders dann einzutreten, wenn der Ausflug sich auf schwerer zu findenden Wegen bewegt, sowie in der Nähe von solchen Orten, wo das Ansehen des Vereines ein geschlossenes Einmarschiren erfordert.

4. Der zweite Führer kann jederzeit, wenn er es für nöthig hält, durch Hornsignale sich mit dem ersten Führer in Verständigung setzen oder um Verlangsamung der Marschgeschwindigkeit ersuchen.

5. Es werden behufs Verständigung beider Führer untereinander folgende Signale festgestellt:

a) Ein kurzer Hornstoß seitens des vorderen Führers bedeutet die Anfrage, ob rückwärts Alles in Ordnung, und ist im Falle der Bejahung vom zweiten Führer ebenso zu beantworten. Ebenso dient ein kurzer Ton seitens des zweiten Führers zur Vergewisserung, daß die Fühlung mit dem ersten Führer nicht verloren sei, und ist ebenso zu beantworten.

b) Zwei Hornstöße hintereinander seitens des zweiten Führers fordern ein langsameres Marschiren der Vorderen.

c) Drei Hornstöße hintereinander seitens des zweiten Führers bedeuten Stehenbleiben der Vorderen.

d) Zahlreiche Hornstöße hintereinander bedeuten: seitens des vorderen Führers möglichste Eile, Gefahr im Verzuge, seitens des zweiten Führers Rückkehr der Vorderen, falscher Weg oder sonstiges Hindernis.

e) Ein langgezogener Ton des vorderen Führers fordert ein etwas schnelleres Nachkommen der Rückwärtigen.

f) Zwei langgezogene Töne seitens des zweiten Führers rufen den vorderen Führer zu einer Verständigung, wobei jener gleichzeitig vorzugehen und dieser zurückzugehen hat, bis sie zusammentreffen; die Gesellschaft sammelt sich inzwischen.

g) Bevor eines der unter b bis f angeführten Signale gegeben wird, muß stets ein kurzer Verständigungston laut Punkt a zwischen den beiden Führern gewechselt werden, damit die nachfolgenden Signale richtig verstanden werden.

h) Beim Abmarsch von einem Punkte bedeutet ein kürzerer oder längerer Ton Vorbereiten zum Abmarsch, Zahlen, zwei Töne baldiger Abmarsch, drei Töne Aufbruch.«

rung«). Sie empfiehlt, diese Wanderung in 9 Tagesetappen (mit reiner Gehzeit von durchschnittlich 7 Stunden) auszuführen. Und nach diesen neun Tagesetappen ist wohl jeder Wanderer so fit, daß er am liebsten Bäume ausreißen möchte (was er natürlich nicht darf... Naturschutz!). Und wenn diese 9-Tage-Tour auch ein billiger Urlaub ist, so schenkt sie doch ein »Mehrwertsvergnügen«...

Grausig ist nur die Bezeichnung dieses herrlichen Weges: WWWWW (das für »Wienerwald-Weitwanderweg«). Spricht man's aus, dann klingt's wie »We–We–We–We–We...« – Ohwehohweh!

Trotz der neuen Weitwanderwege im Wienerwald wird dieser doch weiterhin immer mit der Assoziation »Sonntag und Sonntagsvergnügen« verbunden sein. »Sonntagsleut im Wienerwald« nannte auch Werner Toth-Sonns ein (nun schon lange vergriffenes) Buch, in dem er die verschiedensten Erlebnismöglichkeiten verschiedenartiger Leute im Wienerwald erzählerisch darstellt.

Außer der Reihe dieser »Sonntagsleute« steht aber eine kleine Gruppe von Menschen, über die es so gut wie nichts Schriftliches gibt, von denen man auch nichts hört und denen der normale Wienerwaldwanderer auch fast nie begegnet: Es sind die Pilzesammler, oder wie sie sich selber nennen, die »Schwammerlbrocker«.

Um Irrtümer auszuschließen: Das sind nicht die Mitglieder einer »Mykologischen Gesellschaft«, die wissenschaftliche Pilzkunde betreiben. Es sind auch keineswegs nur Genießer, die von Pilzgerichten schwärmen und sich ihr Mittag- oder Abendessen frisch aus dem Wald holen wollen (es gibt nämlich auch »Schwammerlbrocker«, denen ein Gselchtes mit Kraut und Knödel tausendmal lieber ist als eine Schwammerlsoße). So wie viele Jäger auch nicht am Fleisch des Wildes interessiert sind, sondern nur am Abschuß, so ist das Glück des Schwammerlsuchers sein Wissen um die nur ihm bekannten Fundplätze und der Stolz auf sein Gspür, am richtigen Tag und zur richtigen Stunde da zu sein, wenn die Schwammerln »aus dem Boden schießen«.

»Schwammerlbrocker« sind meist Pensionisten. Und weil die beste Zeit für Schwammerln der frühe Morgen ist, so fahren sie schon ganz zeitig am Morgen hinaus in den Wald. Oder sogar schon am Vorabend mit der letzten Straßenbahn, mit dem letzten Zug...

Ein solcher »Schwammerlbrocker«, ein alleinstehender älterer Herr, bezog eine neue Wohnung im 17. Bezirk. Zur gleichen Zeit geschahen dort einige Einbrüche hintereinander, und einer Hauspartei kam der neue Mieter höchst verdächtig vor, weil er sehr oft die Nacht außer Haus verbrachte. Sie meldete das der Polizei. Zwei Kriminalbeamte kamen und wollten von Herrn N. N. wissen, wo er die letzte Nacht verbracht habe . . .

Herr N. N. verweigerte lange jegliche Auskunft und wäre beinahe verhaftet worden. Er hatte nämlich zuerst geglaubt, die Polizei wollte von ihm seinen geheimen Steinpilz-Fundort erfahren.

Vor einem halben Jahrhundert, also in der Zeit der allgemeinen Wirtschaftskrise, begann man die Wienerwaldorte (wieder oder schon wieder) als Nahsommerfrischen zu propagieren. Freilich, bunte Prospekte mit Fotos von einladend und verheißungsvoll lächelnden Bikinimädchen kannte man damals noch nicht. Man warb noch mit dem Wort. »Die Sommerfrische Eichgraben an der Westbahn. Das Paradies des Wienerwaldes«, so lautet der Titel eines solchen 1931 erschienenen Prospektes im Zeitungsformat.

In diesem wird Eichgraben einmal ein »kleiner Semmering« genannt und gleich einige Seiten darauf als eine »österreichische Schweiz« bezeichnet. Wo sind wir jetzt wirklich?

Der Prospekttexter sagt es: »Eichgraben ist durch den Schützenverein zu einem in der ganzen Welt bekannten historischen Boden geworden.« (Tatsächlich hat dort bei einem Tontaubenschießen auf dem ersten Tontaubenschießplatz Österreichs ein Herr Baumgartner aus Wien bei 100 Würfen 100 Treffer erzielt.)

Diesen »historischen« Boden erreichen wir mit der Westbahn, und wir sehen schon von der Bahn aus »Eichgraben in seiner ganzen Pracht und Herrlichkeit, in seiner ganzen Majestät vor uns liegen. Der Anblick ist überwältigend«. (Der Anblick von Eichgraben, bitte schön!)

Das majestätische Eichgraben ist aber auch ein »Jungbrunnen«, denn »die Feuerwehrkapelle unter Leitung ihres Kapellmeisters und sonstige Belustigungen tragen dazu bei, daß die Sommergäste erfrischt, neubelebt, ja verjüngt im Herbste zur Großstadt wieder zurückkehren können«. Also: ein kräftiges »Hiphip-trara« dieser Belustigungs-Feuerwehrkapelle!

Verfasser dieses herrlichen Stilblütentextes war der damalige Obmann des »Verschönerungsvereins«, ein Idealist, ein von seiner Heimat Begeisterter. Natürlich sprang diesem Mann das Herz im

Leib, als er die Schönheiten der Umgebung seiner »Perle des Wienerwaldes« zu beschreiben begann: »Vor uns liegt der Wald und die
ihn umschließenden Berge, die mit ihren Spitzen herübergrüßen, der
Wald, der zu ewiger Schweigsamkeit verurteilt ist. Im Sommer aber,
an heißen Nachmittagen, da bricht er mitunter sein unheimliches
Schweigen, zuerst hüllen sich die Berge in schwarze Wolken, und
der Wanderer, den das Gewitter überrascht, er wird die schauerlich-
schöne Sprache der Wald- und Berggeister sein Lebtag nicht vergessen. Mit welchen Gefühlen müssen die Heere der Türken im
Jahre 1683, als sie hier die Burgen und Ortschaften belagerten und
niederbrannten und gegen Wien zogen, durch diesen schönen Wald
gezogen sein? (Gelbe Markierung, 1 Stunde, Wald-Restaurant
Haubner, bekannte Ausflugsstation.)«
   Wir brauchen also keine Bange um die Türken von 1683 haben,
die der gelben Markierung folgend nach einer Stunde das »Wald-
restaurant Haubner« erreichten!
   In diesem Prospekt werden auch parzellierte Baugründe angeboten. Preis pro Quadratmeter: 2 Schillinge. Aber das war eben im
Jahre 1931...
   ...während im Jahre 1920 diese »Perle des Wienerwaldes« mitsamt ihren »Wald- und Berggeistern« fast ein Stück von Wien geworden wäre!
   Rekapitulieren wir: 1850 wurden 34 Vorstädte Wiens als Bezirke
II–VIII eingemeindet, 1890 alle Vororte von Simmering bis Döbling.
Und um 1910 überstieg Wiens Einwohnerzahl die Zweimillionen-
grenze.
   Der Plan für eine neuerliche Stadterweiterung entstand bereits
1919, und über ihn wurde dann durch neun Monate des Jahres 1920
heftigst debattiert. Dieses »Wiener Land« sollte die Industriegebiete
entlang der Südbahn bis zum Semmering und entlang der Westbahn
bis St. Pölten umfassen, sollte Niederösterreich in einen indu-
striellen und in einen agrarischen Teil spalten. Weil aber dieser Plan
zu sehr ein Politikum war, wurde nichts aus ihm.
   Schade! Es wäre doch fein gewesen, mit einem Wiener Straßen-
bahnfahrschein auf den Semmering oder bis nach Eichgraben fahren
zu können...

   Der Weg in den Wienerwald führte einst durch einen Ring von
Kleingärten, die heute allerdings immer mehr von großen Villen

und mehrstöckigen Bauten verdrängt werden. Das ist schade, denn wieviel Liebe und Phantasie steckt doch in diesen kleinen blühenden Gärten mit den meist selbst erbauten kleinen Häuschen! »Für alle kommenden zeiten wird das stück land, das sich der mensch selbst bebaut, das bleiben, was es heute ist: die zuflucht zur mutter natur, sein wahres glück und seine einzige seligkeit«, hatte der berühmte Architekt Adolf Loos einmal geschrieben.

Die Stadtverwaltung sieht diese Kleingärten allerdings etwas anders . . .

› »... als Flächen, die wohl Geld verschlingen (Erschließung), aber sich nie amortisieren, wie z. B.: Bauland.
› ... als isolierte Grüngebiete, die nicht für alle zugänglich sind.
› ... sie stören große Bauvorhaben des Straßen- und sozialen Wohnbaus.
› ... sie sind prädestiniert für den Bau von Schulen, Sportanlagen und Parks.
› ... sie sind billiges Bauland.«

– wie es in einer 1972 erschienenen Studie des Institutes für Hochbau an der Technischen Hochschule Wiens heißt, in der trotzdem für die Förderung des »Schrebergartens« plädiert wird.

Der Leipziger Arzt, Pädagoge und Volksbildner Dr. Moritz Schreber (1808–1861) wollte das Volk zu einer naturgemäßen Lebensauffassung erziehen. Drei Jahre nach seinem Tod wurde ein »Erziehungsverein« gegründet, der inmitten einer Kleingartenanlage (wie es solche schon seit Beginn des 19. Jahrhunderts am Rand von großen Städten gab) einen Kinderspielplatz errichtete und diesem den Namen »Schreberplatz« gab. Worauf nach kurzer Zeit die Kleingärten um diesen Spielplatz nur noch »Schrebergärten« genannt wurden und dieser Name sich dann bald auf alle Kleingärten erstreckte.

Herr Schreber hatte also den »Schrebergarten« weder erfunden noch begründet!

In den achtziger Jahren des vergangenen Jahrhunderts entdeckten die Wiener Bergsteiger, daß die kleinen Felsen am Rande der Stadt auch ein herrliches Trainingsgebiet für Hochgebirgsklettereien sein können. Vor allem die Felsen der Vorderbrühl wurden rasch beliebt.

Eduard Pichl, einer der großen Wiener Bergsteiger, erzählt: »Schon von der Bahn aus sehen wir an dem mit einer Burgruine ge-

krönten Hügel einen sich steil aufschwingenden Felsgrat, den
›Glocknergrat‹, dessen einzelne Partien die Namen hochalpiner
Häupter tragen. Ein hübscher 15 m hoher Einriß, der Heßkamin, der
natürlich wie alle anderen Schwierigkeiten mühelos umgangen
werden kann, eröffnet den Reigen und läßt uns in schneller Kletterei den Beginn des gescharteten Hauptgrates erreichen. Nach
kurzer Arbeit stehen wir auf dem kühnen Horne des Kleinen Buch-
steins, der nach dem echten Gipfel gleichen Namens im Gesäuse so
getauft wurde. Wie schön ist es doch, wenn man nun alle geographi-
schen Begriffe über den Haufen werfen und, nur durch eine tiefe
Gratscharte getrennt, über die senkrechte Wand der Croda Rossa sofort den Kleinglockner ersteigen kann. Hier gilt der Satz: Entfernung ist kein Hindernis! Jenseits geht's hinab in die Glockner-
scharte, noch wenige Meter Kletterei über eine plattige bauchige
Wandstufe, und wir schwingen uns auf den Hauptgipfel der Kletterschule, den Großglockner.«

Man kletterte aber auch noch in anderen »Kletterschulen« (wie
bei uns diese Felsen genannt werden). Zum Beispiel an der Mitzi-
Langer-Wand bei Rodaun – nach der Besitzerin eines Wiener Sport-
geschäftes benannt, die einen Preis für das Erklettern der Riesen-
platte in der Wandmitte ausgesetzt hatte. Und bei Gießhübel gab es
sogar eine »heizbare Kletterschule« (heute »Gießwände« benannt) ... »ein 30 m hoher, fast senkrechter, stark offener Kamin,
der eine Durchkletterung auch zur kalten Winterzeit erlaubt, da er
durch ein bei seinem Einstiege unterhaltenes Feuer geheizt werden
kann, was zur Enteisung der Kaminwände wie zur wohltuenden Er-
wärmung aufsteigender Kletterer ungemein vorteilhaft ist«.

Die kleinen Felsen tragen oft Namen von großen Bergen (wie
Meije oder Matterhorn), die einzelnen Kletterrouten darauf wurden
auch gerne nach den Vornamen der kühnen Erstbegeher oder den
Vornamen ihrer Bräute benannt, denen damit ein unvergängliches
Denkmal gesetzt wurde.

Das 1929 erschienene Büchlein von Karl Prusik »Ein Wiener Kletterlehrer« enthielt dann auch bereits einen kleinen Führer zu den
»Kletterschulen«. In dessen Vorwort schreibt Prusik: »Was dem
Musiker Etüdenwerke, das sind für den Wiener Bergsteiger die Kletterschulen der Vorberge. Nicht voll beherrschte Schwierigkeiten
bringen ins Musizieren Unsauberkeit, beim Bergsteigen aber böse
Augenblicke. Ein Danebengreifen kann hier den Tod bedeuten.«

Prusik war Musiker. Und er hat nicht nur den »Pru-

sik(klemm)knoten« erfunden, sondern auch noch anderes. Zum Beispiel: Berghosen mit abknöpfbaren Kniestücken... »Man kann
dann bei warmem Wetter mit bloßen Knien gehen, naß gewordene
Kniestücke können ausgewechselt werden und in großer Kälte ist es
möglich, zwei Paar Kniestücke übereinander zu tragen.« Praktisch,
nicht wahr?

Ein bekannter Wiener Bergsteiger hatte damals zwei solcher
Hosen: Eine aus leichterem Stoff für Felskletterreien, eine aus dickem
Stoff für die Westalpen. Und dann bei einem Wettersturz zu Pfing-
sten auf der Rax mußte er mit Schrecken feststellen, daß er für die
Felskletterhose irrtümlich die Westalpenkniestücke in den Rucksack
gepackt hatte, welche sich an dieser Hose nicht befestigen ließen.
Die ganzen Feiertage mußte er also zähneklappernd in kurzer Hose
unterwegs sein...

Hochbetrieb herrschte in den dreißiger Jahren in den Kletterschulen. Durch Weltwirtschaftskrise und Arbeitslosigkeit waren
ferne Berge unerreichbar geworden, auf den kleinen Felsen im Wienerwald wurde die Sehnsucht nach höheren Bergen abreagiert.

Damals wurden (barfuß) Routen begangen, die auch heute noch
zum Äußersten zählen, was ein Mensch im Fels leisten kann,
Routen, die große Fingerkraft und fast schon artistische Körperbe-
herrschung verlangen, daß sie selbst von guten Kletterern nur in
einer Sternstunde bezwungen werden können.

1952 veröffentlichte Heinz König im »Buch vom Wienerwald«
eine größere Arbeit über die Wiener Kletterschulen. Er erwähnte
darin u. a. auch die »Friedrichswand« bei Mödling, eine bis 80 Meter
hohe und ungefähr 600 Meter breite Wand, die für den Wienerwald
schon eine Riesenwand darstellt! Doch niemand beachtete diesen
Hinweis, keinem Kletterer fiel es ein, auch nur einmal nicht die
Mitzi-Langer-Wand, sondern die Friedrichswand aufzusuchen.
Außerdem lockten nun wieder fernere Berge. In den Kletterschul-
wänden wurde es stiller, und Spinnweben überzogen die einst heiß-
umkämpften Griffe.

Das änderte sich erst in unserer Zeit, in der die Jugend (der Südti-
roler Spitzenkletterer Reinhold Messner ist ihr Prophet) wieder das
Abenteuer des reinen, mauerhakenfreien Kletterns entdeckte. Jetzt
erkannte man wieder, wie sehr ein Kletterschultraining den Körper
aufbaut. Und es erschien auch bald ein mehr als dreihundert Seiten
starker Führer über die Kletterfelsen am Rande von Wien. Natürlich
wurde darin den Kletterern auch wieder die Friedrichswand offe-

riert – und diesmal wurde sie von ihnen nicht ignoriert. Die »alten Hasen« greifen sich noch immer an den Kopf und fragen, wie es nur sein konnte, daß sie fast ein Leben lang an dieser Wand »vorbeigegangen« sind; bei den jungen Kletterern ist einer heute nicht mehr »in«, wenn er auf der Friedrichswand nicht zumindest die schwarze, graue und die weiße Platte gemacht hat . . .

Selbstverständlich werden solche Plattenkletterereien, bei denen man tatsächlich oft nur an den Fingernägeln hängt und auf den äußersten Rändern der Bergschuhprofile steht, nur mit Seilsicherung von oben gemacht. Man will ja nichts riskieren, klettern soll ja auch nicht mehr als nur ein sportliches Spiel sein, ein Spiel, bei dem es ganz gleich ist, ob eine Wand tausend oder nur zehn Meter Höhe hat. Womit auch die kleinen Felsen im Wienerwald die Wahrheit der alten Weisheit beweisen, daß alle Dinge nicht den Wert haben, den sie besitzen, sondern nur den, den man ihnen beimißt . . .

In dem 1930 erschienenen Führer »Sonntag auf Brettln im Wienerwald« werden u. a. allein auf dem Kahlenberg sechs Skiabfahrten beschrieben.

Damals waren die Winter in unserem Gebiet noch schneereicher, damals liebte man aber auch den heute wieder modern gewordenen Langlauf sehr. Obwohl man über das Skilaufen im Wienerwald witzelte: »Da gehst solange bergauf – bis du unten bist!«

Im Wiener Gebiet war der große Pionier des Skilaufs ein ca. 1,50 m kleiner Norweger, der paradoxerweise den Namen Samson trug und in der Bäckerei Ratz im 4. Bezirk arbeitete. Über die Anfänge des Skilaufes im Wienerwald erzählt Felix Schmal: »Im Herbst 1892 hielt der Sekretär des schwedisch-norwegischen Generalkonsulates Baron Wedl-Jauersberg im landwirtschaftlichen Club einen Vortrag über das Skilaufen, der mächtigen Eindruck machte; er schilderte das unvergleichliche Vergnügen der Bewegung auf den schnellen Brettern in packenden Worten und wußte an der Hand von Bildern und instruktiven Zeichnungen treffliche Erläuterungen zu geben. Aber so sehr auch der Vortrag geeignet war, das Verständnis für den Skilauf zu wecken, so gab er doch auch Anlaß zu falschen Vorstellungen.

Speziell die Bemerkung, daß mit Skiern Sprünge bis zu 20 Metern gemacht werden, ließ die Versammlung an übernatürliche Leistungen glauben. Man wähnte mit den Teufelsbrettln Abgründe,

Schluchten, Bäume, Sträucher, kurz alle Hindernisse, die sich auf einer Fahrt ergeben, mühelos mit einem Sprung bewältigen zu können, auch neigte man zu der Meinung, daß die Beherrschung der Skier ein leichtes sei. Daß dem nicht so sei, wurde den Herren später oft in unsanfter Weise zum Bewußtsein gebracht. Die Komik ihrer Hilflosigkeit beim bloßen Stehen auf Skiern wurde nur noch durch den Knalleffekt eines Sturzes erhöht, den die neuen Anhänger nur zu oft mitmachten. So verwickelte Stürze wie damals gibt es heute gar nicht mehr, und allen Ernstes fragte einmal ein gestürzter Skijünger den herbeigeeilten Retter, wo er seinen linken und wo den rechten Fuß habe. In unbeschreiblichen Verschlingungen lag er hilflos im Schnee.

Die Ausführungen Baron Wedls hatten mächtigen Eindruck auf die Versammlung gemacht und man beschloß, den neuen Sport im Gelände von Pötzleinsdorf, wo damals die schönen Hänge noch unbebaut waren, auszuüben. Der Bäckergeselle Samson wurde als Instruktor gewonnen.

Vorerst wurde jedoch eine Art Generalprobe abgehalten. Samson, der damals so viel Genannte und viel Bewunderte, debütierte an einem herrlichen Wintertage vor geladenen Zuschauern. Endlos war die Reihe der Fiaker, die die Gäste, unter denen sich viel Militär befand, nach dem reizenden Pötzleinsdorf brachten. Keiner hatte den Besuch zu bereuen, denn allen ward neben dem Genuß des schönen Wintertages ein hoher sportlicher Genuß zuteil. Der Schnee lag zwei Meter hoch, und um den Gästen die Verwendungsfähigkeit der Skier drastisch zu beweisen, fand ein Wettlauf zwischen Samson auf Skiern und zwei kräftigen Männern auf Schneereifen statt. Der Kurs führte bergauf. Samson siegte, wie er wollte. Hatte dieses Experiment schon gewaltig imponiert, so steigerte sich das Erstaunen der Zuschauer zur Verblüffung, als Samson in wunderschönen Evolutionen bald sachte, bald blitzschnell den Berg hinunterfuhr. Auf seine Veranlassung bauten Arbeiter schnell durch Aufwerfen von Schnee eine improvisierte Sprungschanze. Und als Samson auf dieser primitiven Anlage gleich Sprünge von 10–12 Metern unternahm, da brach das Publikum, das nie ein ähnlich packendes Schauspiel menschlicher Geschicklichkeit gesehen hatte, in frenetischen Beifall aus. Der kleine, stämmige Bäckergeselle war der Held des Tages, und sein Erfolg war ausschlaggebend für die Einführung des Skisports im Wiener Gebiet. Zunächst interessierte sich die gute Wiener Gesellschaft für die neue Errungenschaft, so sah man im

späteren Verlauf des Winters den Prinzen Hohenlohe, der später ein
prächtiger Springer wurde, den Grafen Karl Schönborn, die Söhne
des Barons Albert Rothschild als ständige Gäste. Und Samson war
der Lehrer aller. Besonders die Barone Rothschild waren eifrige
Schüler, und Samson mußte sie oft in ihrem Palais in der Heugasse
aufsuchen. Im Garten des Palais soll sogar damals eine kleine
Sprungschanze gebaut worden sein, die stark benützt wurde.«

Der Kreis der Skifahrer wurde immer größer, und bald gehörte es
zum guten Ton der »guten Wiener Gesellschaft«, den »Réunions« in
Pötzleinsdorf beizuwohnen.

Einmal beschloß man, von Pötzleinsdorf mit Skiern via Schottentor und Graben zum »Hotel Sacher« zu fahren. Und das tat dann
auch ein Dutzend der Skiläufer . . .

Boshafte Leute sagen, daß der Wienerwaldausflug des Wieners
nur ein größerer Umweg zum Heurigen wäre. Tatsächlich sind die
zahlreichen Heurigenorte am Fuß der Wienerwaldberge (in denen so
viel ausg'steckt ist, »daß ein Eichkatzl mühelos von einem Heurigenbuschen zum anderen springen könnte«) eine große Versuchung
für die müden und durstigen Wienerwaldspaziergänger.

Also setzt man sich ein bisserl hin, trinkt einen G'spritzten oder
ein Vierterl, ißt dazu ein bisserl . . . der Heurige wird zum Ausklang
eines schönen Sonntags. »Leutln, trinkts einmal in Petersdorf an
einem sternhellen Juniabend in einem Garten ein Vierterl Gere-
belten, schauts auf die Glühwürmchen, horchts auf die Grillen –
nachher wißts, was ein Schubert-Adagio ist . . .«, hat einmal Anton
Bruckner gesagt.

So endet ein Wienerwaldspaziergang. Jedoch: Zwischen einem
Wienerwaldspaziergänger und Wienerwaldwanderer besteht ein
Unterschied so wie zwischen einem Eskimo und einem Buschneger!

Der Wienerwaldwanderer hat seine Wanderung genau vorbereitet
und bummelt nicht, und er läßt sich nicht gehen, und er geht vor
allem nicht dort, wo die anderen gehen. Er kennt alle Abkürzungs-
wege und alle einsamen südseitigen Sonnenplatzerln, und er weiß,
wann und wo die ersten Kuhschellen blühen und wo man Smaragd-
eidechsen beobachten kann. Erzählt ihm jemand, daß er auf dem
Buchberg gewesen ist, dann fragt er natürlich sofort: »Auf welchem?« – Es gibt nämlich nicht nur einen, sondern genau sechs Mugeln mit diesem Namen im Wienerwald! Selbstverständlich ist der

Wienerwaldwanderer gegen Fitmärsche und Langlaufloipen – obwohl die von ihm zurückgelegten Wegstrecken oft doppelt so lang sind wie die der Kontrollpunktpassanten und Medaillensammler. Und außerdem war er auch schon auf dem Roßgipfel . . .

Dieser Roßgipfel, 633 m hoch, erhebt sich nächst Klausenleopoldsdorf und ist weder ein schöner noch ein markanter Berg – und außerdem gibt's auf ihm keine Aussicht. Es führt auch kein markierter Weg auf den Gipfel, wo ein von einem Wilderer angeschossener Jagdherr zum Dank für seine Wiedergenesung St. Hubertus eine Votivtafel setzen ließ (die nun auch von einem der sogenannten »Kunstliebhaber« kassiert wurde).

Das einzige, was den Roßgipfel von allen anderen Mugeln unterscheidet, ist, daß sich auf ihm das einzige Gipfelbuch des Wienerwaldes befindet.

Auszüge aus diesem Gipfelbuch:

»15. Mai 1977 . . . Nach 3maligem Anmarsch endlich den Gipfel gefunden . . .«

»25. Mai 1977 . . . Lieber Wanderer, verlaß dich auf die Karte nicht allein. Steck dir einen Kompaß ein!«

»27. 3. 1978 . . . Seit 45 Jahren halten wir dir die Treue und gedenken meiner abgestürzten und verstorbenen Berggefährten, die oft mich hieher begleiteten.«

»22. 10. 1978 . . . Der Herbstwind bläst in den Wipfeln. Sie stöhnen und ächzen. Ihr Klagen tönt durch die Stille und Einsamkeit, die mich umgibt . . .«

»5. 7. 1979 . . . Wir Fanden den Rosgiefel sehr Ferwiltert for . . .«

Warum wurde ausgerechnet auf dem Roßgipfel ein Gipfelbuch hinterlegt? Warum wurde der Roßgipfel für die Wienerwaldwanderer zu einem besonderen Gipfel? Vielleicht, weil er einst, bevor zu seinen Füßen die Autobahn gebaut, das Autobusnetz ausgebaut wurde, einer der entlegensten Gipfel des Waldlandes war? Weil es um ihn wirklich nur Wald gibt . . . Wald, Wald, Wienerwald?

Jedenfalls bedeutet er für die »alten Hasen« unter den Wienerwaldwanderern so etwas Ähnliches wie eine heilige Kuh, oder richtiger: ein heiliger Berg. Und nur wer die Frage, ob er schon auf dem Roßgipfel gewesen ist, bejahen kann, wird von ihnen als ihresgleichen anerkannt. Denn – so sagen sie – wer ein Herz für den Wienerwald hat, der muß halt auf dem Roßgipfel gewesen sein!

Übrigens, lieber Leser: Sind Sie selbst schon auf dem Roßgipfel gewesen?

KREUZ UND QUER DURCHS »KAHLENGEBIRGE«

Der Kahlenberg hieß einmal Sauberg.

Der Leopoldsberg hieß einmal Kahlenberg.

Der Kuddelmuddel begann im 17. Jahrhundert. Da baute man auf dem Kahlenberg eine dem hl. Leopold geweihte Kirche und nannte den Kahlenberg nunmehr Leopoldsberg. Ebenfalls im 17. Jahrhundert errichtete man auf dem Sauberg ein Kamaldulenserkloster mit einer dem hl. Josef geweihten Kirche und benannte den Sauberg nunmehr Josefsberg. Jedoch für die Wiener war der Name Kahlenberg schon so geläufig geworden, daß sie ihn schwuppdiwupp auf den Sauberg/Josefsberg übertrugen . . . was nicht ohne Folgen blieb!

Da ist zum Beispiel die Geschichte von der Türkenbelagerung Wiens im Jahre 1683. Bevor am 12. September das Entsatzheer zur Befreiung der Stadt aufbrach, wurde auf dem Kahlenberg vom päpstlichen Legaten Marco d'Aviano eine Messe gelesen, bei der alle Heerführer anwesend waren und Johann III. Sobieski, der König von Polen, ministrierte. Danach brach das Heer zum Kampf auf.

Auf welchem Kahlenberg wurde diese Messe gelesen?

Auf dem heutigen Kahlenberg? Oder auf dem ehemaligen Kahlenberg (also dem Leopoldsberg)? Einmal liest man's so und dann wiederum so. Und auch jede der Kirchen auf den zwei Bergen trägt eine Gedenktafel, die stolz meldet, daß »hier« das große historische Ereignis der Türkenbefreiung Wiens begann . . .

Dieser verflixte Namenswechsel!

Kahlengebirge – sosehr das auch nach Angabe klingt – ist ein korrekter geographischer Begriff.

»I geh auf den Kahlenberg klettern!« hat schon mancher Bergsteiger gesagt und sofort Wetten abgeschlossen mit jedem, der es nicht glauben wollte, daß man am Kahlenberg auch klettern kann. Mit dieser uralten Bergsteigerwette wurden schon unzählige Liter Wein gewonnen – denn am sogenannten »Kahlenberggrat« des Kahlenberges kann man wirklich klettern!

Der »Kahlenberggrat«: Vom Gasthof »Eiserne Hand« (so benannt nach einem alten Wegzeichen, das einst zum Gipfel des Kahlenberges wies) folgt man dem Weg zur Josefinenhütte ca. 500 Meter weit bis zu einer markanten Bergrippe. Nach einem Abstieg von ca. 150 Meter gelangt man zum Einstieg des gut fünfzig Meter langen »Kahlenberggrates«.

Tja, und das ist nun der Schwindel dieser uralten Bergsteiger-wette: Der »Kahlenberggrat« besteht tatsächlich aus fünfzig Meter Fels – – – aber es ist nur eine aus dem Boden herausragende Fels-rippe, deren Felshöhe ungefähr zwanzig bis maximal achtzig Zenti-meter beträgt!

Drei Bergbahnen gab es einst im Wienerwald: Die »Knöpferl-bahn«, die »Zuckerlbahn« und die »Ruckerlbahn«.

Die »Knöpferlbahn« führte auf die Sophienalpe. Ihr Initiator war der Maschinenbauer und Lokomotivfabrikant Georg Sigl (1811–1887). Für Sigl, der seine Laufbahn als Schlosserlehrling be-gonnen hatte, bedeutete die »Knöpferlbahn« nur eine technische Spielerei. Auf Schienen wurden mit einem von Dampfmaschinen gezogenen Seil an Klemmen (den »Knöpferln«) eingehängte Wag-gons zur Höhe gezogen. Länge der Bahn: ca. 600 Meter, Höhenun-terschied: etwas mehr als 100 Meter. Das Kuriose dieser Bergbahn: die Waggons sahen so aus wie Fiakerwagen! 1874 wurde sie er-öffnet, 1881 wieder eingestellt und abgetragen.

Auch die »Zuckerlbahn« hatte kein langes Leben. Sie brachte von der »Donauwarte« (zwischen dem Kahlenbergerdorf und Kloster-neuburg-Weidling) auf den Sattel zwischen Leopolds- und Kahlen-berg. Länge der Bahn: ca. 750 Meter, Höhenunterschied ca. 290 Meter. Es war eine zweigleisige Zugseilbahn, die mit Dampfma-schinenkraft zweistöckige Waggons mit hundert Personen Fassungs-raum beförderte – erster, zweiter und dritter Klasse, wie das damals so üblich war.

Wenn nun das Zugseil zu ziehen begann, gab es in den 15 Tonnen schweren Waggons zuallererst immer ein heftiges Zucken, das die Fahrgäste durcheinanderwirbelte – daher »Zuckerlbahn«. Und dann das Knirschen der Holzkonstruktion der Waggons ... die große Angst, ob nicht doch das Zugseil reißen könnte ... jeder Fahrgast er-ster, zweiter und dritter Klasse fühlte sich wie ein verwegener Abenteurer! Obwohl die 1873 vollendete Bahn unfallfrei funktio-

Die alte Kahlenbergbahn in voller Fahrt. Eine Hin- und Rückfahrkarte kostete damals 1,60 Gulden. Das war verhältnismäßig teuer, wenn man bedenkt, daß man für ein gutes Mittagessen 1 Gulden bezahlen mußte

Unten: Inserat in der »Neuen Freien Presse« aus dem Jahre 1874, in dem die Bahn dem Verkehr übergeben wurde. Damals war die Kahlenbergbahn die große Sensation von Wien

nierte, mußte sie doch schon 1876 wieder eingestellt werden, 1877
wurde sie abgetragen. Aus den Ziegeln ihres Maschinenhauses bei
der Bergstation wurde zehn Jahre später die 22 Meter hohe Stepha-
niewarte auf dem Kahlenberg gebaut (die heute allerdings von der
danebenstehenden 165 Meter hohen Fernsehnadel »turmhoch«
überragt wird).

Die populärste aller Wiener Bergbahnen und auch die langlebigste
war jedoch die Zahnradbahn auf den Kahlenberg – die »Ruckerlbahn«. Auch sie sollte – wie die zwei anderen Bergbahnen – ein Re-
nommierbeispiel österreichischer Ingenieurtechnik werden für die
große Weltausstellung 1873 in Wien. Aber so wie die »Knöpferlbahn« wurde sie leiderleider (ein österreichisches Schicksal) bis
dahin nicht rechtzeitig fertig. Die Eröffnung konnte erst 1874 er-
folgen.

Die Bahn führte von Nußdorf (um das Gebäude der Talstation
zieht heute die Wiener Straßenbahn ihre Endstationsschleife) über
das Krapfenwaldl zum Kahlenberggipfel. Länge der Bahn: 5,5 Kilometer. Höhenunterschied: ca. 320 Meter. Eine Fahrt mit der »Ruk-
kerlbahn« wurde bald zum Wunschtraum aller Wiener Kinder –
aber auch für die Erwachsenen bedeutete sie so etwas Ähnliches wie
ein großes Spielzeug. Immerhin beförderte sie jährlich
160.000–190.000 Personen.

1922 wurde die Bahn eingestellt. In den Hungerjahren nach dem
Ersten Weltkrieg hatten die Wiener Wesentlicheres zu tun, als eine
»Lustreise auf den Kahlenberg« zu unternehmen. Man ging in den
Wienerwald, um Brennholz für die kalten Öfen daheim zu sammeln. Und die Geleise der Zahnradbahn wurden demontiert, die
Waggons demoliert, die Lokomotiven verschrottet. Nur ein Stück
der alten Trasse ist noch erkenn- und begehbar (Unterer Schrei-
berweg), und außer der Talstation ist auch noch die Bergstation (ein
kleines Rohziegelgebäude) erhalten. Die alte Zahnradbahn ist – wie
es in einem Wiener Lied heißt – in den Himmel hinaufgefahren . . .

In der 1856 erschienenen Mozartbiographie Otto Jahns heißt es:
»Auf dem Kahlenberg wird im sogenannten Kasino, dessen Wirt
Herr Egermeier ist, noch jetzt das Zimmerl gezeigt, in welchem Mozart, der hier Sommerquartier genommen hatte, die ›Zauberflöte‹
schrieb. Auch derselbe Tisch, an dem er saß, ist noch vorhanden,
und der Wirt freut sich sehr darüber, weil diese Erinnerungszeichen

viele Gäste zu ihm locken.« – Muß ein sehr cleverer Wirt gewesen sein, dieser Herr Egermeier, denn an seiner Geschichte, daß Mozart hoch oben auf dem Kahlenberg seine Zauberflöte geschrieben hat, ist kein Wort wahr.

Aber nachdem Rudolf v. Alt dieses »Zimmerl« sogar aquarelliert hatte, glaubten viele Mozartfans noch bis in unser Jahrhundert an dieses Märchen und widmeten dem Meister auf dem Kahlenberg »weihevolles Gedenken« (wie einer schrieb). Entstanden dürfte diese Geschichte durch Mozarts kurzen Aufenthalt auf Schloß Cobenzl im Jahre 1781 sein – aber das war zehn Jahre vor Entstehung der »Zauberflöte«.

Wenn schon nicht Mozart, so gibt es unzählige andere berühmte Künstler, denen der Kahlenberg zum Erlebnis wurde. Ja, es gibt dort sogar einen »Künstlerstein«. Dieser befindet sich am Waldrand gegenüber der Kirche und erinnert an die seinerzeit vom Albrecht-Dürer-Bund veranstalteten Künstlerfeste. Am Geburtstag Dürers zog man damals in altdeutschen Gewändern – als Ritter, Knappe oder Hofnarr verkleidet – von Grinzing auf den Kahlenberg, wo dann ein fröhliches Ritterfest stattfand.

Der Stein trägt die Jahreszahlen der Feste: 1846, 1847, dann fehlen zwei Jahre . . . man hatte statt Ritterspielen eine Revolution veranstaltet. Die letzte Jahreszahl ist 1865. Im Jahr 1866 war man nicht auf den Kahlenberg gezogen, sondern gegen die Preußen, und hatte einen Krieg verloren. Der »Künstlerstein« ist auch ein kleiner Denkstein österreichischer Geschichte.

Am Kahlenberg wurde auch das in Alt-Wien so beliebte »Annenfest« gefeiert, wobei es ab dem Jahre 1850 schon zu einer Art »Mißwahl« kam . . . das schönste »Annerl des Jahres« bekam einen Preis. Also, nicht jeden Gschnas haben wir Europäer von den Amerikanern übernommen – wir haben auch unsere »Eigenproduktionen«. Die Veranstalterin dieser ersten Schönheitskonkurrenz der Welt – Frau Anna Ziegler – ist ebenfalls auf dem Kahlenbergfriedhof (von dem gleich die Rede sein wird) begraben.

Und dann gab es auf dem Kahlenberg noch den »Kahlenbergprater« . . . einige Holzbuden, in denen Süßigkeiten verkauft wurden, Schaukel und Ringelspiel, Schießbuden und die berühmte »Camera obscura«. Über diese erzählt Viktor Faltis in seinem bezaubernden Buch »Grinzing 1900« sozusagen als Augenzeuge: »Ein Stück hangabwärts stand eine Hütte, die unsere Aufmerksamkeit erregte. Sie war aus Holz, grün gestrichen und hatte ein Türmchen

mitten auf dem Dach, das sich nach allen Seiten hin drehte. Nach
der Stadtseite lag eine Tür, und darüber stand in roten Buchstaben:
CAMERA OBSCURA. Wir schauten uns fragend an. Da öffnete sich
die Tür, und ein alter Mann mit langem Bart trat heraus. Er lächelte
uns freundlich an und sagte: ›Was ihr da seht, ist eine Zauberhütte,
die alles zeigt, was rundum geschieht. Ihr seid mit euren Eltern hier,
nicht wahr? Und die sitzen im Gasthausgarten und essen ihre Jause,
ist es nicht so?‹ Wir nickten erstaunt. ›Kommt herein, ich werde sie
euch zeigen!‹ sagte er. Unsere Eltern wollten wir da gerne sehen
und traten ein. In der Mitte der Hütte stand ein runder Tisch, die
Platte war mit weißem Tuch bespannt und konnte nach allen Seiten
hin geneigt werden. Darüber stand das Türmchen, und darin waren
Spiegel, die sich ebenfalls nach Belieben drehen und wenden ließen.
›Also‹, sagte der Mann, ›jetzt suche ich eure Eltern. Paßt gut auf und
schaut auf den Tisch, und wenn ihr sie seht, dann sagt es mir!‹ Er
griff nach einer Schnur, mit der er die Spiegel drehen konnte. Die
warfen das Bild der Leute auf den Tisch, die im Gasthaus waren,
Kaffee tranken, plauderten. Auf einmal erschienen die Eltern im
Bild. Das sah wie Zauberei aus: Vater und Mutter saßen ahnungslos
an ihrem Tisch, und wir konnten sie vom Zauberhüttchen aus beobachten. Lächelnd betrachtete der Mann unsere erstaunten Gesichter.
›Nun, was sagt ihr, ist das nicht wunderbar?‹ fragte er. ›Ich könnte
euch noch viel mehr zeigen, aber da müßt ihr vorerst zu euren Eltern gehen und euch Geld holen. Zehn Heller kostet es für jeden.‹
Damit hatte er den Zauber gebrochen. Er merkte das und sagte:
›Wißt ihr, ohne Geld kann ich das nicht machen; ich brauche es,
damit ich leben kann.‹ Das verstanden wir.«

»Der Ritterfriedhof« – so wird der 1783 eingeweihte Friedhof auf
dem Kahlenberg auch genannt ...
    Fürst Charles Joseph de Ligne (1735–1814) ist da begraben, »der
froheste Mann des Jahrhunderts«, wie ihn Goethe genannt hat, und
jener Mann, von dem das berühmte Bonmot über den Wiener Kongreß stammt: »Der Kongreß tanzt, aber er bewegt sich nicht vor-
wärts!«
    Der Fürst war Soldat (zuletzt Feldmarschall) und Diplomat. Er dis-
kutierte mit Kaiserin Maria Theresia und mit ihrem Gegenspieler
Friedrich dem Großen, mit dem guten Kaiser Joseph und mit der
schlimmen Katharina von Rußland. Und er war dabei, als Fürst Po-

temkin vor Katharina seine berühmt gewordenen »Potemkinschen Dörfer« errichtete, und er erlebte am Hofe Marie Antoinettes die letzten Tage des Rokoko. Er war ein Freund großer Denker, wie Voltaire und Rousseau, und kühner Männer, wie Saussure (der Erstbesteiger des Montblanc, der an Fürst de Ligne einmal geschrieben hatte, daß er den Gedanken habe, unersteigbare Gipfel, wie den Montblanc, mit Hilfe eines Luftballons zu erreichen). Und Fürst de Ligne war auch ein Freund von Giacomo Casanova. Dieser wollte seine berühmten Memoiren in einer »zahmeren« Fassung herausbringen, worauf Fürst de Ligne meinte: »Sie haben sich doch körperlich nie entmannen lassen; warum wollen Sie es dann mit Ihren Werken tun?«

Fürst de Ligne war ein Weltmann, er liebte viele Frauen, und er liebte die Natur: Kahlenberg und Leopoldsberg waren seine Hausberge. Er ließ dort Wege bauen (u. a. den »Nasenweg« auf den Leopoldsberg) und hatte dort auch seine Zufluchtsstätten, wenn er vom mondänen Leben genug hatte. »Wie immer sich die Dinge gestalten, bleibe immer aufrecht« stand an der Fassade des von ihm gemieteten Schloßtraktes auf dem Leopoldsberg zu lesen. Von den Zimmern im Innern erzählt Gaheis: »Das erste ist ein gothisches Zimmer, durch dieses kommt man in ein türkisches, welches besonders prächtig ist und an den Wänden mit türkischen Inschriften als Zierrathen versehen ist; dann ist ein ägyptisches, das sich durch die Hieroglyphen, Mumien u. dgl. unterscheidet. An dieses schließt ein großes Vogel-Zimmer, worin das ganze Jahr mittels eines großen Behälters Regenwasser für das Geflügel aufbewahret wird, und worin auch lebendige Bäume stehen.«

In sein Haus auf dem Kahlenberg hatte der Fürst sogar ein kleines Theater einbauen lassen. Und in den letzten Jahren seines Lebens ließ er sich immer öfter (in einer uralten Kalesche) in sein Tuskulum hinauffahren.

Ein Jahr nach dem Tode de Lignes wurde auf dem Kahlenbergfriedhof auch das »schönste Mädchen Wiens« begraben: Karoline Traunwieser, »gestorben in ihrer Blüte am 8. März 1815« – wie auf ihrem Grabstein steht.

Der berühmte Orientalist und erste Präsident der Akademie der Wissenschaften Joseph Freiherr von Hammer-Purgstall (1774–1856) erzählt: »Auf einem Ball (im Februar 1811) bemerkte ich in einem Teil des Tanzsaales ein besonderes Gedränge. Ich drängte mich ebenfalls hin und war das erste und einzige Mal in meinem Leben

von dem Anblick einer himmlischen Schönheit ergriffen, wie nie
vorher und seitdem. Es war Fräulein Traunwieser, die Tochter der
Besitzerin des Kahlenberges ...« Der berühmte Gelehrte war damals
fast schon vierzig, als er sich in die schöne Siebzehnjährige verliebte.
Und mit ihm noch viele andere Männer (wie auch der greise Fürst
de Ligne). Aber Karoline hatte ihr Herz an den französischen Oberst
Rameuf verloren, der 1812 beim Rückzug Napoleons aus Moskau an
der Beresina fiel. 1815 starb das »schönste Mädchen Wiens« an Lun-
genschwindsucht, und Hammer-Purgstall konnte nur noch eine
Grabinschrift verfassen:

> *Auch uns Freunden sey die Klage gegönnt!*
> *In Ihr ward offenbar*
> *was Schönheit, Jugend, Anmut*
> *Unschuld, Talent und Güte*
> *über Herzen und Seelen vermag;*
> *bezaubernd durch Gesang, der Schönsten Schönen,*
> *allbewundert, allgeschätzt, allgeliebt.*

Auch ein Herr Stephan Ziegler ist im Kahlenbergfriedhof begraben.
Von ihm ist nur bekannt, daß er ein »vermöglicher Seidenfabrikant«
war und von 1768–1832 lebte. Aber damals lebte (und starb) man bewußt poetisch, wovon Zieglers Grabinschrift zeugt:

> *Um die theure Urne schlingt der Glaube,*
> *Schlingt die Lieb und Hoffnung sich*
> *Nur der niedre Staub verfällt dem Staube,*
> *Doch der Geist lebt ewiglich.*

Daß der Kahlenberg unter den Wiener Hausbergen der König ist,
beweisen unter anderem auch die für ihn und auf ihm geplanten
Projekte.

Projekt Karl Dorfmeister aus dem Jahre 1903: Eine »Volksoper«
auf dem Kahlenberg. (Und nach der Vorstellung nicht nur Sturm auf
die Garderobe, sondern auch noch Sturm auf die Zahnradbahn!)

Projekt Fritz Mahler aus dem Jahre 1903: Eine »Walhalla« auf
dem Kahlenberg ... »Die Kuppel der Ruhmeshalle hat die Gestalt
eines Kriegshelmes aus der Babenbergerzeit, der Helm aus Eisen, die
Ornamentik vergoldet.«

Projekt Hans Fritz aus dem Jahre 1910: Ein »Theater der Dreißig-
tausend« unterhalb des Kahlenberges... »Vaterländische Weihe-
spiele und Sängerfeste sind hier gedacht.«

Projekt Paul von Spaun aus dem Jahre 1912: Ein amphitheatrisch
angelegter »Tempel der Musik« auf dem Kahlenberg... »Zur Ver-
tiefung der musikalischen Empfänglichkeit sollte eine möglichst
große räumliche Bequemlichkeit geboten werden, die in den übli-
chen Konzertsälen oft entbehrt werden muß. Aus dem nur mit
mattem Licht erhellten Zuhörerraum soll das Hinaustreten in breite
Wandelgänge, die in allen drei Stockwerken sich rings um das ganze
Gebäude ziehen, und von der würzigen Waldluft, die zu den offenen
Säulengängen emporweht, die empfangenen musikalischen Eindrücke zu einem gesamtpsychischen Erlebnis erweitern... Schon
die äußre Anordnung dieses Kunsttempels verspricht eine so eigen-
artige und feierliche Stimmung herzustellen, daß dadurch die we-
sentlichsten Voraussetzungen für die Erhebung des Gemütes gegeben erscheint, für die in den Großstädten jede Gelegenheit immer
mehr schwindet.«

Natürlich konnte auch Hitler, welcher »der Perle Wien eine würdige Fassung« geben wollte, unseren Kahlenberg nicht übersehen:
ein monströses Betonmahnmal sollte auf ihm entstehen (Projekt
1941), das jedem Wienerwaldrotkehlchen allein durch seinen Anblick die Kehle zugeschnürt hätte...

Kaiser Franz Joseph ist bekanntlich nichts erspart geblieben, dem
Kahlenberg der Wiener hingegen (bis jetzt) sehr viel, indem es zu
keiner Realisierung der Projekte kam.

»Im Interesse einer dauernden Sicherung der Gesundheitsverhält-
nisse unserer Stadt sowie zur Erhaltung des landschaftlich schönen
Rahmens, der Wiens Grenzen schmückt, will ich einen Wald- und
Wiesengürtel an der Peripherie der Stadt, angepaßt den heute dort
bestehenden Verhältnissen, in entsprechender Breite von den
Hängen des Leopold- und Kahlenberges bis zur Donau im Bezirks-
teile Kaiser-Ebersdorf für alle Zeiten festlegen.« – Dieser Erlaß von
Bürgermeister Dr. Karl Lueger aus dem Jahre 1904 war der Auftakt
für den 1905 vom Wiener Gemeinderat einstimmig beschlossenen
»Wald- und Wiesengürtel«. Ein Hauptargument für dieses »Gene-
ralprojekt« war die Annahme, daß Wien im Jahre 1950 etwa vier
Millionen Einwohner haben wird und es dann kein Grünland mehr

um die Stadt geben kann. Man konnte damals noch nicht ahnen, daß es zu einem Ersten und sogar Zweiten Weltkrieg kommen würde . . .

Mit der Schaffung des »Wald- und Wiesengürtels« war auch die Erbauung einer aussichtsreichen Höhenstraße vorgesehen. Jedoch erst 1934 kam das Projekt zur Verwirklichung; am 18. Mai dieses Jahres tat der damalige Bundeskanzler Dr. Engelbert Dollfuß den ersten Spatenstich. Am 16. Oktober 1935 wurde das erste Teilstück Cobenzl–Kahlenberg eröffnet; 1938 war dann der ganze Straßenzug vollendet.

Ein Teil der Arbeit wurde vom 1932 eingeführten »Freiwilligen Arbeitsdienst« geleistet. Dieser Arbeitsdienst, aus der Not der Zeit – der Wirtschaftskrise und Arbeitslosigkeit – entstanden, sollte vor allem junge Menschen aus der zermürbenden, unfreiwilligen Untätigkeit führen. Anfang 1933 zählte er 1000 Arbeitsdienstwillige, im Herbst des gleichen Jahres waren es dann schon über 20.000!

Die Not war damals groß in Österreich und der »Freiwillige Arbeitsdienst« kein Sanatorium. Gearbeitet wurde an sechs Wochentagen je 7 Stunden. Dazu kam die Mittagspause und der Hin- und Rückmarsch zum und vom (oft weit entfernten) Arbeitsplatz. Außerdem: Schlechtwettertage, an denen gar nicht oder nicht voll gearbeitet werden konnte, mußten eingearbeitet werden. An Schönwettertagen wurde also für Schlechtwettertage vorgearbeitet.

Die Unterkünfte waren Baracken, und außer einer ausreichenden Verpflegung wurde für die Arbeitswilligen »nach Tunlichkeit Arbeitskleidung und in der Regel auch ein Taschengeld« bereitgestellt. Es betrug bis zu 50 Groschen täglich.

50 Groschen – eine kleine Tüte Eis kostete damals 10 Groschen, ein Krügel Bier 50 Groschen, eine Kinokarte 80 Groschen bis 1 Schilling 20. Wer von den vielen Autofahrern, die heute über die Wiener Höhenstraße fahren, denkt wohl daran, wie diese »Arbeitsbeschaffungs-Straße« gebaut wurde?

Heute wird das Fahrzeug auf dem riesigen Kahlenbergparkplatz abgestellt, dann schlendert man zur Kahlenbergaussicht, und danach geht man noch die hundert Schritte bis zum fashionablen Kahlenbergrestaurant. Einige hundert Autos parken an schönen Sonntagen auf dem Kahlenbergparkplatz. Schmidl schrieb über diese Stelle im Jahre 1835: »Man erreicht eine hübsche Waldwiese, und gewöhnlich sieht man an deren oberem Ende einen Rudel Hochwild.«

Der Weg von Nußdorf durch die Wildgrube auf den Kahlenberg ist wahrscheinlich die »wienerischeste« aller Wienerwaldwanderungen ... der leise dahinrieselnde Schreiberbach, die Weingärten, der Blick auf den Kahlenberg ... schon Beethoven liebte diesen Weg.

Anton Schindler, Orchesterdirigent, Gesellschafter und »Geheimsekretär ohne Gehalt« Beethovens und später auch Verfasser der ersten Beethoven-Biographie (1840 erschienen), berichtet darin von einem gemeinsamen Spaziergang im Frühling 1823 in dieses »anmutige Wiesental, das von einem vom nahen Gebirg rasch dahereilenden und sanft murmelnden Bache durchzogen und streckenweise mit hohen Ulmen besetzt ist«. – Hier hatte Beethoven an seiner Pastoralsymphonie gearbeitet.

Schindler erzählt von dieser Wanderung: »Beethoven blieb wiederholt stehen und ließ seinen Blick voll von seligem Wonnegefühl in der herrlichen Landschaft umher schweifen. Sich dann auf den Wiesenboden setzend und an eine Ulme lehnend, frug er mich, ob in den Wipfeln dieser Bäume keine Goldammer zu hören sey. Es war aber alles stille. Darauf sagte er: ›Hier habe ich die Scene am Bach geschrieben und die Goldammern da oben, die Wachteln, Nachtigallen und Kukuke ringsum haben mit componirt.‹«

Ein mässig Feld, daran ein Garten schliesset,
Ein stetter Quell, der nah am Hause fliesset,
Ein klein Gehölz – war meiner Wünsche Zug.
Der HIMMEL gabs; ich habe mehr als g'nug.

Diese Aufschrift stand einst auf einem Landhaus, das sich im 18. Jahrhundert ein reicher Mann auf dem letzten Vorhügel des Kahlenberges erbauen ließ. Im 19. Jahrhundert wurde dann dieser »Himmel«, um im Himmel ein bisserl Protektion zu haben, vom späteren Besitzer einem Kloster vermacht.

Der »stette Quell« war allerdings eine fast zwei Kilometer lange Wasserleitung, die von einer Quelle am Vogelsangberg bis in das »klein Gehölz« geleitet wurde, in dem es außer Wasserspielen auch noch ein »Bauerhaus« gab, das in Wirklichkeit nur die Attrappe für ein Billardzimmer bildete, und einen »Holzstoß«, der in seinem Inneren einen luxuriös ausgestatteten Salon enthielt. Rousseaus Ruf »Zurück zur Natur« hatte viele amüsante Mißverständnisse zur Folge.

Wohl gab es einst im »Krapfenwaldl« eine »Krapfenhütte«, in der auch Krapfen verkauft wurden – aber seinen Namen bekam es von einem gewissen Franz Josef von Krapf, der sich dort 1751 ein Landhaus erbaute (und damit ebenfalls zu einem Urahn der Wienerwaldverhüttler wurde).

Und der Cobenzl bekam seinen Namen von dem Staatsmann Philipp Graf Cobenzl, der 1775 am Osthang des Latisberges zum Schloßbauherrn wurde. »Leuten von Distinction« gewährte der Schloßherr gerne Einlaß in seinen Park, und begeistert erzählt Gaheis in seinem (1794 erschienenen) Führer von einer dunklen Grotte, deren Wände mit verschiedensten Mineralien verkleidet waren, von stimmungsvollen Brunnenhäusern, von künstlichen Wasserfällen und von einem Teich, »auf welchem Schwäne, türkische Aenten und anderes Geflügel herum schwimmt«.

Später dann erwarb das Schloß Freiherr Karl v. Reichenbach (1788–1869), Industrieller, Chemiker (Entdecker von Paraffin und Kreosot im Holzteer) und Begründer einer philosophischen Lehre, nach der das Leben von einer dem Magnetismus ähnelnden »Od Kraft« gelenkt wird. In der »Döblinger Heimatkunde« wird erzählt: »Reichenbachs Versuchsraum lag im nördlichen Flügel des Schlosses, den ein langer Gang mit dem Arbeitszimmer verband. Geheimnisvolle Türen öffneten und schlossen sich geräuschlos, durch dicke Lodenstoffe voneinander getrennt. Und hinter dem letzten Vorhang führte ein Schuber, der durch unsichtbare Mechanismen bewegt wurde, in die Dunkelkammer selbst. Die Dunkelheit ward hier zur pechschwarzen Todes- und Rabennacht gesteigert. Das Gelaß, zwei Klafter unter der Erde, war mit schwarzem Tuch ausgeschlagen, das Luftloch durch Panzer und Platten dicht verschlossen. In dieser Finsternis lag allerlei Gerät, das den Zauberer ergötzte und unterstützte. Eine Sirene erhob, wenn man sie zum Tönen brachte, in diesem Kerker ihre helle Stimme und sang darin das Lied des Lebens und der Träume. Magnete und Elemente hielten sich mit langen Drähten umschlungen. In einem Aquarium schwammen Fische und allerhand Wassergetier. Kristalle, Retorten standen umher, und ein einsames Monochord (einsaitiges musikalisches Instrument) harrte des Augenblicks, der seine Saite zum Schwingen bringen würde. Kann es uns daher wundern, daß sich in kurzer Zeit ein geheimnisvoller Kranz düsterer Sagen um Reichenbachs Gestalt schlang und die Hauer im nahen Grinzing sich manche schauerliche Geschichte von dem Zauberer zuraunten, der da oben in rätselvoller

Einsamkeit lebte? Kein Wunder, daß das Schloß bald in Verruf kam und ängstlich gemieden wurde. Wer am Schloß vorüberging, schlug dreimal das Kreuz. – Reichenbach vereinsamte später vollständig, hauste mit einer alten Bedienerin allein in dem verwahrlosten großen Schloß und ließ sich gänzlich verborgene Pfade vom Cobenzl zum Kahlenberg anlegen, deren Ein- und Ausgang von Gestrüpp verdeckt waren. Seine wenigen Anhänger empfing der übergroße und hagere Mann, in einen wallenden Faustmantel gehüllt und von Faustischem Wust umgeben. In finsteren Nächten zog er auch auf den Grinzinger Friedhof hinab und stellte mit einem Medium Versuche an frischen Gräbern an, die nach seiner Lehre vom ›Od‹ gleichfalls ein für Sensitive wahrnehmbares, phosphoreszierendes Licht ausstrahlen sollten.«

1855 kaufte Johann Karl Freiherr von Sothen den Cobenzl. Sothen (der außer dem Cobenzl auch den Freiherrntitel verhältnismäßig billig von einem deutschen Großherzog gekauft hatte) war ein Betrüger übelster Sorte. Sein Vermögen machte er mit dem Kleinen Lotto, indem er sich Ziehungsergebnisse – damals als es noch keinen Telegraf und kein Telefon gab – mit Brieftauben senden ließ. Er hatte aber auch keine Bedenken, alte Lotterieschwestern um ihren kleinen Lottogewinn zu betrügen oder in seiner Bank Wucherzinsen zu fordern. Er machte Geld, wo man nur Geld machen konnte. Also betrieb er zu seiner Zeit auch schon eine Art Reisebüro. Sothen machte es jedermann möglich, per Esel einen »Lustritt auf den Kahlenberg« zu unternehmen. Für Sonntage mußte man – wegen des großen Andranges – schon einige Tage vorher im »Sothenschen Comptoir« buchen.

Sothen verstand es aber ebenso blendend, vor der Öffentlichkeit als großer Wohltäter und Mäzen zu brillieren: Stiftungen für Invalide, Witwen und Waisen; eine Fahne für die Sieveringer Feuerwehr; eine Kapelle anläßlich der Vermählung des Kaiserpaares Franz Joseph und Elisabeth (dieser an sich hübsche pseudogotische Bau im Walde über dem Gspöttgraben ist heute nur noch eine traurige Ruine, deren Portal und Fenster zugemauert sind).

In Wirklichkeit aber war Sothen ein ganz großer Leuteschinder, der sich in seinem Comptoir vor dem Nachhausegehen von den Angestellten die Hände küssen ließ; der auf seinem Gut Cobenzl jedem Erntearbeiter einen Teil des ohnedies kümmerlichen Lohnes strich, wenn er ihn (mit einem Fernrohr) bei einer Rastpause ertappt hatte. Seine Frau war noch schlimmer: Sie war auf ihrem Pony stets mit einer Hundepeitsche unterwegs und schlug damit auf die Leute ein ...

1881 bat Sothens Förster, Vater von fünf Kindern, um eine Gehaltserhöhung. Worauf der über diese Zumutung wütende Freiherr den Förster auf der Stelle kündigte und der verzweifelte Förster Sothen auf der Stelle erschoß. Der Förster – Eduard Hittler war sein Name – wurde zuerst zum Tod verurteilt und dann von Kaiser Franz Joseph zu 12 Jahren Kerker begnadigt.

Ungefähr 20.000 Menschen nahmen an Sothens Begräbnis teil, aber nicht, um den Toten zu ehren, sondern um seinen Sarg mit Steinen und Erdbrocken zu bewerfen. Und nach der mit großem Polizeiaufgebot durchgeführten Beerdigung auf dem Cobenzl entstand der volkstümliche Grabspruch:

> *Hier in dieser Gruft*
> *liegt ein großer Schuft.*
> *zeigt's kan Zwanzger nunter,*
> *Sonst wird er wieder munter.*

So endete der letzte »Herr vom Cobenzl«. Das alte Schloß und alle die »Lustwege« in seiner Umgebung sind nun längst dem Erdboden gleichgemacht worden ... heute gibt es dort einen Fitneß- und Skilanglauf-Parcours.

Obwohl der »Cobenzl-Fitneß- und Skilanglauf-Parcours« um ihn herumführt und obwohl er sogar um acht stolze Meter höher ist als der Kahlenberg, so ist er doch der am wenigsten besuchte Gipfel von allen Bergen um Wien: der Latisberg (492 m), dessen runde Kuppe nur ein zerfallener Steinmann krönt und auf den kein markierter Weg hinauf führt ...

In alter Zeit – so wird erzählt – soll sich auf ihm oder an seinen Hängen ein Heiligtum befunden haben. 1354 wird er urkundlich Laydersperg genannt; die älteste Form soll aber »Leiderates berc« gelautet haben, und Leiderat war ein Männername, der soviel hieß wie »der im Leid Rat Gebende«. Das läßt auch vermuten, daß sich auf oder an diesem Berg einst ein Versammlungsplatz befand, an dem Recht gesprochen wurde. Ein besonderer Berg ist er auch heute noch.

Andere Berge mögen Kirchen, Gasthäuser, Aussichtswarten oder

Fernsehtürme auf ihren Gipfeln haben ... auf dem Latisberg ragen Bäume in den Himmel, von denen jeder die Handschrift vieler Menschen in seine Rinde geschnitzt trägt ...

Die Verewigungen beginnen mit dem Anfang unseres Jahrhunderts. Und vom »tausendjährigen Reich« künden einige Hakenkreuze. Und danach gab es auch englische Inschriften:

Auch chinesische oder japanische Schriftzeichen sind in die geduldige Rinde eingeschnitzt. Manche Herzerln sind mit den Bäumen schon so hochgewachsen, daß die Initialen kaum mehr erkennbar sind. Jedoch deutlich zu lesen ist:

18. 1. 59
FRIEDI U. PAPA ALLEIN

Der Latisberg – nur einige hundert Meter über der Wiener Höhenstraße – gibt jedem Besucher ein besonders intensives Gefühl der Einsamkeit. Und er greift zum Messer, um wenigstens eine kleine Spur seiner Erdentage in einer Baumrinde zu hinterlassen.

An einer alten Weingartenstraße oberhalb von Neustift am Walde steht eine Mariensäule aus dem Jahre 1697, welche auch »Verlobungssäule« genannt wird ...

1819 hatte Ferdinand Raimund bei dem Kaffeesieder Wagner um die Hand von dessen Tochter Toni angehalten, wurde aber abge-

wiesen, weil der Herr Vater keinen »Komödianten« als Schwieger-
sohn wollte. Worauf der enttäuschte Raimund ein »Gschpusi« mit
der zwar bildhübschen, aber recht locker lebenden Schauspielerin
Luise Gleich begann, die bald schwanger wurde und (mit Recht oder
Unrecht?) Raimund als den Vater des Kindes bezeichnete. Nach
einem Streit am Trauungstag erschien Raimund nicht zur Hochzeit,
was ihm vom Wiener Theaterpublikum sehr übel genommen wurde.
Er mußte also doch zum Traualtar! Nachdem das Kind wenige Wochen nach der Geburt verstorben und die junge Frau Raimund bald
darauf verlassen hatte, stand er zwar wieder allein im Leben – war
aber noch immer und für alle Zeiten verheiratet. Er suchte wieder
seine unvergessene Toni Wagner, und in den Abendstunden des
10. September 1822 haben sich die beiden dann nicht vor einem
Altar, sondern vor der Mariensäule oberhalb von Neustift am Walde
ewige Treue geschworen. Und sie versprachen sich auch, alle Jahre
am Verlobungstag die Mariensäule wieder aufzusuchen . . . »Nir-
gends tritt mir Dein Bild so schön entgegen, als in dem sanften Tale
von Neustift, und eine unwillkürliche Schwärmerei ergreift mich
stets schon bei dem Gedanken an dasselbe«, schrieb einmal Raimund an seine Toni.

In dem »sanften Tale von Neustift« verbrachte um diese Zeit auch
der Kapellmeister Johann Strauß mit seiner Familie die Sommermo-
nate. Und dort schrieb sein Sohn Johann, der später Wiens »Walzer-
könig« wurde, im Alter von sechs Jahren seinen ersten Walzer . . .

> »Hier hat ein großer Musikant,
> Der Meister Strauß ist er genannt,
> Den ersten Walzer komponiert
> Und dadurch dieses Haus geziert.«

So steht auf einer kleinen Tafel auf einem kleinen Haus in der
Dreimarksteingasse von Salmannsdorf.

Dörflicher Friede liegt auch heute noch über der steilansteigenden
Straße, die durch ihre Breite fast wie ein Platz wirkt. Das Häuschen,
das dem schon zu seinen Lebzeiten sehr berühmten und auch beliebten Kapellmeister Strauß (dem Schöpfer des Radetzky-Marsches)
als Sommeraufenthalt diente, ist eines der kleinsten. Ob wohl einem
Pop- oder Rockstar von heute alles in allem nur ein niedriges Gas-
senzimmer, eine schmale Kammer und eine winzige Küche als Ur-
laubsappartement genügen würden?

Von allen Bergen des Wienerwaldes hat der Hermannskogel den größten Sagenschatz. Da gibt es eine Sage von einem Kloster auf seinem Gipfel mit einer »schlimmen Nonne« (die dann vom Teufel geholt wurde), die Sage von einer versunkenen Ritterburg (deren Turmuhr man noch manchmal aus dem Inneren des Berges schlagen hört), und viele Sagen von einem geheimnisvollen Schimmelreiter ... Ende des 18. Jahrhunderts entstand die Sage von Jung-Agnes und dem Kohlenbrenner-Karl; ihr Verfasser war der Theaterdichter und Theaterdirektor Josef Alois Gleich.

Rufen wir uns den Inhalt der Sage wieder in Erinnerung: Fee begegnet einem in ihrem Wald jagenden König. Fee übergibt das aus dieser Liebschaft entsprossene Kind – Agnes – Köhlersleuten zum Aufziehen. Agnes verliebt sich in Karl – den Sohn der Köhler. Fee stattet Karl als Krieger aus. Karl vergißt nach dem Sieg über die Türken am Kaiserhof Wiens Jung-Agnes im Wienerwald. Fee verflucht Kohlenbrenner-Karl. Seither geistern Karl und Agnes in den Wäldern des Hermannskogels.

Durch diese Sage wurde eine am Hang des Hermannskogels entspringende Quelle, die schon seit alter Zeit als heil- und wundersam galt und Jungfrauenbrünnl genannt wurde, zu einem Kultplatz, an dem sich die Menschenmassen drängten (an einem Sonntag waren es einmal 15.000–20.000 Personen!). Im »Agnesbrünnl«– wie es nun genannt wurde – glaubte man auch jene Nummern zu sehen, die im Kleinen Lotto zu Haupttreffern wurden.

In seinem 1859 erschienenen Buch »Mythen und Bräuche des Volkes in Österreich« schildert der Pädagoge und Volkskundler Theodor Vernaleken den Betrieb bei diesem Brünnl, wobei er zuletzt auch Vergleiche mit Dodona u. a. griechischen Orakelstätten zieht: »An Sonn- und Feiertagen, insbesondere am Johannistag, Charfreitag, Dreikönig und zu andern bestimmten Zeiten wird das ›Brindl‹ von hunderten förmlich belagert. 12 Uhr Mittags und 12 Uhr Mitternachts hält man für die beste Zeit. Es kommt auch vor, daß manche ihr Nachtlager im Walde aufschlagen und mit geweihter brennender Wachskerze denselben durchstreifen; wenn sie ermüden, so zeichnen sie mit geweihter Kreide einen Zauberkreis, lassen sich in demselben nieder und glauben sich geschützt vor den Geistern, die in jener Gegend sich vorzugsweise aufhalten. Auch am Tage hat das ganze Treiben etwas geheimnisvolles. Auf der verrufenen Jägerwiese trifft man Gruppen, deren jede sich um eine Profetin schart. Da erfahren dann die Leute, wie man sich zu verhalten

habe, wenn Karl oder die Agnes sich zeigen sollten, welche Nummern sie in die Lotterie zu setzen haben, was die Zukunft jedem einzelnen bringen werde u. dgl. Bei einer anderen Gruppe bietet einer
Glücksnummern zum Verkaufe, dort theilt eine Alte – natürlich
nicht umsonst – sympathetische Heilmittel aus. Beim Brünnlein
selbst sind mehrere Bäume mit Bildnissen behangen; Weiber blättern in Planetenbüchern und Würfeltische stehen umher. Andere
drängen sich zur Quelle und schauen mit der größten Spannung auf
den Grund, um aus den Figuren des Schlammes oder auf Steinchen
die Nummern zu entdecken, die bei der nächsten Ziehung herauskommen. Glauben sie eine Nummer entdeckt zu haben, so waschen
sie sich die Augen mit Wasser aus und schreiben die Ziffer auf.
Manche legen Steine auf den Grund und murmeln halblaute unverständliche Worte vor sich hin. Hinter sich hört man Kartenschlägerinnen oder alte Weiber, die aus den Planetenbüchern lesen, nach
Tag und Monat der Geburt fragen, um daraus die Zukunft zu profezein . . .«

Bis zum Beginn des Zweiten Weltkrieges zogen noch die »Lotterieschwestern« zum Agnesbrünnl. Nachher hatte leider ein superaktiver Kultur-Unglückswurm die Idee, dem historischen Agnesbrünnl
eine »würdige Fassung« zu geben. Die würdige Fassung sieht aus
wie die von einem »Goldfischozean« in einem Wiener Beserlpark.
Aber inzwischen ist ohnedies alles, was einst um das Agnesbrünnl
war, in Vergessenheit geraten, und heute ist der ehemals so vielbesuchte Platz einer der einsamsten Rastplätze im Wienerwald.

Nur im Gasthof »Zur Agnes« in Sievering ist noch ein kulturgeschichtlich hochinteressantes Dokument zu sehen, das an den
Rummel von einst erinnert, in jenem Gasthof, der seinerzeit Ausgangsort der Prozessionen zum Brünnl war. Dort hängt im Hausflur
eine Kreidezeichnung von Jung-Agnes, und dieses Bild (aus dem
Anfang des 19. Jahrhunderts) ist stark von Feuchtigkeitsflecken
durchsetzt. Das war es aber auch schon Mitte des 18. Jahrhunderts,
und in diesen Flecken wollte man damals Lotterienummern erkennen. Dieses Bild war auch ein »Agnesbrünnl-Ersatz« für jene, die
zu faul waren, auf den Hermannskogel zu steigen . . .

Jedoch: Die vielen Sagen um den Hermannskogel entstanden
nicht zufällig und die Kulturrenaissance des alten Jungfrauenbrünnls ebenfalls nicht. Der Hermannskogel galt sicher einmal für
unsere heidnischen Vorfahren als ein »heiliger Berg«. Und weil für
diese auch bestimmte Steine, Bäume und Quellen Heiligtümer bil

Die Habsburg-Warte auf dem Hermannskogel

deten, darf man wohl annehmen, daß unser Jungfrauenbrünnl einmal so etwas wie ein Wallfahrtsort war ...

Der einst vielgelesene Dichter Adam Müller-Guttenbrunn (1852–1923) bekannte einmal: »Wie ein Zauberkreis schlingt sich um den höchsten Gipfel der Wiener Landschaft ein Sagenkranz, die Welt um den Hermannskogel ist voller Geheimnisse; und so viele Schleier man auch fortzieht, bis zum Ursitz des Heiligtums dringt kein Forscherauge. Wie harmlos und einfältig mutet manchen das Getriebe beim ›Agnesbrünnl‹ an. Viele gehen nur hin, um sich einmal sattzulachen, um einen neuen Stoff zu finden für ihre Spottlust. Ich habe nie einstimmen können in dieses Gelächter der Aufgeklärten. Und tat ich es doch einmal, hat es mich immer gereut.«

In der »guten alten Zeit«, in der das Überwinden von Entfernungen noch nicht ganz einfach war, da schickte der Mensch besonders gerne seine Augen auf Wanderschaft. Lohnende Aussichtspunkte und Aussichtswarten waren beliebte Wanderziele.

Als »architektonisch schönste Aussichtswarte Österreichs« wurde der 1888 vom Österreichischen Touristenklub auf dem Hermannskogel errichtete Steinbau bezeichnet – ein allerliebster Raubritter-Bergfried in Ringstraßengotik.* Es wurde errechnet, daß sich von der Warte ein Aussichtsgebiet von genau 22.452 Quadratkilometern überschauen läßt. Karpaten, Hainburger Berge, Leitha- und Rosaliengebirge, Wechsel, Schneeberg und Rax, Gippel und Reisalpe, das Hügelland nördlich der Donau und die Leiserberge – das alles sind in diesem weiten Panorama nur Nahziele. Fernziele sind im Westen der 170 Kilometer entfernte Große Priel und der 184 Kilometer entfernte Traunstein. Im Nordwesten ist es der 190 Kilometer entfernte Plöckenstein (allerdings nur für »Glückskinder« an besonders klaren Tagen).

»Kann man heute auch den Schneeberg sehen?« fragte einmal ein Besucher den Mann, der die Eintrittskarten für die Aussichtswarte verkauft.

»Selbstverständlich können wir Ihnen den Schneeberg heute zeigen!« antwortete dieser so stolz, als hätte er soeben höchstpersönlich und eigenhändig das Panorama für die p. t. Besucher aufgebaut ...

* Jetzt leider durch Sendeanlagen total verschandelt!

> *»Hier ruehet der edle und Khunstreiche Herr*
> *Wenzeslaus Nagrell von Claromont*
> *Hofpefreyter Chirurgus, welcher durch Unglick*
> *in der Donau ertruncken, dem er zue gedächtnus*
> *dis sein Hinderlasnner Sohn Hanus Joseph Auffgestelt.*
> *Du aber, der solches lisest, gesegne ihm diesen*
> *Pittern Trunck*
> *Und sprich auffs wenigst*
> *Sit saluti Sempiternae*
> *1674.«*
> *»Heunt an mir, morgen an Dir.«*

Inschrift auf einem in den Chor der Kirche vom Kahlenbergerdorf eingemauerten Grabstein.

Untrennbar verbunden mit Kahlenberg und Kahlenbergerdorf sind der »Pfaff vom Kahlenberg« und das »Veilchenfest«.

Der »Pfaff vom Kahlenberg« – so hieß eine um 1450 entstandene Schwanksammlung, deren Held ein wienerischer Till Eulenspiegel war. Nach der Sage verschaffte sich dieser die Gunst des Habsburger-Herzogs Otto des Fröhlichen dadurch, daß er ihm einen schönen, großen Fisch brachte. Nachdem aber der Torposten ihm erst Einlaß gewährte, nachdem er versprochen hatte, die Hälfte des Lohnes abzutreten (mit Geld »Schmieren« war also, wie man sieht, schon im mittelalterlichen Wien üblich!), verlangte der junge Theologiestudent für seinen Fisch 50 Stockhiebe als Lohn. Der fröhliche Herzog ging auf diesen Spaß ein, subventionierte dann das Studium des phantasiereichen jungen Mannes und machte ihn später zum Pfarrer des Kahlenbergerdörfls. Dort foppte dieser nicht nur häufig seine Gemeinde, er ließ sogar einmal einige Totenschädel über eine Wiese hinabrollen, um seinem Herzog zu zeigen, daß, so wie die Totenköpfe nach verschiedenen Richtungen davonstieben, viel mehr noch der lebende Mensch gerne seine eigenen Wege geht. Schwarzer Humor?

Um das »Veilchenfest« des Mittelalters zu begreifen, muß man sich vorerst den Winter zu dieser Zeit in unseren Zonen vorstellen. Es gab keine Schneeräumung, Straßen und Wege waren daher oft unpassierbar. Das Schuhwerk war unzulänglich, ebenso die Heizung (offenes Feuer) in den düsteren, fensterarmen Behausungen. »Die überschwengliche Frühlingspoesie der Minnesänger hat ihren Urquell nicht etwa in der größeren Naturfreude und einem empfänglicheren Sinn für die Schönheiten der Natur, sondern in dem Mangel all der hundertfältigen kulturellen Errungenschaften, mit deren

Hilfe der moderne Mensch sich das Leben behaglicher eingerichtet und alle Unbilden des rauhen Klimas überwunden hat. Auch wir freuen uns des Frühlings, aber wir feiern ihn, indem wir ihn still genießen. Uns ist nicht der Sinn jener alten, alles berauschenden Frühlingsfeste abhanden gekommen, wohl aber fehlt uns das elementare Gefühl für dieselben, und wo sie noch gefeiert werden, ist dies eine gewohnheitsmäßige Nachahmung oder ein bewußtes Maskenspiel«, schrieb Müller-Guttenbrunn schon anfangs unseres Jahrhunderts.

Wer also damals das erste Veilchen fand, der bedeckte es schützend und meldete den Fund sofort dem Landesherrn. Der zog dann mit seinem ganzen Gefolge zu jener Stelle, um den ersten Frühlingsboten zu begrüßen und dort mit Musik und Tanz ein Frühlingsfest – das »Veilchenfest« – zu feiern. Einmal fand Neidhart Fuchs – ein dichtender Höfling unter Otto dem Fröhlichen – das erste Veilchen. Als aber dann der Festzug zu dem Hut kam, den der glückliche Finder über seinen Fund gestülpt hatte und als dann der Hut gelüftet wurde … da lag darunter kein Veilchen, sondern ein Spaßvogel hatte einen großen braunen Haufen hingesetzt!

Der wütende Frühlingsbote soll daraufhin die Bauern fürchterlich verdroschen und den Beinamen »der Bauernfeind« bekommen haben. Nach alter Überlieferung soll das irgendwie geheimnisvoll wirkende und aus dem 14. Jahrhundert stammende Grab an der Südseite des Wiener Stephansdomes das Grab dieses Neidhart Fuchs sein. Es wird aber auch oft als das Grab des Minnesängers Neidhart von Reuental bezeichnet, der tatsächlich den Beinamen »Bauernfeind« führte und ebenfalls zu St. Stephan begraben wurde. Aber der Minnesänger war schon 1237 gestorben und ist nicht am Hofe Otto des Fröhlichen, sondern an jenem Friedrich II. des Streitbaren tätig gewesen. Das ganze Durcheinander kommt wohl daher, daß das Volk später Neidhart Fuchs (der in Wirklichkeit ein Otto Fuchs aus Meißen in Sachsen gewesen sein soll) und Neidhart von Reuental zu einer Person verschmolzen hat!

Auch die Person des »Pfaffen vom Kahlenberg« ist umstritten. War es Gundaker von Thernberg oder hieß er Weigand von Theben? Kein Zweifel hingegen besteht, daß das »Veilchenfest« unter Otto dem Fröhlichen seinen Höhepunkt hatte. Otto der Fröhliche – wer denkt da nicht an ein langes Leben in Saus und Braus? In Wirklichkeit starb der fröhliche Herzog 1339 im Alter von nur 38 Jahren …

Burgruine Mödling ▶

Die Spitalskirche von Mödling mit dem Teufelskopf

Der Awarenkopf von Klosterneuburg

Jeder Wienerwaldwanderer ist wohl schon an einem »Mädchenauge« vorbeigewandert ... das ist in unserem Fall (leider) nur eine Pflanze, die vielleicht neben einem »Rührmichnichtan« steht, wobei das »Christusauge« sich neben einem »Venuskamm« sanft im Winde wiegt. Volkstümliche Pflanzennamen haben ihre eigene Poesie. Allerdings, wer würde wohl ein »Aftergreiskraut« seiner Liebsten schenken?

Daß das Veilchen einst sogar Mittelpunkt eines Volksbrauches war, hat seinen Ursprung in uralten Vorstellungen von der besonderen Kraft aller Frühlingspflanzen. Sie, die sich gegen Schnee und Eis durchgesetzt haben, müssen doch kräftiger sein als alle anderen! So wurde es auch zum Brauch, das erste Veilchen, das man irgendwo auf einer Wiese fand, zu essen, um damit dessen Kraft in sich aufzunehmen ... Ältere Wiener werden sich vielleicht noch daran erinnern, daß auch ihnen einst in ihrer Jugend von älteren Leuten geraten wurde, Veilchen zu essen, weil das »gesund sein soll«.

So wie die Menschheit, so haben auch die Pflanzen ihre Geschichte. Mit einigem Staunen erfahren wir aus dieser, daß das Veilchen ursprünglich eine tropische Holzpflanze (also ein Baum) war, die später zur krautigen Staude degenerierte und ihre Größe noch reduzierte, daß es zuletzt zu unserem so zarten Veilchen wurde ...

Sievering soll nach dem heiligen Severin benannt worden sein ..., einer der faszinierendsten Persönlichkeiten der ausklingenden Antike, ein Mensch, dessen Leben wie ein Abenteuerroman verlief. Geboren wurde er um 400 n. Chr. (wahrscheinlich) in Italien, gestorben ist er im Jahre 482 zu Favianis in Österreich.

Severin gewann nach dem Hunneneinbruch dem weströmischen Kaiser die pannonischen Provinzen zurück, wurde deren Verwalter und im Jahre 461 Konsul. Nach dem Sturz des Kaisers (in einer Zeit, in der Kaiserstürze fast alltäglich waren) flüchtete er in die ägyptische Wüste und wurde Christ. Um 467 war Severin aber schon wieder in Pannonien und blieb dort auch bis zu seinem Tod. Zwischen Enns und dem Wienerwald organisierte er die Verteidigung des Limes gegen die nördlich der Donau hausenden Germanen, führte diplomatische Verhandlungen mit ihnen und baute auch einen ausgezeichnet funktionierenden Nachrichtendienst auf. Au-

◀ *Die Pankraziburg bei Nöstach*

ßerdem kümmerte er sich um die Flüchtlings- und Armenfürsorge, gründete Klöster – und lehnte es beharrlich ab, zum Bischof oder Abt gewählt zu werden. Wo immer es in dieser kritischen Zeit und an dieser bedrohten Grenze brannte, spielte Severin Feuerwehr. 482 starb er in Favianis – und das hätte er besser nicht tun sollen!

Denn bis heute weiß niemand mit absoluter Sicherheit, wo dieses Favianis gewesen sein soll, und das ergab einen noch immer andauernden Gelehrtenstreit, der schon für viele Bücher und wahrhaftig unzählige Zeitschriften- und Zeitungsartikel Papier verschlungen hat. Nach einer Meinung ist Favianis mit Mautern bei Krems identisch, nach der anderen mit Heiligenstadt. Der Mönch Eugippius, der kurz nach 500 eine Lebensbeschreibung Severins (Vita Sancti Severini) verfaßte, hat sich leider so unklar ausgedrückt, daß sein Text für jede der beiden Lokalisierungen von Favianis als »Beweis« herangezogen werden kann.

1952/53 wurden in der und um die Heiligenstädter Kirche Ausgrabungen durchgeführt, bei denen Reste eines römischen Baues freigelegt wurden und außerdem ein leeres (nicht geplündertes) Grab, das nach der sorgfältigen Bauweise für eine höhergestellte Persönlichkeit bestimmt gewesen sein muß. Nachdem Severins Gebeine beim Exodus der römischen Bevölkerung aus Ufernorikum im Jahre 488 nach Italien überführt wurden (wo sie sich seit 1805 in Fratta Maggiore bei Neapel befinden), sieht nun die eine Gelehrtengruppe in diesem exhumierten Grab das einstige Severinsgrab, wobei der seit dem 12. Jahrhundert nachweisbare Name »Sanctus lucus« für Heiligenstadt noch zur Stützung ihrer Hypothese dient. Die von Eugippius erwähnte Klause des Severin »ad vineas« außerhalb von Favianis wäre also an der Stelle der heutigen Kirche gewesen (nach älterer Meinung in Sievering). Natürlich wurde diese Hypothese von der anderen Gelehrtengruppe (mit überzeugenden Gründen) abgelehnt, worauf es dann 1959 sogar zur Gründung einer »St. Severins-Bruderschaft« kam, welche alle Streiter für die Theorie Heiligenstadt = Favianis in ihren Reihen vereinen soll.

Der Heiligenstädter Pfarrplatz ist einer der schönsten Vororteplätze und eine Wiener Sehenswürdigkeit. Am stimmungsvollsten ist er freilich an einem sonnigen Vormittag, wenn er noch nicht von den vielen Autos der Gäste verparkt ist, die beim »Beethoven-Meyer« oder einem anderen Heurigen eingekehrt sind. Abends ist es sehr laut auf dem Platz. Das alte Kirchlein ist dann geschlossen und allem Gelehrtenstreit um die Vergangenheit entrückt.

>»Hans Daringer, Saurischer Unterthan zu Untern-Sehffringen
hat Gott zu Ehren und den Seinigen zum ewigen Gedächtniß
machen lassen dieses Kreuz den XXVI. Sept. Anno MDCVI.«

Inschrift auf dem Daringerkreuz in Sievering

Es ist paradox! Ausgerechnet die Grundherren vom Weinort Sievering hießen ab 1559 Saurer von Sauerburg!

»Sehffringen« ist neben Siphringen (1114), Suuveringen (um 1150), Suefring (1381) eine der alten Schreibweisen für das heutige Sievering. Sievering, Grinzing, Heiligenstadt und Nußdorf sind alte Siedlungsstätten, und auch nach der Eingemeindung im Jahre 1891 war jeder dieser nunmehr im 19. Wiener Gemeindebezirk zusammengefaßten alten Vororte noch lange eine kleine Welt für sich. Einem Sieveringer erschien der Lebensraum eines Grinzingers von seinem etwa so weit entfernt wie heute der eines Bürgers der »Freien Hansestadt Hamburg« von dem eines Eskimos.

Lina Loos, Gattin des berühmten Architekten Adolf Loos, erzählt in ihrem amüsanten »Buch ohne Titel« von einem Sieveringer, den man etwas gehänselt hatte und der dann plötzlich rief: »Laßts mich in Ruh, spielts euch nicht mit mir - ich bin nicht angewiesen auf euch. Ich muß ja nicht dableiben, ich kann hingehen, wo ich will, mir steht die Welt offen! Wenn ich will, kann ich auch nach - Döbling ziehen!«

Lina Loos erzählt noch mehr Geschichten aus der Zeit, in der Sievering wohl schon vom Fortschritt der Zeit erfaßt, aber immer noch ein Dorf war . . .

»Wir haben natürlich eine Trafik in Sievering - sie liegt nahe an der Straße, sehr nahe, ganz nahe -, kaum ein Meter trennt sie von den vorbeisausenden großstädtischen Verkehrsungeheuern. Es war ein schöner Sommermorgen, die Tür war weit geöffnet, und ich kaufte mir Zigaretten. Da flitzte die Straßenbahn vorbei - das Geschäft, das ganze kleine Haus erbebte und erzitterte von dem Getöse, und ein Gegenstand flog über meinen Kopf hinweg. Ich duckte mich und schloß die Augen, denn ich dachte, das Haus löse sich in seine ursprünglichen Bestandteile auf; aber ich hörte nur einen unwilligen Ausruf, da öffnete ich vorsichtig die Augen: Was ist denn los?

›Aber nichts, zehnmal habe ich schon der Zeitungsausträgerin verboten, aus der vorbeifahrenden Elektrischen die Zeitungen in das Lokal zu werfen – das geht doch nicht, die Kunden könnten ja erschrecken!‹

Die Sieveringer sind überhaupt widerstandsfähiger. Zum Beispiel: In besagte Trafik kam eine Frau und erzählte: ›Denken Sie sich, was geschehen ist. Geht da gestern mein Mann über die Straßen, schaut net, kommt a Auto, stoßt ihn nieder und fahrt über ihn drüber. Zum Glück ist er so flach gelegen, daß er sich nix brochen hat –, aber voller blauer Fleck ist er, über und über, so was hab i noch net gsehn – so viel a empfindliche Haut hat er, der Mann!‹«

Das weltberühmte Grinzing soll seinen Namen von einem Herrn Grimizo oder Grinzo ableiten, der dort im 10. Jahrhundert einen Gutshof besaß; seine Nachfolger waren die Herren von Krunzing, Gründsing. Vorher haben schon die Römer dort gesiedelt; die Trümmer der Römerbauten haben wahrscheinlich dem im 12. Jahrhundert erbauten »Trummelhof« den Namen gegeben . . .

Der weltberühmte »Grinzinger« entstand nicht zuletzt durch die Versuche eines leidenschaftlichen Weinliebhabers. Das war Hofrat Demeter v. Görög, der Erzieher von Erzherzog Karl (dem Sieger von Aspern). Anfang des 19. Jahrhunderts erwarb er in Grinzing den alten »Lößhof« (Lesehof, heute Kobenzlgasse 33) und begann dann auf den dazugehörenden Gründen eine Rebschule auf wissenschaftlicher Basis anzulegen. Bald konnte er den Hauern raten, bei ihren altbewährten Reben zu bleiben, da eine Veredelung des Weines nur durch eine planmäßige Kellerwirtschaft möglich sei.

Der Weinhofrat hatte nämlich in seinen Grinzinger Gärten Rebsorten aus allen Ländern zwischen dem Rhein und dem Südkap Afrikas, zwischen Portugal und Libanon gezogen, hatte alle möglichen Anpassungs- und Veredlungsversuche unternommen, jedoch der Heimatboden erwies sich immer als stärker! Die »Ausländer« unter den Reben ergaben in Grinzing justament weder Rheinwein noch Kapwein, sondern – »Grinzinger«!

»Grinzing darf nicht sterben!« oder »Ausgsteckt is mit schwarzen Fahnen!« – mit solchen Parolen protestieren Grinzinger Bürger unserer Zeit gegen die Verkehrslawinen im Ortskern und gegen die fortschreitende Verbauung der Grinzinger Weingärten.

1976 erschien ein von der Gemeinde Wien in Auftrag gegebener und von Architekt Gustav Peichl herausgegebener »Grinzing-Plan«, in dem auch die Konfliktsituationen angeführt werden:

› Starkes Anwachsen der Großgaststätten (Autobusheurigenbetriebe) im Ortsbereich.
› Verminderung der Zahl der traditionellen und charakteristischen kleinen und mittleren Buschenschenken.
› Starke Verminderung der Weinanbauflächen durch Verkauf von Weingärten an Bauinteressenten.
› Verschiebung der Hauptbetriebszeit in die Nachtstunden (»Nachtleben«) und als Nebenwirkung steigendes Verkehrsaufkommen. Starke Belästigung durch Lärm- und Abgasentwicklung.

In dieser Studie werden auch die Ansichtskarten von Grinzing im wahrsten Sinne des Wortes unter die Lupe genommen. Diese zeigen nämlich alle ein retouchiertes Bild des Ortes: Parkende Autos und Busse sowie die Reklamen und die Menschenmassen wurden wegretouchiert, dafür Weinstöcke mit reifen Trauben, Heurigenbuschen, Fiaker und bunte Luftballons in die Ansichten hineinkopiert. Beliebt sind auch Aufnahmen von alten Heurigenhöfen, in denen gemütlich nur einige Leute in der warmen Nachmittagssonne an den Tischen sitzen. »Die Bilder suggerieren« – so heißt es in der Studie – »Natur, im Freien sitzen, ausruhen, entspannen, plaudern, passives Genießen ...«

Solche Vorstellungen haben dazu beigetragen, Grinzing weltberühmt zu machen. Und um dieses Grinzing zu erleben, strömen die Menschenmassen dorthin – und verwandeln es in einen hektischen Hexenkessel ...

Vom Kahlenberg gibt es die Sage von einem Lindwurm, der dort einmal mit List erlegt wurde. Aber solche Lindwurm- und Drachensagen werden auch von unzählbaren anderen Orten erzählt. Origineller ist die Sage vom Leopoldsberg. Der Babenbergermarkgraf Leopold III. stand im Jahre 1106 mit seiner jungen Frau Agnes (der Tochter Kaiser Heinrichs IV.) am Söller seiner Burg am Leopoldsberg. Plötzlich riß ein Windstoß der jungen Frau den Brautschleier

weg. Neun Jahre später fand Leopold den Brautschleier seiner geliebten Frau (die ihm 17 oder 18 Kinder gebar!) bei einer Jagd auf
einem Holunderbusch. Spontan gründete er an dieser Stelle das
Kloster Klosterneuburg.

Und die Wirklichkeit? Auf dem Leopoldsberg gab es schon in prähistorischer und gewiß auch in römischer Zeit eine kleine Festung,
einen Wacht- oder Auslugturm. Aber 1106 stand noch keine Burg
dort oben (eine solche läßt sich erst im 13. Jahrhundert urkundlich
nachweisen). Hingegen: Dort, wo Leopold den Schleier seiner Frau
fand, war kein Jagdgebiet, dort gab es schon in der Jungsteinzeit eine
kleine Siedlung, später ein recht umfangreiches Römerlager, auf
dessen Grundmauern dann die Babenbergerresidenz errichtet
worden war – hier also, und nicht auf dem Gipfel des Leopoldsberges, wie später vermeint wurde! Also steckt in dieser ganzen
(erstmals Mitte des 14. Jahrhunderts in einer Chronik erwähnten)
Schleiersage kein wahrer Kern?

Wirklich nicht?

Im Frühjahr 1978 verpackte der Stiftsarchivar von Klosterneuburg
DDr. Floridus Röhrig den angeblichen »Schleier der Markgräfin«
aus der Stiftsschatzkammer in ein Plastiksäckchen und fuhr damit
nach München, um ihn dort von einer Expertin des Bayerischen Na-
tionalmuseums für mittelalterliche Gewebe untersuchen zu lassen.
Ergebnis der Untersuchung: Der Schleier stammt aus dem 12. Jahrhundert und wurde im Orient hergestellt; er könnte also von Markgräfin Agnes getragen worden sein und (als altes Symbol der Besitz-
ergreifung aber auch Besitzübermittlung) eine besondere Bedeutung
für das Stift Klosterneuburg gehabt haben.

Natürlich ist dieser Schleier von unschätzbarem Wert. Der Augu-
stinerchorherr von Klosterneuburg DDr. Röhrig fuhr damit ohne Be-
gleitschutz nach München, passierte auf der Hin- und Rückfahrt anstandslos die Grenze. Was gewesen wäre, wenn ihn ein Zöllner
nach dem Schleier in seinem Gepäck gefragt hätte – nach jenem
Schleier, der durch die berühmte Sage schon Millionen Schulkin-
dern Österreichs zum Begriff wurde?

Der zweifache Doktor antwortete auf diese Frage still lächelnd
einem Reporter: »Ich hätte gesagt, daß es ein altes Stück aus meiner
Familie ist!« – Was nicht einmal eine Notlüge gewesen wäre, denn
schon seit den Zeiten Leopold des Heiligen sind die Augustinerchor-
herren von Klosterneuburg Mitglieder einer großen Familie.

Das Wiener Becken war einmal ein Meer und die Hänge des Wienerwaldes seine Küste. Am Kahlenberg schlugen nahe vom Gasthaus »Zur eisernen Hand« die Wellen gegen das Ufer; das abgeschwemmte Material in der Form von festgebackenem Geröll kann noch heute jeder sehen, der von Nußdorf über die Eichelhofstraße auf den Nußberg wandert (Naturdenkmal).

Die Donau mündete wahrscheinlich bei Mistelbach in das Sarmatmeer, das auch das Wiener Becken bedeckte (Sarmatmeer = ein Binnenmeer, das vom Wiener Becken bis Sarmatien in Südrußland reichte). Erst später nagte sie sich zwischen Bisamberg und Leopoldsberg – einer Störungslinie folgend – ein neues Bett. Der Einbruch des Wiener Beckens erfolgte vor ungefähr 20 Millionen Jahren, der Donaudurchbruch erst vor 1 Million Jahren. Tja, und heute ist es noch immer eine Diskussionsfrage: Gehört nun der Bisamberg zum Wienerwald oder nicht? Und schuld daran ist die »schöne blaue Donau«, die heute leider nicht mehr blau ist.

Aber einst war sie es! Einst war ihr Wasser noch so rein, daß vor der Erbauung der Ersten Wiener Hochquellenwasserleitung auch ernsthaft in Erwägung gezogen wurde, anstatt Wasser vom Schneeberg, Donauwasser als Trinkwasser in die Wienerstadt zu leiten. Und wenn vor der Regulierung (1869–1875) an einem Tag mit blauem Himmel das Licht in einem bestimmten Winkel auf den noch in viele Arme verzweigten Strom fiel – dann erschien dieser tatsächlich als blau.

Als »schöne blaue Donau« wurde sie – wie kann es anders sein? – zum erstenmal von einem Dichter bezeichnet. Das geschah in dem 1852 erschienenen Gedichtband »Aus der Heimat« von Karl Beck (1817–1879), der an sich ein eher fader Herz-Schmerz-Reimer war.

Aber eine Verszeile gefiel Johann Strauß so gut, daß er sie 1867 als Titel über einen Chorwalzer setzte: »An der schönen blauen Donau.« Der ursprüngliche Chortext begann mit den Worten »Wiener seid froh! Oho! Wieso?« und war als Spott auf die Verhältnisse nach dem verlorenen Krieg von 1866 gedacht. Dieser Text setzte sich nicht durch – dafür die Melodie! Schon 1874 nannte der als grimmiger Bruckner- und Wagnergegner bekannt gewordene Musikkritiker Eduard Hanslick den »Donauwalzer« eine »neue österreichische Volkshymne«.

Das ganze Verserl, in dem die Donau zum erstenmal »blau« genannt wurde, lautet:

> »An der schönen, blauen Donau
> Liegt mein Dörfchen still und fein,
> Reich an Korn und Laubgehölzen,
> Reich an weltberühmtem Wein.
> Schmuckes Dörfchen! Vor den Häusern
> Stehn die Bäume grün und schlank;
> Lieder singt die frohe Jugend
> Abends auf der Rasenbank.
> Auf dem Hügel thront das Kirchlein,
> Trägt im Schooß der Schätze viel,
> Droben im ergrauten Thurme
> Klingt ein süßes Glockenspiel.«

Neben dem Tiefblick auf die Donau ist der Ausblick auf die ganze Wienerstadt das Faszinierende der Aussicht vom Leopoldsberg. Und obwohl Wiens Skyline nun schon viele Hochbauten beherrschen, ist der »Steffl« – der »Riesenfinger« wie man ihn einst auch nannte – noch immer das Zentrum der Stadt, nach dem sich jedermann orientiert.

Um die Mitte des vergangenen Jahrhunderts stellte ein spleeniger Engländer namens Jones öffentlich die Frage: »Wie groß müßte ein Riese sein, der sich des Stefansthurmes als Zahnstocher bedienen wollte?«

Selbstverständlich hatte sich der Mann das vorher schon genau ausgerechnet: »Wenn man annimmt, daß ein Mann mittlerer Größe sich eines Zahnstochers von zwei Zoll (das sind ca. 5 cm) bedient, so müßte Derjenige, der sich des Stefansthurmes zu gleichem Zwecke bedienen wollte, im Verhältnisse eine Höhe von 2376 Wiener Klafter (das sind 4505 Meter) haben. Zu seiner Kleidung bedürfte er, und zwar zu einem Frack 6480, zu einem Beinkleide 3888, zu einem Mantel 15.552 Wiener Ellen Tuch; daran würden 300 Schneider 4 Wochen arbeiten. (1 Elle = 0,777 Meter). Seine Stiefel wären 864 Klafter hoch und 216 Klafter (1 Klafter = 1896 Meter) weit, und mit einer Sohle derselben würde er einen Raum von 898 Quadratklafter bedecken. Würde er zum Frühstücke Kaffee kochen, so brauchte er 16 Zentner. Als mittelmäßiger Esser würde er zu Mittag verzehren:

13 Eimer Suppe, 56 Zentner Rindfleisch, nebst verhältnismäßiger Portion Sauce oder Gemüse, und 12.000 Paar Hühner oder 3000 Gänse. Sein gewöhnliches Trinkglas würde 160 Eimer (1 Eimer = 56,59 Liter) fassen.

Eine Reise von Wien nach Paris würde er in fünf Minuten zurücklegen. Es wäre ihm ein Leichtes, nach eingenommenem Frühstück in Deutschland eine kleine Lustpartie nach Teheran und Peking zu machen, und nachdem er dem Schah von Persien und dem Kaiser von China seinen Morgenbesuch abgestattet, nach einer Wasserpartie durch den Stillen Ocean über die Sandwichinseln nach Amerika zu gelangen, um nach eingenommenem Mittagsmahle in den Freistaaten einen Abstecher nach Brasilien zu machen und dann über Marocco und Italien – nachdem er noch vorher Tunis und Tripolis mit einem Fußtritte vernichtet – oder über Genua, Egypten und die Türkei nach Europa zurückzukehren...«

Wie sagt der Wiener oft?

»Sachen gibt's, die gibt's gar net!«

Seltsames Inserat aus dem Jahr 1914. Trotz Verwendung der »letzten Neuheiten« war die Ausrüstung der Schiläufer in dieser Zeit noch sehr primitiv. Aber man fuhr dennoch mit viel Schwung und Begeisterung die steilsten Abfahrten, nach dem Motto: »Liaba Haxen brechen, als a Paar neue Ski blechen!«

ZWISCHEN DONAUSTROM UND WIENFLUSS

Wie anders als heute die Landschaft an der Wiener Pforte vor der Donauregulierung aussah, das zeigen alte Ansichten: Ein Gewirr von vielen kleinen und großen Inseln zwischen Klosterneuburg und Korneuburg.

Korneuburg selbst ist eine »junge« Stadt. Ursprünglich gehörte auch noch das orographisch linke Donauufer zu Klosterneuburg, jedoch die Überschwemmungen trieben die Bewohner des linken Ufers immer weiter ins Landesinnere, wo dann 1212 eine ganz neue Siedlung entstand: Neuburg markthalben, die andere Hälfte von Neuburg klosterhalben. Markt und Behörde von Klosterneuburg befanden sich also damals jenseits der Donau, was natürlich auf die Dauer kein Idealzustand war. So erhielt dann 1298 auch Neuburg klosterhalben das Stadtrecht – und aus einer Stadt waren nunmehr zwei Städte geworden.

An diesem durch die vielen Inseln verhältnismäßig leicht passierbaren Donauübergang befand sich schon in der Jüngeren Steinzeit eine Siedlung; Klosterneuburg ist also uralt. Und uralt und urtümlich wirken auch die zwei Steinköpfe, die 1924 bei einem Umbau des Hauses Martinstraße 22 freigelegt wurden. Es sind Fragmente von kopfgekrönten Steinstelen, und sie hatten in dem Haus als Schwell- und Baustein gedient. Man hielt sie zunächst für keltisch, weil ja die Kelten bekanntlich große Kopfjäger mit einem richtigen Schädelkult waren. Doch später bemerkte der österreichische Frühmittelalterforscher Mitscha-Märheim in ihnen erstaunliche Ähnlichkeiten mit den Köpfen auf fernöstlichen Grabstelen und erkannte sie schließlich als awarisch und aus dem 8. Jahrhundert stammend. (Ein Kopf befindet sich heute im Stadtmuseum Klosterneuburg, der andere noch immer am Fundort.)

Es sind Porträtköpfe zweier Anführer (Khane) mongolischer Truppen, welche von den Awaren zu ihrer Grenzlandsicherung eingesetzt worden waren.

Lange Zeit galten die Awaren nur als ein unkultiviertes, wildes Reitervolk aus dem Osten, lange Zeit konnten sich die Archäologen bei ihren Ausgrabungen aber auch dieses seltsame Nebeneinander von bewunderswerter Kultiviertheit mancher Objekte und dann wiederum einer krassen Primitivität nicht erklären. Bis man erkannte, daß die schon »verwestlichten« Awaren nur noch halb so wild waren, aber auch so schlau, ganz wilde, »frischimportierte« Mongolen für sich kämpfen zu lassen. Und so kamen solche menschenköpfigen Säulen, wie sie zu dieser Zeit auf den Grabhügeln im tiefsten Asien aufgestellt wurden, auch nach Klosterneuburg an der schönen blauen Donau ...

Markgraf Leopold III. wurde um 1073 geboren und stellte sich im Investiturstreit auf die Seite des Papstes und gegen Heinrich IV. (der nach Canossa gehen mußte). Als Kaiser Heinrichs Sohn (später Heinrich V.) gegen seinen eigenen Vater rebellierte, versprach er dem Babenbergermarkgraf Leopold III. für seine Hilfe die Hand seiner Schwester Agnes. Leopold ergriff sie. In diesem ganzen Verrat und Frauenhandel zeigt sich also Leopold durchaus nicht als ein Heiliger. Seine Heiligsprechung im Jahre 1485 war mehr ein von den Habsburgern betriebenes Politikum. Trotzdem wurde der »Heilige Leopold« als Niederösterreichs neuer Landesheiliger rasch beliebt im Volk.

Vorher war St. Koloman Niederösterreichs Landespatron gewesen – ein Pilger aus Schottland, der 1012 in Stockerau als Spion gehenkt wurde. Nachdem sich an seinem Grabe bald viele Wunder ereignet haben sollen, wurde sein Leichnam nach Melk überführt, und schon am Ende des 11. Jahrhunderts galt er als der große Heilige Niederösterreichs, den man vor allem als Beschützer aller Verfolgten verehrte. Diese Beschützerrolle übernahm dann auch der neue Landespatron Leopold, und darum heißt beim Fangenspielen der Kinder auch heute noch die Freistelle – dort, wo man nicht abgeschlagen werden darf – »Leo«. Ein »Leo« ernsterer Art, ein mittelalterlicher Asylring, ist noch heute am Adlertor des Wiener Stephansdomes zu sehen. Es ist ein handfester Bronzegriff, und wer diesen »im Griff« hatte, der war, zumindest für kurze Zeit, vor Nachstellungen der weltlichen Gerichtsbarkeit in Sicherheit.

Leopold und Leopoldine gehörten einst in Wien und Niederösterreich zu den häufigsten Vornamen, und am 15. November – am Leopolditag – zogen und ziehen noch immer Scharen von Menschen (vor allem »Poldln«) nach Klosterneuburg, wo ein großes Volksfest stattfindet, dessen Höhepunkt das »Fasselrutschen« ist. Zum Leopoldsgrab in der Stiftskirche drängt es heute – im Gegensatz zu einst – nur noch wenige Besucher des »Leopoldifestes«. Aber Leopold würde dafür Verständnis haben; er war ja ebenfalls ein recht lebenslustiger Herr.

Leopold war ein leidenschaftlicher Jäger. Und als Jäger zeigt ihn auch Rueland Frueauf d. J. auf seinem berühmten Tafelbild aus dem Jahre 1505 (das im Stiftsmuseum zu besichtigen ist). Es ist ein recht eigenartiges Bild, dieser »Ausritt Markgraf Leopolds III. zur Jagd«. An der Seite seiner Frau Agnes reitet Leopold durch das Land, mit der Krone auf dem Kopf, mit einem hermelinbesetzten Purpurmantel bekleidet – es fehlt ihm nur das Szepter in der Hand. Im Hintergrund des Bildes ragt ein erschreckend hoher Berg mit einer Burg darauf in den Himmel – der Leopoldsberg. Das Bild ist aber insofern ein Dokument, weil die von Frueauf gemalte Burg (die es zu Leopolds Zeiten noch nicht gab) als eine wirklichkeitstreue Darstellung gilt; weil das Bild also zeigt, wie die berühmte Burg auf dem Leopoldsberg aussah, von der es in allen zeitgenössischen Berichten heißt, daß sie zu den Schönsten von den Schönsten zähle. Und die dann 1529 gesprengt wurde, um den Türken keinen festen Stützpunkt zu überlassen.

Markgraf Leopold starb nicht auf dem Schlachtfeld eines gewaltsamen Todes, sondern – auf der Jagd. Eine im Jahre 1936 durchgeführte Untersuchung des Skeletts ergab, daß der Markgraf ca. 1,80 Meter groß und von athletischer Gestalt war. Der rechte Ast des Unterkiefers zeigte sich als abgebrochen – der tödliche Speerwurf eines »patscherten« (ungeschickten) Jagdgefährten . . .

Klosterneuburg, Stiftskirche

Der Südturm
Beginn der Bauarbeiten am Ende des 14. Jahrhunderts, wegen der Notzeit (Bruderkrieg unter den Habsburgern) aber bald wieder eingestellt. Der nichtausgebaute Turm wurde mit einem provisorischen Schutzdach versehen, erst 1588 bekam er eine Uhr und einen Zwiebelhelm.

Der Nordturm
Wurde 1637–44 wegen der Symmetrie in gotischem Stil begonnen, jedoch – kein Mensch kann aus seiner Haut – es wurde eine barocke Schöpfung. Auch dieser Turm konnte (ebenfalls Notzeit!) nicht ausgebaut werden. Er wurde mit einem pyramidenförmigen Helm abgeschlossen.

Die Silhouette von Stift Klosterneuburg (mit der römisch-deutschen Kaiserkrone und dem österreichischen Erzherzogshut als Kuppelbekrönungen und den zwei spitzen Türmen) ist allbekannt, aber nur wenigen fällt das besondere Kuriosum auf, nämlich, daß die zwei Fassadentürme verschieden geformt sind . . .

Ende des 19. Jahrhunderts waren beide Türme baufällig geworden. Mit der Restaurierung wurde der Architekt Friedrich von Schmidt beauftragt, der Erbauer des Wiener Rathauses und auch Restaurator des Stephansturmes (wobei er die Turmspitze abtragen und vollkommen erneuern ließ). Schmidt war einer der Hauptmeister der Neugotik und wollte bei dieser Gelegenheit den gotischen Klosterneuburger Südturm vollenden, den barock angehauchten Nordturm hingegen eliminieren und »stilrein« (neu)gotisch wiederaufbauen. Aber dieser Vorschlag wurde nicht angenommen (wieder einmal Notzeit!) und ein echt österreichischer Kompromiß geschlossen: Beide Türme wurden – mit gutem Willen und so gut es halt ging – einander angeglichen . . .

. . . immerhin aber doch so gut, daß viele heutige und flüchtige Besucher von einer »harmonischen Fassade« reden!

Der Nachtwind hat in den Bäumen
sein Rauschen eingestellt,
die Vögel sitzen und träumen
am Aste traut gesellt.

Und wenn die Nähe verklungen,
dann kommen an die Reih
die leisen Erinnerungen
und weinen fern vorbei.

Die ferne schmächtige Quelle,
weil alles andre ruht,
läßt hörbar nun Welle auf Welle
hinflüstern ihre Flut.

Daß alles vorübersterbe,
ist alt und allbekannt;
doch diese Wehmut, die herbe,
hat niemand noch gebannt.

Das ist das sechste von Lenaus »Waldliedern«, die alle in Klosterneuburg-Weidling entstanden sind. Die Quelle dieses Liedes ist wahrscheinlich das Agnesbrünnl (siehe auch S. 43).

Nikolaus Lenau (1802–1850, sein wirklicher Name war Nikolaus Niembsch, Edler von Strehlenau) hatte diese Waldlieder alle Sophie von Löwenthal (1810–1889) gewidmet, einer Frau, in die er unsterblich verliebt war. Aber auch die Frau war in Lenau verliebt – und hielt doch ihrem Mann die Treue: Maximilian von Löwenthal, einem mittelmäßigen Dichter, der später ein großer Manager des österreichischen Post- und Telegraphenwesens war.

Lenau im Mai 1839 an Frau Sophie: »Ich träume jetzt viel von dir. Mein Leben ist ein stilles Horchen, Sinnen und Sehnen und unablässiges Wühlen in meiner Seele. Ich habe mich ganz der Natur in die Arme geworfen.« – 1844 ist Lenau an diesem Lieben und Leiden endgültig zerbrochen; die letzten sechs Jahre seines Lebens verbrachte der Dichter in geistiger Umnachtung. Seine letzten Worte: »Niembsch . . . ist sehr . . . unglücklich . . .«

In Weidling ist Lenau auch begraben. Eine Tafel am Eingang des an einem Bach gelegenen romantischen Friedhofs berichtet außerdem, daß darin im Jahre 1827 Ferdinand Raimund sein Märchendrama »Moisasurs Zauberfluch« geschrieben hat. Ein Friedhof als Arbeitsplatz für ein »Großes tragikomisches Original-Zauberspiel in zwey Aufzügen«! (Aber Raimund hatte ein Faible für Friedhöfe. Vom Zimmer seiner Sommerwohnung in Gaaden gab es nur die Aussicht auf einen Friedhof, und im »Verschwender«, den er dort geschrieben hat, läßt er Flottwells Freund Dumont beim Bewundern der Natur auch sagen: »Ha! Der Kirchhof macken sich dort gut!«)

Rechts von Lenaus Grab in Weidling befindet sich das »des gefeierten Künstlers und Landschaftsmalers« Josef Feid (†1870). Und neben Feid und Lenau ruht Joseph Freiherr von Hammer-Purgstall (siehe auch S. 33). Wie ein Pascha ruht er in seinem Grab, dessen Grabstein einer steinernen Bettstatt gleicht und Inschriften in zehn Sprachen trägt: Deutsch, Griechisch, Lateinisch, Arabisch, Türkisch, Persisch, Französisch, Italienisch, Spanisch, Englisch. So originell wie das Grabmal ist auch die Geschichte seiner Errichtung. Vom persischen Botschafter erhielt der berühmte Orientalist einen turkmenischen Hengst geschenkt; diesen verkaufte er dem Fürsten Liechtenstein, und um das Geld bestellte er sich 1820 – also 37 Jahre vor seinem Tod – sein Grabmal. Sehr oft wanderte er dann von Wien aus über den Kahlenberg nach Weidling, um die Arbeit an den komplizierten fremdsprachigen Inschriften zu überprüfen. Einmal wurde er von einem Freund gefragt, wohin er denn liefe. Hammer-Purgstall antwortete: »Zu meinem Grabmal, um demselben durch (die für die Gesundheit) nötige Bewegung so lang wie möglich zu entfliehen!«

Links von Lenau ruht sein Schwager und Freund Anton Xaver Schurz, Hofbuchhalter und auch ein Dichter, der sich seine eigene Grabinschrift geschrieben hat:

Auf dem harten Pfuhl von Kiesel
hörst du nicht des Bachs Geriesel
und behorchest selig bang
nicht mehr Nachtigallensang.
Aber auch die Stürme ziehn
unvernommen überhin;
und des Donners Stimme ruft
nicht hinunter in die Gruft!

An Lenaus Gruft sind die Worte zu lesen:

Friedhof der entschlafenen Tage,
schweigende Vergangenheit!
Du begräbst des Herzens Klage,
ach, und seine Seligkeit!

Ganz in der Vergangenheit lebt der Einsiedler vom Freiberg bei Klosterneuburg-Kierling. Das heißt, ein richtiger Einsiedler ist er gar nicht, weil er auch Frau und Kind hat . . .

So um 1960 hatte der Banatschwabe Robert Mohaupt, der vom Krieg nach Klosterneuburg verschlagen worden war, genug von der modernen Zivilisation. Er hatte das Gymnasium absolviert, ist nachher Zahntechniker geworden und auch so nebstbei bei einem Schmied in die Lehre gegangen. Und außerdem hatte er viele Bücher über die Menschen der Urzeit gelesen. Diese lebten noch ein einfaches, unkompliziertes Leben. So ein Leben wollte Robert Mohaupt von nun an führen.

Am Rande eines Waldgrabens oberhalb von Kierling baute er sich ein Blockhaus nach alten Vorbildern – ohne Eisennägel, mit einem Kamin darin und mit einem Strohdach darauf. Es dauerte dann fast zwei Jahre, bis man den »Einsiedler« entdeckte.

Für Presse, Rundfunk und Fernsehen wurde er zum Knüller. Eine Chemielaborantin aus Hamburg war von dem Waldmann so begeistert, daß sie zu ihm fuhr und bei ihm blieb. So kam der Einsiedler zu seiner Familie.

Robert Mohaupt lebt nun schon fast zwei Jahrzehnte in seinem Blockhaus – ohne elektrisches Licht, ohne Radio, ohne Fernseher, ohne Kühlschrank, ohne Gasherd, ohne Zentralheizung, ohne Badezimmer und ohne die vielen anderen Dinge, ohne die ein moderner Mensch – wie er glaubt – nicht leben kann.

Von der würzigen Wienerwaldluft allein kann natürlich auch der Germane – wie man ihn in Klosterneuburg nennt – nicht leben. Also arbeitet er fallweise als Hilfsarbeiter. Oder er arbeitet in der urtümlichen Schmiede neben seinem Blockhaus (noch mit Blasbalg) an Aufträgen, die ihm die Bewohner der Umgebung geben. Die Grundnahrungsmittel kauft er natürlich im Supermarkt . . . obwohl er die Meinung vertritt, daß ein Mensch ohne weiteres auch von Gras, Eicheln und Baumrinde leben könne (?).

Für viele Klosterneuburger ist dieser Außenseiter nur ein Spinner. Und natürlich hat er auch schon viele Auseinandersetzungen mit so ziemlich allen Behörden, die es überhaupt gibt, hinter sich.

Gesetze und Verordnungen, Tradition und Prestige schreiben dem Menschen vor, wie er zu leben hat.

Der Waldmann vom Wienerwald beweist jedenfalls, daß man auch anders leben kann . . .

»Ach Christenmensch, hör an, was ich dir will sagen,
so sich all hie vor Zeiten hat zugetragen.
In dieses Bildniss ward gottslästerlich geslagen
durch trunknen Bösewicht.
Daraus geflossen sodann rosenfarbnes Blut,
wie solches wahre Aussag bezeugen tut.
Auf dies hernach derorten in den Lüften
vom Teufel einer zerrissen in Stücken.
Solches ist geschehen im 1526. Jahr,
als die lutherische Ketzerey allgemein war.«

So lautet die Inschrift auf dem sogenannten »Schwarzen Kreuz« bei Klosterneuburg, das in Wirklichkeit kein Kreuz, sondern ein wunderschöner reliefverzierter Bildstock ist (im Volksmund wird jedoch jeder Bildstock als »Kreuz« oder »Marterl« angesprochen).

Das Ungeheuer von Heiligenkreuz ▶

Folgende Doppelseite: Schlafender Jünger auf dem Kalvarienberg in Gaaden

»Einsam, wie in sich versunken, bedeckt mit Narben, die ihm Wind und Wetter oder böse Bubenhand geschlagen, steht am Rande des Weges das Kreuz. Manchmal erbarmt sich eine gute Seele seiner und schmückt es mit Blumen oder steckt ein Lichtlein an, und hin und wieder, wenn es nicht gar zu weit draußen im Felde steht, bekommt es ein neues weißes oder gelbes Kleid; dann leuchtet es weit hinaus in die Landschaft, ein wenig Beachtung heischend für sein bescheidenes Dasein. So bleiben wir einmal stehen vor ihm und horchen hinein in die Jahrhunderte, die an ihm vorüberzogen. Und es beginnt zu erzählen von Krieg und Krankheit, von Pestilenz und harter Not. Leise raunt es von Sitten und Gebräuchen, die schon längst vergessen, von Geschlechtern, deren Spuren verwischt und verweht sind«, schreibt Franz Hula in seinem großen Werk über »Die Totenleuchten und Bildstöcke Österreichs«.

Ihren Ursprung haben Bildstock, Totenleuchte, Pestsäule wie alle anderen ähnlichen Mahnmale in den aufgestellten Holzpfählen oder Steinen (Menhire) prähistorischer Zeit, in denen das Unsterbliche eines Menschen oder die Erinnerung an ein unvergeßliches Ereignis weiterleben sollte. Und so vielfältig die Formen dieser Mahnmale sind, so verschieden ist auch der Anlaß ihrer Errichtung. Von den Kunsthistorikern lange Zeit als künstlerisch bedeutungslos links liegen gelassen, sind heute die Bildstöcke umso intensiver Forschungsgegenstand der Volkskundewissenschaftler geworden.

Ein Weiterleben alter magischer Farbensymbolik will man nun auch in den sogenannten »farbigen Kreuzen« erkennen. Tatsächlich gibt es fast um jedes rote oder weiße (in unserem Fall: schwarze) Kreuz eine Sage, und die meisten Sagen haben nun einmal ihren Kern in uralten Vorstellungen. Natürlich gibt es auch Ausnahmen, und Pia Maria Plechl erzählt von ihren Bildstock-Erkundungsfahrten eine hübsche Geschichte. Bei den Recherchen um ein »Grünes Kreuz« erfuhr sie, daß die Grünfarbe in diesem Fall sicher keine symbolische Bedeutung hat – die den Bildstock betreuende Bauernfamilie streicht nämlich schon seit Generationen ihr Wohnhaus grün und verwendet dann nur immer den Rest der Farbe auch für einen Neuanstrich des Bildstöckls!

Wie viele Bildstöcke es allein nur in Niederösterreich gibt? Unzählige – im wahrsten Sinne des Wortes.

Schon in und um Klosterneuburg befinden sich außer dem

»Schwarzen Kreuz« noch ein »Weißes Kreuz«, die herrliche goti-
sche Lichtsäule vor der Stiftskirche, eine Gerichtssäule aus dem
15. Jahrhundert, Markt-, Pest- und Sebastiansäulen aus dem 17. Jahrhundert und eine Dreifaltigkeitssäule aus dem 18. Jahrhundert. Und
außerdem gibt es noch das »Käferkreuz« aus dem Jahre 1675, kein
Erinnerungsmal, sondern nur die immerwährende Bitte an höhere
Mächte, sich der armen Weinbauern zu erbarmen. Die Inschrift:

> »O Hl. Patronin und Zierde des Himmels und der Erden,
> bitt für uns, das unsere Frichten vor Khefer,
> Schauer und Gefriehr behiettet werden.«

Noch einmal zurück zu unserem »Schwarzen Kreuz«. Die Sage
darüber hat sogar den berühmten Josef Freiherr von Hammer-Purgstall zu einer Ballade inspiriert. Schaurig-schaurigschön ist die
Stelle, wo der »trunkne Bösewicht« vom Teufel geholt wird . . .

> ». . . und plötzlich das Wort ihm erstarrt.
> Es faßt ihn so schaurig wie Fieberfrost an,
> Es klappert im Munde ihm jedweder Zahn,
> Und zitternd des schrecklichen Ausgangs er harrt.
>
> Fünf stachlichte Krallen spürt er am Genick,
> Die pressen gar schwer ihm den Athem zurück,
> Und nochmahl fünf Krallen erfassen die Hüft';
> So hebt's ihn, und hebt ihn hoch auf in die Lüft',
> Es schwindet vor Angst und vor Schmerz ihm der Blick.
>
> Und sausend trägt's ihn durch die luftige Höh,
> Es heult eine Teufelsschar fürchterlich Weh,
> Und jeder vom Leib sich ein Stück reißt herab
> Und fährt damit grinsend zur Hölle hinab,
> Und lange fort heulet's noch Weh, Weh, Weh.«

Obwohl es schon seit 1854 die erste Gebirgsbahn der Welt – die
Semmeringbahn – gab, wagte man es lange nicht, auch entlang der
Steilabhänge des Leopoldsberges und der Berge bei Höflein/Greifen-
stein eine Bahn zu bauen.
Schließlich wagte man, baute von 1867–1874 die »Franz-Josefs-

Bahn«. Dann passierten tatsächlich einige kleinere Eisenbahnunfälle. Worauf von nun an und für lange Zeit die Wiener sie nur noch die »Jessas-Maria-und-Josefs-Bahn« nannten ...

Lourdes ist ein Phänomen. Und seit den ersten Marienerscheinungen, die das Hirtenmädchen Bernadette im Jahre 1858 dort hatte, entstanden Nachbildungen der berühmten Lourdesgrotte an vielen Orten ... eine auch im Wienerwald bei Gugging.

Initiator und Gründer dieser Grotte war der Pfarrer Kaspar Hutter, der im Jahre 1907 »mit einem gleichgesinnten Gefährten auf Kosten der göttlichen Vorsehung nur mit Hut und Stock und Regenmantel und anstatt Geld den Rosenkranz in der Hand« zu Fuß nach Lourdes gewalzt ist. Das waren 30 Tag- und auch Nachtmärsche auf einer Wegstrecke von 1200 Kilometern! Als die beiden Pilger dann in der Lourdesgrotte baden wollten, wurden sie zunächst nach ihrer Krankheit gefragt ...

Krankheit? Die beiden Pilger fühlten sich nach den 1200 Kilometern Fußmarsch so wohl und gesund wie noch nie zuvor in ihrem Leben! Das Bad in der Quelle wurde ihnen dann nur als Lohn für ihren weiten Weg bewilligt.

Später kam Pfarrer Hutter nach Gugging. In seinem Buch »Wie Kaspar Priester geworden« erzählt er: »In einer waldumrauschten Talenge türmen sich dort pittoreske Felsen. Ein Spaziergang führte mich zum Platz: ein Blick, eine Überprüfung des Geländes, etliche Wochen des Bedenkens und der Entschluß stand fest: hier eine bescheidene Nachbildung der Grotte von Lourdes in den französischen Pyrenäen zu schaffen. Gute Menschen halfen; in wenigen Jahren war die Stätte fertig, die inzwischen zu einem vielbesuchten Wallfahrtsort geworden ist. Es kommen viele größere und kleinere Prozessionen zu dieser Stätte, nachdem Prälat und Bundeskanzler Dr. Seipel sie im Mai 1925 in Gegenwart von 50.000 Menschen eingeweiht hat.«

Von allen Burgen und Schlössern Österreichs zählt die Burgruine Greifenstein an der Donau zu den sagenreichsten ...

› Es wird erzählt, daß einst jeder Knappe, bevor er zum Ritter geschlagen wurde, zuerst seine linke Hand und ein Knie in zwei Aushöhlungen des sogenannten »Schwursteins« im Burghof legen und dabei sprechen mußte »So wahr ich greif den Stein«. Daher: Greifenstein.

› Und es werden in verschiedenen Versionen Sagen von Rittern erzählt, die ihre Frau oder Tochter verstoßen hatten und dann nach einem Todessturz an der steilen Burgtreppe sich mit letzter Kraft an diesen Stein klammerten und darin für alle Zeiten ihre Griffspur hinterließen.

› Zwischen Greifenstein und Burg Kreuzenstein war einmal über die Donau eine Kette gespannt, um alle Handelsschiffe aufzuhalten und auszuplündern.

› Zwischen Greifenstein und Kreuzenstein führte einmal ein geheimer unterirdischer Gang unter der Donau dahin.

› König Richard Löwenherz war Gefangener in Greifenstein. Schon Anfang des 19. Jahrhunderts zeigte man dort einen kleinen Holzkäfig, in dem der König gesessen sein soll und von dem sich dann später jeder Engländer einen Span als Souvenir abgeschnipselt hat.

Noch viele andere Sagen und Geschichten gibt es, aber kehren wir zur Wahrscheinlichkeit und Wirklichkeit zurück.

Wahrscheinlich wurde die Burg im 11. Jahrhundert von einem Herrn Grifo erbaut, der dieses dem Bistum Passau gehörige Land gegen die Steppenvölker des Ostens schützen sollte. 1135 wird sie als »Hangintanstein« erstmals urkundlich erwähnt. 1461 eroberte und zerstörte sie der Raubritter Frohnauer, 1477 Matthias Corvinus, 1529 die Türken. Und immer wieder wurde die Burg wiederhergestellt. Ende des 16. Jahrhunderts wurde sie dann zum Gefängnis, hauptsächlich für geistliche Häftlinge; die Gegenreformation hatte begonnen. Als letzter Gefangener wird 1753 ein Priester genannt, der allzu eifrig gegen die damals beschlossene Verminderung der allzu vielen kirchlichen Feiertage gewettert hatte ...

1807 erwarb Fürst Liechtenstein die Burg und ließ sie (natürlich auf romantisch) wiederherstellen. Heute birgt sie eine Schausammlung, die allerdings nur wenige Objekte aus der »Ritterzeit« enthält und vom Leben, wie es in so einer alten Burg wirklich war, keine Vorstellung gibt.

Wie war es wirklich?

1975 veranstaltete eine österreichische Jugendzeitschrift ein Schüler-Preisausschreiben. In einer Reportage (vom Verfasser dieses Buches) über den Besuch einer Ritterburg waren 12 eingebaute Anachronismen enthalten; diese mußten gefunden werden. Zwei

Hauptpreise: Eine kostenlose Reise einer ganzen Schulklasse zu den Olympischen Spielen in Innsbruck und eine Reise nach Wien. Natürlich gab es bei solchen Preisen unzählige Einsendungen, leider aber (obwohl natürlich auch viele Lehrer an der richtigen Lösung mitgebastelt hatten) nur wenige fehlerlose. Vom Leben in einer Ritterburg gibt es noch immer viel zuviele falsche Vorstellungen. – Das ist diese Reportage:

Reise in die Vergangenheit

Man schreibt das Jahr 1300. Wir werden schon am Fuße des Burgberges von einem der Söhne des Burgherrn empfangen, der uns zur Burg hinaufgeleiten soll. Einige Knechte mit Eseln, die Fässer an den Seiten hängen haben, kommen vom Berg herab. Sie holen Trinkwasser von einer Quelle am Fuße des Burgberges. Das Wasser der Zisternen innerhalb der Burg wird nur bei Belagerungen getrunken, sagt man uns; sonst verwendet man das Wasser in der Badstube, wo man es auf heiße Steine gießt. Unser junger Begleiter ist hellauf begeistert von einem solchen Dampfbad.

Der Burgherr empfängt uns in einem großen Saal, durch dessen bunten Butzenscheibenfenster warm das Sonnenlicht fällt. Kostbare Teppiche aus dem Morgenland schmücken die Wände – der Burgherr, der unter Kaiser Barbarossa am Dritten Kreuzzug teilnahm, hatte sie selbst in seine Heimat gebracht.

Man bittet uns zu Tisch. Das Tischtuch ist kunstvoll verziert, unsere Löffel, Messer und Gabeln sind aus Silber, für jeden Teilnehmer an der Tafel liegt eine Serviette bereit. Wir nehmen auf Klappstühlen Platz. Auf ein Zeichen des Hausherrn beginnt man die Speisen aufzutragen: Schweinefleisch mit Kartoffeln, Kapaun und Nelkensoße, Truthahn in Pfeffersoße.

Als Trunk wird uns mit Honig gesüßter, aber auch mit Pfeffer versetzter Wein angeboten. Als Nachtisch werden Feigen serviert. Nach dem Mahl sehen wir erstaunt, daß der Tisch, an dem wir gesessen, nur eine Holztafel ist, die auf zwei Gestellen ruht. Die Bediensteten heben die Holztafel auf und tragen sie aus dem Rittersaal. Im wahrsten Sinne des Wortes: »Die Tafel wurde aufgehoben!«

Der Burgherr ist gerne bereit, uns durch die Burg zu führen. Aus dem Rittersaal gelangen wir in das Wohn- und Schlafzimmer der Herrschaft. Ein Baldachin aus Seide umgibt das Bett. Wir bewundern kostbare Spiegel aus venezianischem Glas an den Wänden und ei-

nige Figuren aus echtem Meißener Porzellan auf den Truhen. Eine
kleine Tür im Hintergrund des Gemachs … wohin führt sie? Der
Burgherr wird leicht verlegen. Aber er öffnet uns auch diese Tür. Sie
führt in die sogenannte »Heimlichkeit«, also in den Abort der Herrschaft. Eine Art Thronsessel mit einem Kübel darunter beherrscht
den Raum, an den Wänden stehen aber viele Kleidertruhen. Man
verwendet diesen Raum auch als Garderobe, erklärt uns der Ritter,
weil der Duft, der diesen Raum beherrscht, Motten von den Gewändern fernhält. Albrecht Dürers Kupferstich »Ritter, Tod und Teufel«
schmückt diese »Heimlichkeit«.

Wir gehen weiter und kommen in die Schreibstube, in der ein
Schreiber eifrig an einer Urkunde arbeitet. Sein Arbeitsplatz ist nahe
dem Fenster. Ein alter Eisenofen an der Wand läßt den Fleißigen
auch im bitterkalten Winter sicherlich nicht frieren. Der Schreiber
legt seine Stahlschreibfeder nieder und möchte uns gerne die kleine
Bibliothek zeigen, die ebenfalls in der Schreibstube untergebracht ist.
Uns gefällt besonders gut eine illustrierte Handschrift mit dem Titel
»Der abenteuerliche Simplicissimus« von einem Hans Jakob Chri-
stoph von Grimmelshausen.

Jetzt drängt es den Gastgeber schon, uns seine Waffenkammer zu
zeigen. Wir bewundern also zuallererst die Waffen und Rüstungen.

Dann machen wir eine Addition:

Helm und Rüstung	ca. 25 kg
Schwert	ca. 3 kg
Pulverhorn und Bleibeutel	ca. 2 kg
Lanze und Schild	ca. 10 kg
Alles in allem	ca. 40 kg

Wir haben den Eindruck, daß die Ritter sehr »gewichtige Herren«
sind, wenn sie in den Kampf ziehen.

Und im Frieden?

Auf unsere Frage, warum derzeit so wenige wehrhafte Männer
innerhalb der Burg zu sehen seien, erklärte der Burgherr, daß in
Friedenszeiten nur zehn Waffenknechte den Wachtdienst versehen.
Aus zehn Personen bestehe auch seine Familie. Und so an die
achtzig Burgbewohner seien Dienstboten. In Kriegszeiten allerdings
wären es einige Hunderte Waffenträger aus der Umgebung, welche
die Burg verteidigen würden.

Wir wünschen dem Burgherrn noch viele friedvolle Jahre und verabschieden uns von ihm und seiner Ritterburg im Jahre 1300 . . .«

Haben Sie die 12 Schnitzer* gefunden, lieber Leser?

Ohne Zweifel ist der Tempelberg (403 m) bei Hadersfeld einer der schönsten Aussichtsberge des Wienerwaldes . . . der Tiefblick auf die Donau, der Ausblick auf das Hügelland des Weinviertels jenseits der Donau und auf die unzähligen Kuppen des Wienerwaldes.

Trotzdem ist der nur 366 m hohe Eichleitenberg bei Hadersfeld der bedeutendere Berg – obwohl keine Aussichtswarte auf seinem Gipfel steht, nicht einmal ein Vermessungszeichen, obwohl er nur eine wenig markante Waldkuppe bildet ohne jede Aussicht. Aber dieser Eichleitenberg ist in dem 1200 km langen Alpenbogen die nördlichste Erhebung und der letzte Berg der Alpen bevor diese an der Donau enden.

Im Frühjahr ist dieses Gipfelchen übersät mit bunten Blumen, und nur Vogelstimmen beleben die idyllische Stille. Die eisige Welt des Montblanc, Matterhorn und Dolomitentürme . . . hier endet alles in beglückender Harmonie.

1952 zog der junge akademische Maler Lothar Wanko aus Wien vom Eichleitenberg los, um die ganzen Alpen bis zum Mittelmeer zu durchwandern, wobei er dann in fünf Monaten mehr als zweitausend Wegkilometer zurücklegte. Wanko hat dieses Unternehmen ohne jede finanzielle Unterstützung durchgeführt, er erzählte nachher nur einigen Freunden davon. Keine Zeitungsartikel, keine Vorträge, auch vorher keine Schnorrbriefe an Firmen. Lothar Wanko: »Warum hätt' mir wer was geben sollen? Es war ja meine verrückte Idee und mein Privatvergnügen!«

---

* Die Lösung:

1. Im Jahre 1300 gab es noch keine Butzenscheiben.
2. Der 3. Kreuzzug fand bereits 1198 statt. Der Burgherr hätte daher weit über 100 Jahre alt sein müssen.
3. Es wurden noch keine Gabeln verwendet.
4. Kartoffeln waren in Europa im Jahre 1300 noch unbekannt.
5. Auch der Truthahn wurde erst nach der Entdeckung Amerikas in Europa auf den Tisch gebracht.
6. Es gab noch keine Spiegel aus venezianischem Glas.
7. Das Meißener Porzellan wurde erst viel später erfunden.
8. Albrecht Dürers Kupferstich »Ritter, Tod und Teufel« entstand erst im 15. Jahrhundert.
9. Ein Eisenofen wurde um 1300 noch nicht verwendet.
10. Schreibfedern aus Stahl gab es noch nicht.
11. »Der abenteuerliche Simplicissimus« von Grimmelshausen entstand um Jahrhunderte später.
12. Das Schießpulver war um 1300 noch unbekannt. Daher gab es auch noch keine Verwendung für ein Pulverhorn.

»San S' mir net harb«, sagte einmal jemand zu Peter Altenberg. »Bei mir fangt die Natur erst bei Payerbach, Schneeberg, Rax an!«

»Ich bin nicht harb auf Ihnen, ich freue mich, daß sie wenigstens irgendwo bei Ihnen anfangt!« antwortete Altenberg.

Peter Altenberg (1859–1919) – Poet, Bohemien, Aphoristiker, Meister kurzer Prosa – hieß eigentlich Richard Engländer. P. A. – wie er sich selbst oft nannte – war auch ein großer Verehrer schöner Frauen und junger Mädchen. In Altenberg a. d. Donau war er Gast der Familie Lecher, deren bildhübsche Tochter Berta von ihren Brüdern »Peter« genannt wurde. In seiner Schwärmerei für dieses Mädchen schrieb Richard Engländer von da an nur noch unter dem Pseudonym Peter Altenberg, und mit diesem Namen erschien auch schon 1896 sein erstes Buch, »Wie ich es sehe«.

Wie zeitlos die Prosa Altenbergs noch heute ist!

»Ihr reist fort? Wohin denn? Von euch selbst vielleicht? Wozu also?

Es geht nicht nach Kilometern! Nur für Schmöcke, Seelenlose und falsch Erlebnis-Hungrige!

›Vielleicht bin ich in Australien kein so armseliges, nichtiges, leeres Vieh wie in Wien?‹

Du irrst, mein Freund, meine Freundin! Du bleibst es!«

Adolf Lorenz (1854–1946), Begründer der modernen Orthopädie und Landhausbesitzer zu Altenberg an der Donau, brachte in den neunziger Jahren des vergangenen Jahrhunderts von einer Skandinavienreise auch Ski mit heim nach Österreich. Sein Sohn Albert Lorenz – ebenfalls ein bekannter Arzt – erzählte über die erste Ausfahrt mit diesen zweieinhalb Meter langen Latten nach Hadersfeld ... »Vom Bogenfahren hatten wir nicht den blassesten Dunst, zur Richtungsänderung ließen wir uns einfach sanft zu Boden gleiten und begannen dann die Fahrt in der neuen, gewünschten Richtung. Wenn man zu einer Besprechung oder der Aussicht wegen einen Augenblick anhielt, so war das keineswegs ein stabiler und ruhiger Stand. Plötzlich rutschten einem die heimtückischen Bretteln nach vorne oder hinten unter dem Körper davon, und man lag entweder auf dem Gesicht oder auf dem Rücken im Schnee. Ich gewann bald ein gewisses Geschick und eine Überlegenheit über meinen Vater; der große Mann fiel jedesmal mit einem Krach hin wie eine gefällte Tanne, ich kleiner Bub wie ein Gummiball ...

Ehe wir uns versahen, mahnte die hereinbrechende Dämmerung zur Umkehr. Durch dichten, steilen Wald ging es heimwärts. Mein Vater ließ seine Bretteln laufen; bis er entweder umfiel oder ihm die Geschwindigkeit unheimlich wurde, dann schmiß er den Stock in den Schnee und umarmte mit schmerzlichem Aufschrei den nächsten Baumstamm. Ich aber hatte es bald heraus, daß man sich auf den langen Stock recht gut aufstützen und ihn als eine Art Steuer benützen konnte. Endlich setzte ich mich ganz einfach auf die Bretteln und rodelte so verhältnismäßig sicher zu Tal. Der Vater folgte wortlos dem Beispiel seines Sohnes.«

Lorenz junior schließt seine Erzählung über die Anfänge des Skilaufs in Österreich mit der Feststellung über Lorenz senior: »Er gab den Skisport ebensowenig auf, wie er ihn erlernte. Einen richtigen Schwung oder Stemmbogen meisterte er niemals. Er fuhr aber bis in sein siebentes Lebensjahrzehnt, ohne Geschick oder technisches Können, mit einer phantasielosen Tapferkeit und einer Tollkühnheit, die kein Mensch bei einem orthopädischen Chirurgen, der doch genug mit den schweren Folgen dieses herrlichen Sportes zu tun hat, für möglich halten würde.«

Der Verhaltensforscher und Nobelpreisträger Konrad Lorenz (geb. 1903) verwandelte später sein Vaterhaus zu Altenberg, Lorenzgasse Numero 2, in ein Aquarium und in eine Menagerie – und in ein internationales Forschungszentrum.

In Altenberg genießt Lorenz – trotz seiner ausgefallenen Tierexperimente und nach seinen eigenen Worten – »den Ruf verläßlicher Harmlosigkeit, den ich mit dem anderen Dorfdeppen teile«.

An einem Pfingstsonntag experimentierte er einmal mit jungen Stockenten, um die Bestätigung seiner Theorie zu finden: Frisch geschlüpfte Entchen haben eine angeborene Reaktion auf den Lockton, jedoch keine auf das optische Bild der Mutter. Lorenz spielte also die Entenmutter ... zog in tiefer Hocke und ununterbrochen quakend kreuz und quer durch seinen Garten, die Entenkinder hinterdrein. Als er einmal aufblickte, sah er am Gartenzaun eine große Schar Pfingstausflügler, die ihm entsetzt zuschaute. Die Leute konnten in dem hohen Gras die kleinen Enten nicht sehen, sie sahen nur einen älteren Herrn mit Vollbart auf der Wiese quakend herumrutschen.

Konrad Lorenz: »Das fehlende Zwischenglied zwischen Tier und Mensch – das sind wir!«

»Az haga Huno Chumiberg« starb am 26. Oktober des Jahres 791
der Metzer Erzbischof Angilramm an einer Kriegsverletzung – am
Hag (so nannte man einst auch eine Befestigungsanlage) der
Hunnen (in Wirklichkeit waren es die Awaren) am Kumenberg bei
St. Andrä vor dem Hagental. Karl der Große war in diesem Jahr
ausgezogen, um die Awaren zu vertreiben, und auf dem Tullnerfeld
und an den Abhängen des Wienerwaldes fanden die entscheidenden
Kämpfe statt (bei der sogar ein Erzbischof in der Kampflinie gestanden ist).

Auf dem Kumenbergplateau befand sich schon eine bronzezeit-
liche Siedlung, später eine mit einem Erdwall umgebene Festung,
die zwischen dem 10. und 12. Jahrhundert zu einer Steinburg umgebaut wurde. Von dieser ist schon lange nichts mehr erhalten.
Trotzdem lebte im Volk die Erinnerung an eine Burg auf dem Kumenberg (den man auch Burgstall = Burgstelle) nennt, weiter. Ausgrabungen haben diese Überlieferung bestätigt.

Unterhalb dieses uralten Festungsberges ist die romantische Hagenbachklamm, und diese ist – alles ist relativ – verhältnismäßig
jung. Bis zum Beginn der letzten Eiszeit floß nämlich der Hagenbach
oberhalb von St. Andrä-Wördern (beim Sattel am »Römerbrunnen«)
durch ein nunmehr »totes Tal« in den Kierlingbach. Während der
Eiszeit erfolgte dann aber ein Riß in dem schmalen Trennrücken zur
Donau, und der Hagenbach machte sich selbständig, schuf sich ein
neues Bett durch den Sandstein und uns zur Freude die Hagenbachklamm.

Mit Stegen und Brücken gangbar gemacht und eröffnet wurde
diese im Jahre 1907. Und da gab es auch großen Streit zwischen dem
»Niederösterreichischen Gebirgsverein« und der Sektion »Wienerwald« des »Österreichischen Touristenklubs«. Jeder der beiden Vereine bestand nämlich auf der Feststellung, daß es seine Mitglieder
waren, die sich schon vorher als erste in diese »Schluchtenwildnis«
gewagt hatten ...

Der »Hängende Stein« bei Unterkirchbach ist ein für den Sand-
steinwienerwald einzigartiges Felsgebilde – ein Riesenfelsblock, der
über einem Steilhang förmlich in der Luft zu schweben scheint. (Der
Stein ist nicht ganz leicht zu finden. Man muß die Straße von Unterkirchbach noch ca. 500 Meter über das Ortsende hinaus und
50 Meter nach der Abzweigung des gelbmarkierten Weges nach

Wolfpassing-Zeiselmauer einen unmarkierten Weg ca. 200 Meter verfolgen, bis man vor dem Felsen steht.)

Man vermutet, daß Wind und Regen zur Bildung dieses »Hängenden Steins« geführt haben, indem sie das Erdreich, auf dem der Block einst lag, verwehten und wegschwemmten. Außerdem glaubt man, daß er einst ein heidnischer Opferstein war. Tatsächlich zeigt er – neben vielen »Verewigungen« – an seinem höchsten Punkt auch einige Näpfchen. Das Ausreiben solcher kleinen Näpfchen oder Schalen war einst eine Kulthandlung, vermutlich eine magische Beschwörung der Erdgottheiten um Fruchtbarkeit.

Sicher wissen wir, daß unsere heidnischen Vorfahren keine Tempel kannten, sondern – wie schon auf S. 44 gesagt – sogenannte »Naturheiligtümer« die Stätten ihrer besonderen Verehrung waren. Vom »Hängenden Stein« in seiner Waldeinsamkeit wird erzählt, daß es bei ihm nicht ganz geheuer sei; solche Erzählungen gibt es fast über alle einstigen Opferstätten (die dann später vom Christentum verteufelt wurden). Es spricht also einiges dafür, im »Hängenden Stein« einen Altar unserer Vorfahren zu sehen, einen sogenannten Schalenstein.

Schalensteine gibt es in allen Erdteilen (in unserem Wienerwald können wir auch einen besonders schönen bei der »Buche am Stein« im Merkensteinerwald bewundern). Und über Schalensteine gibt es noch immer viele offene Fragen ... um die Zeit ihrer Entstehung, um die Kulthandlung selbst, über das Geheimnis ihrer weltweiten Verbreitung.

Vor wenigen Jahren wurde bei Ausgrabungen am sogenannten »Berglitzl« (Gusen bei Mauthausen) ein Schalenstein freigelegt, der nachweisbar Mittelpunkt einer Kultstätte war, die – nach den Funden zu schließen – in der Jungsteinzeit entstanden ist. Das war eine sensationelle Entdeckung, aber trotzdem haben die Worte Ferdinand Kellers (des ersten Archäologen, der sich mit dem Problem Schalensteine beschäftigte) von 1870 noch immer ihre Gültigkeit: »Es sind archäologische Rätsel, deren Lösung kaum je gelingen wird, es sind Hieroglyphen und Symbole, zu deren Lösung der Schlüssel verlorengegangen und wohl nie wieder gefunden werden wird.«

So heiter wie die Wienerwaldbewohner auf Ferdinand Georg Waldmüllers Genrebildern erscheinen, so heiter und idyllisch war ihr Leben einst nicht. Das Leben in den bescheidenen Siedlungen im Walde war recht hart; man lebte wohl am Rande der Residenzstadt eines Kaiserreiches, aber die meisten der Waldleute kannten sie nur aus Erzählungen. Und wenn jemand krank wurde ... wo war der nächste Arzt?

Man half sich selbst! Natürlich nützte diese sogenannte »Volksmedizin« vor allem die heilenden Kräuter und mixte aus verschiedenen Fetten heilsame Salben. Es gab aber auch noch andere (uns heute schon etwas seltsam erscheinende) Mittel.

Man »verpflockte« Krankheiten, d. h. man keilte Haare, Fingernägel in einem schon einmal von einem Blitz getroffenen Baum ein. Oder man verblies Krankheiten unter bestimmten Segenssprüchen (bei kleinen Kindern bläst die Mutter noch heute Schmerzstellen weg). Man schluckte Heiligenbilder (Schluckbilder). Ein Mittel gegen Zahnschmerzen: Aus einer in einem Ameisenhaufen vergrabenen Kröte nehme man die blankgenagten Schenkelknochen und verwende sie als Zahnstocher. Auch tierischer und menschlicher Kot oder Urin galten (wie es auch in der 1696 erschienenen »Heylsamen-Dreck-Apotheke« beschrieben wird) als Medizin.

Und außerdem gab es hier bei uns und in ganz Europa jahrhundertelang noch die »Wender« (Wenter), die in bestimmten Nächten mit bestimmten Sprüchen und Zeremonien, mit Säften und Salben alles Übel und körperliche Leiden »abwendeten«. Im Tullner Heimatbuch wird so ein »Wenden«, wie es noch in unserem Jahrhundert geschah, von Augenzeugen geschildert:

»Herr S. in Moosbierbaum mußte eines Tages zu seinem Entsetzen wahrnehmen, daß sein 15jähriger Fuchs an einem Hinterbein lahmte. Der herbeigerufene Tierarzt stellte ein sogenanntes ›Schalenbein‹ fest und hielt eine Heilung für ausgeschlossen.

In seiner Not wandte sich der Pferdebesitzer an den damaligen Viehhüter Scharf in Trasdorf, der solche Fälle zu heilen verstand. Er genoß als Tierheilkundiger den besten Ruf und war weit und breit ob seiner wunderbaren Heilungen bekannt. Als unser Bauer sein Anliegen vorbrachte, meinte er: ›Jo, dös kann i dir schon machen, aber du mußt recht dran glaubn, sunsta hülfts nix. Kumm am ersten Tag nachn Vollmond mit dein Roß zu mir. Wannst kimmst, klopf net an, red nix, frog nix, tua net grüaßn und bedank di nocha net! Valonga fürs Wendn tua i nix, dolassn kannst ma was. Und wos i dir no sagn möcht: Tua recht zur Muatta Maria betn, dös hilft!‹

Am ersten Tag nach dem Vollmond zog ein hinkender Fuchs ein

Steirerwagerl von Moosbierbaum nach Trasdorf. Dort machte das Gefährt halt. Das Tor stand schon weit offen. Im Hofe rührte sich keine Seele. Also wurde der Wagen hineingefahren und mitten im Hofe stehengelassen. Der Kutscher entfernte sich. Irgendwo knarrte eine Tür in verrosteten Angeln. Ein altes Männlein näherte sich dem kranken Pferde. Es war unser Viehhüter. In seinen zittrigen Händen hielt er zwei ›Kugelbeine‹. Mit diesen bekreuzte er wiederholt das erkrankte Bein des Pferdes, murmelte unverständliche Sprüche oder gar Gebete und schaute ständig gegen den abnehmenden Mond. Daraufhin verschwand er wieder in seiner Behausung. Diese Prozedur wurde mehrere Tage hintereinander wiederholt. Das Pferd hinkte immer weniger und war zuletzt vollkommen geheilt.«

Waren die »Wender« nur Scharlatane? Und wären sie es gewesen, würde man sie auch dann noch aufgesucht haben, wenn sie keine Heilerfolge vorzuweisen gehabt hätten? Ihre Sprüche und Heilzeremonien haben sich in Familien durch Jahrhunderte weitervererbt. Dazu schreibt der Volkskundler Leopold Schmidt: »Die volksglaubensmäßigen Handlungen der Ansprecher und Wender waren und sind von formelhaften Worten begleitet. Kein Zauber ohne Zauberspruch. Das wirkende Wort ist ebenso alt wie die für wirksam erachtete Sympathiehandlung. Durch die ganze Geschichte des indogermanischen Volksglaubens und seiner Nachbargebiete im alten Orient ziehen sich Bezeugungen von Zaubersprüchen. Das europäische Mittelalter hat seine Sprüche aus den verschiedensten Quellen erhalten. Sicherlich sind Teile der heidnischen Zauberwelt, Sprüche aus dem Bereich des vorchristlichen Glaubens, noch einige Zeit hindurch lebendig geblieben . . .«

Auch im geschriebenen Wort empfand man magische Kraft. Kein Viehstall ohne einen gedruckten »Haussegen«. Ein besonders »kräftiger« (wie man von ihm sagte) wurde im vorigen Jahrhundert in Sieghartskirchen notiert: »Gelobt sey Jesus Christus, itzt trette ich in den Stall hinein, in dem süßen Namen Jesu, es ist darin kein Ort, wo nicht Jesu, Maria und Josef gegenwärtig ist, damit die Geister und Gespänster keinen Schaden zufügen meinem Fleische und Blute, meinem Hab und Gute, den Kleinen und den Großen, den Jungen und den Alten, auf den Feldern, auf dem Lande, zu Wasser und auf den Straßen, wenn ich arbeite, schlafe oder wache, in dem süßen Namen Jesu sollen sie vor Ungewitter, Feuer und Brunst, vor allen bösen Lüften bewahrt werden. Itzt trete ich aus dem Stalle, itzt lasse

ich Jesus, Maria und Josef in das Haus. Sperrt auf euren Mund und
fresset hinein im Namen Jesu. Die heiligste Dreifaltigkeit, unserer
Herr Jesu fahre euch zum Acker, auf einen steinernen Acker, auf
einem silbernen Pflug über drei Würmer, der erste ist weiß, der andere ist roth, den dritten Würmern der bittere Tod, das hl. Blut
tränke mich, die hl. Dreifaltigkeit umfange mich, es segne mich Gott
der Vater + Gott der Sohn + Gott der hl. Geist + Amen.«

Im »Jammertal« am Tulbingerkogel erinnert die Inschrift auf
einem Gedenkstein an das Türkenjahr 1529, in dem die geflüchteten
Bewohner der umliegenden Dörfer hier niedergemetzelt wurden –
daher der Name.

Das geschah zur gleichen Zeit, in der auch das 1456 gegründete
Franziskanerkloster »Zu St. Lorenz und Unserer lieben Frau im Paradies« am Riederberg zerstört und die Mönche getötet wurden. Seit
damals sind Kirche und Klostergebäude eine malerische Ruine und
Ziel für romantische Wanderer ...

Aber nicht nur die Türken haben schlimm im Wienerwald ge-
wütet ... auch die sogenannte Grande Nation der Franzosen im
19. Jahrhundert und 1945 die Russen.

Die Leopold-Figl-Warte auf dem Tulbingerkogel erinnert an diese
Zeit und den Mann, der nach diesem Krieg mit den Russen auf
seine Art um ein freies Österreich kämpfte. Ein noch zu Figls Lebzeiten von Otto Zernatto verfaßter Marterlspruch lautet:

> *Unter diesem Maulwurfshügel*
> *ruht der Bundeskanzler Figl,*
> *der in schweren Nachkriegsjahren*
> *unsern Karren hat gefahren.*
> *Auf des Dritten Reiches Trümmern*
> *mußt' er sich um alles kümmern,*
> *stets beflügelt durch den Wein*
> *krächzend laute Reden schrein,*
> *neben andern Schwierigkeiten*
> *mit Besatzungsmächten streiten*
> *und mit jenen aus dem Osten*
> *Wodka literweis verkosten,*
> *was sogar für den nicht leicht ist,*
> *der auf Heurigen geeicht ist!*

Ach, es sträubte sich sogar
oft sein rotes Schnauzbarthaar,
doch er meisterte die Lage
bis hinauf zum Staatsvertrage
und kein andrer kam ihm gleich:
denn er soff für Österreich!

Ing. Leopold Figl (1902–1965) war ein Bauernsohn aus Rust im Tullnerfeld und von 1945–1953 Österreichs Bundeskanzler, später Außenminister, dann Präsident des Nationalrates und zuletzt Landeshauptmann von Niederösterreich. Für die Österreicher war er der »Poldl«, über den man unzählige Witze erzählte (wobei Figl dem Erzähler jedes für ihn neuen Figl-Witzes fünf Schilling bezahlte. Das war damals noch verhältnismäßig viel Geld, und bei den vielen Figl-Witzen muß der »Poldl« ein kleines Vermögen für sein Hobby bezahlt haben).

1955 unterschrieb Figl für Österreich den Staatsvertrag. Fünf Jahre später lieferte der Bauernsohn aus dem Tullnerfeld der Weltpresse wieder Schlagzeilen: Der sowjetische Ministerpräsident Chruschtschow kam nach Österreich und war auch Gast auf Figls Bauernhof. Und in dieser ländlichen Umgebung begannen der Kolchosenexperte und der Agraringenieur bei Brot, Geselchtem und Wein zu fachsimpeln.

Chruschtschow meinte, daß auf diesem Boden sowjetischer Mais zehnfachen Ertrag geben müßte. Figl war (wie schon so oft zuvor) anderer Meinung. Man wettete in Weinlaune um ein Schwein. Aus dieser Weinwette wurde eine Staatsaffäre. Chruschtschow schickte nicht nur per Luftfracht das Saatgut, sondern außerdem noch einen Agrarprofessor, der den Anbau überwachen sollte. Und im Jahr darauf erschienen der sowjetische Botschafter und eine große Schar Journalisten, Fotografen und Fernsehleute vor Figls Bauernhof, um das Ergebnis zu überprüfen. Figl hatte als Ertrag 35 Zentner pro Hektar genannt, das russische Saatgut brachte ca. 65 Zentner, also bei weitem nicht das Zehnfache. Figl hatte das Schwein gewonnen – aber nicht bekommen. Man wollte den mächtigen Mann im Kreml nicht blamieren ...

Dicht neben der vielbefahrenen Straße von Neuwaldegg über den Exelberg und Scheiblingstein ins Tullnerfeld steht eine kleine Stein-

säule – der »scheibelige Stein« (mundartlich für der »runde Stein«),
dem Ort und Kammhöhe Scheiblingstein ihren Namen verdanken.

Schon 1324 wird er in einer Urkunde als »Meilstain« erwähnt, er
trägt aber weder Inschrift noch Zeichen. 1935 wurde der Meilenstein wissenschaftlich untersucht. Ergebnisse: Der Stein besteht aus
Greifensteiner Sandstein, ist 1,70 Meter lang (wovon allerdings nur
80 cm aus dem Boden ragen) und dürfte aus dem 4. Jh. n. Chr.
stammen. An ihm vorbei führte einst ein alter Römerweg von Vindobona aus ins Tullnerbecken, dessen Verlauf sich zumeist mit dem
der neuzeitlichen Straßenzüge deckt. Der alte Weg zweigte von der
Limesstraße beim heutigen Schottentor ab, und weiter ging's dann
durch die (natürlich müssen wir die heutigen Straßennamen
nennen) Alser Straße, Hernalser Hauptstraße, Dornbacher und Neu-
waldegger Straße zur Exelbergstraße und zum Scheiblingstein.

Die Probegrabungen um den Stein auf der Suche nach Spuren
einer römischen Kunststraße blieben ergebnislos. Also keine gepfla-
sterte »Via Appia vom Wienerwald«, sondern nur eine Naturstraße,
auf der auch schon die alten Römer nach Regenfällen bis zu den
Knöcheln im Gatsch waten mußten.

Ein morscher Holzzaun umgibt heute schützend den Scheiblingstein (der sich 300 m östlich vom »Hotel Scheiblingstein« befindet).
Besuch bekommt er selten. Die Wanderer meiden die vielbefahrene
Straße, und die Autofahrer brausen achtlos an dem einzigen römischen Meilenstein des Wienerwaldes vorbei.

»Zum Römergrab« weist eine Wegtafel am Rande der Straße Preßbaum–Au am Kracking, und nach einer viertelstündigen Wanderung erreicht man es, dieses imposante Hügelgrab in dem weltabge-
schiedenen Talgrund, der »Bei den drei Wassern« genannt wird.

Der Durchmesser des Grabhügels beträgt 16 Meter, seine Höhe
3 Meter. Bei den archäologischen Arbeiten, die vom Bundesdenk-
malamt in den Jahren 1927–1929 in diesem Gebiet vorgenommen
wurden, öffnete man auch dieses Grab und fand es leer! Wurde es
schon in längst vergangener Zeit geplündert, oder war es ein »vor-
bereitetes Grab«, dessen Besteller und Besitzer dann anderswo starb
und anderswo begraben wurde? Es war ein schönes Grab, dessen
Wände mit gemalten Pflanzenornamenten geschmückt waren.

Kletterei auf dem Hahnenkamm (Peilstein) ▶

Oben: Schwemmklause von Klausen-Leopoldsdorf
Unten: Alter Kalkofen in Kaltenleutgeben

Rätselinschrift von Gumpoldskirchen

Bis heute wurden in Niederösterreich an die dreihundert solcher Hügelgräber lokalisiert und freigelegt, die alle aus dem Zeitraum zwischen 50–150 n. Chr. stammen. Mit unserem Römergrab bei Au am Kracking geschah 1960 leider etwas Schreckliches – es wurde restauriert, aber elend restauriert. Betritt man heute die einstige Grabkammer, hat man das Gefühl, in den Erdäpfelkeller eines Bauernhauses gekommen zu sein.

Trotzdem ist dieses Römergrab ein kulturgeschichtlich bedeutendes Denkmal. Stellvertretend für viele andere bedeutet es auch eine Korrektur zu der bisher publizierten Siedlungsgeschichte des Wienerwaldes.

Nach dieser war der Wienerwald in prähistorischer Zeit und in der Römerzeit nicht besiedelt, wohl aber begangen. Siedlungen gab es nur in seinen Ausläufern, Verkehrswege in den Talfurchen (wie Kierlingbach- oder Wiental): Dünne Besiedlungen durch Awaren und slawische Stämme und später in der karolingisch-fränkischen Epoche; planmäßige Kolonisation erst in der Babenbergerzeit. 1332 wird der Wienerwald erstmals urkundlich so genannt (»silva Wiennensis«), 1368 zum erstenmal »Wienner Waldt«. 1500 Gründung eines Waldamtes für den ganzen Wienerwald (»Irer Khayserlichen Majestät Gehültz«) im Schloß Purkersdorf. Ab dem 17. Jahrhundert Ansiedlung von Holzarbeitern aus Oberösterreich, Salzburg, Bayern und Schwaben in primitiven Unterkünften (»Duckhütten«), von denen sich einige Kolonien später zu Orten entwickelten (wie Rekawinkel oder Hainbach).

1952 veröffentlichte die Archäologin Dr. Gertrud Moßler erstmals eine Karte der vor- und frühgeschichtlichen Fundplätze im Wienerwald. Diese Karte zeigt nur wenige weiße Flecken, und die Autorin meint dazu, »daß sie den tatsächlichen Siedlungsverhältnissen der Vorgeschichte nicht gerecht wird, weil große Landstriche im Innern wegen Waldbestand oder weite Stadtrandgebiete wegen dichter Verbauung eben nicht auf urzeitliche Funde untersucht werden können; sie scheinen daher fundleer, obgleich sie es höchstwahrscheinlich gar nicht sind!«

In dem 1965 erschienenen »Lexikon ur- und frühgeschichtlicher Funde Österreichs« finden sich u. a. folgende Fundberichte:
Alland: Ansiedlung und Einzelfunde aus der Jungsteinzeit; Wohnstellen mit Feuerstellen, zahlreiche Keramik (Urnenfelderkultur).

◀ *Pranger auf dem Schrannenplatz von Gumpoldskirchen*

Altlengbach: Hügelgräber. Die Grabfunde lassen auf eine Siedlung in
der Umgebung von Hart schließen.

Au am Kracking: Fundorte Krackingberg, im Gerndl, auf der Ochsen-
weide, beim Forsthaus. Funde: Hügelgräber und Siedlungsreste.
»Die zahlreichen Hügelgräber, die zu einzelnen Gruppen zusam-
mengeschlossen sind und die aufgefundenen Siedlungsreste lassen
auf vier, wohl kleine Siedlungen schließen, sodaß vermutet
werden kann, daß das Gebiet in der Antike stärker besiedelt war.«

Laab im Wald: Römische Wasserleitung.

Maria Anzbach: Hügelgräber auf der Götzwiesen und bei der Rotte
 Winten (dort 13 an der Zahl!). Siedlungsreste.

Preßbaum: Neun Hügelgräber in den Fluren Kellergraben und Fin-
sterleiten. Siedlung möglicherweise beim Forsthaus.

Tullnerbach/Troppberg: Sechzehn Grabhügel in der Flur Hainbuchsteg;
die dazugehörige Siedlung ist noch unbekannt und wird in der
Riedenleiten und in der Tirlitzgrube vermutet.

Weidlingbach: Jungsteinzeitliche Wohnstellen am Simonsberg.

Natürlich, ein zweites Carnuntum ist im Wienerwald nicht zu
entdecken. Aber was bisher zum Vorschein kam, läßt doch darauf
schließen, daß dieses Waldland auch schon vor Jahrtausenden dem
Menschen eine Heimat war. »Das große Schauspiel Mensch und
Wienerwald mit unzähligen Akten begann in vorgeschichtlicher
Zeit und hat noch immer kein Ende gefunden«, schreibt Gertrud
Moßler. »Der dramatische Kampf des Menschen mit einer Landschaft, die ihm wohl vom ersten Augenblick an zusagt, die er aber
erst im Verlauf von Jahrtausenden bezwingt und sich untertan
macht, ihr später auch seinen Stempel aufdrückt, war mühsam und
beschwerlich. Wahrhaftig, es ist ein langer Weg von den jungstein-
zeitlichen Siedlern bis zu Schöffel, dem Beschützer des Wienerwaldes!«

Oberhalb vom »Römergrab«, am Südhang des Haaberges (409 m),
befindet sich die sogenannte »Tausendjährige Eiche«. Obwohl sie
von der Zeit schon etwas zerzaust wurde, degradiert sie noch immer
alle Bäume der Umgebung zu etwas höherem Buschwerk. Schon von
weitem ist sie zu sehen, fast 7 Meter beträgt der Umfang ihres
Stammes.

1928 wurde die »Tausendjährige Eiche« zum Naturdenkmal erklärt. Aber seit damals ist nun auch schon wieder einige Zeit ver-

gangen; der Baum begann allmählich »das Alter zu spüren«, und einige seiner Äste wurden morsch, bildeten eine »Gefahr für Mensch und Tier«.

Welche Maßnahmen man ergriff? Ob man einen Zaun um den Baum errichtete?

Keineswegs! Man fand eine österreichische Lösung: Man strich ihn aus der Liste der »Naturdenkmäler«. Jetzt kann ihn fällen, wer will, jetzt kann er auch jedermann auf den Schädel fallen. Die Behörde ist für den Baum nicht mehr verantwortlich ...

> *»Städter mit den Städterinnen*
> *Seelenhebender als hier*
> *In des Schweizers Lustrevier,*
> *Läßt sichs im Olymp nicht minnen«*

– so dichtete 1821 ein gewisser Johann Hoheisl in seinem 240 (!) Verse umfassenden Werk »Der Geymüller'sche Garten bey Petzleinsdorf« (in dem sich u. a. auch Schmeichelluft auf Staudenduft reimt).

Johann Heinrich Freiherr von Falkner-Geymüller, ein gebürtiger Basler, brachte nicht nur das »Bankhaus Geymüller & Co.« zu ähnlicher Bedeutung wie etwa das der Rothschilds, er war auch der Erbauer des Pötzleinsdorfer Schlosses, dessen besondere Attraktion der kunstvoll gestaltete Garten an der Nordseite des Schafberges war. Was es da nicht alles gab! Wasserkünste, Teiche, eine Badegrotte mit ein- und abstellbaren Wasserfällen, ein Vogelhaus und ein Schweizerhaus, Kegelbahnen und Lusthäuser, darunter auch das sogenannte Preindl-Salettl in der Form eines antiken Tempels. Maria Preindl war zur Zeit des Wiener Kongresses eine teure Dirne und später Geymüllers kostspielige Geliebte (die in den Polizeiakten als »Tausendguldenkräuterl« geführt wurde). Geymüller war ein Verschwender. In seinem Schloß fanden aufwendige Gelage, Bälle, ja sogar Theater- und Opernaufführungen am laufenden Band statt. Und zu Weihnachten wurden die Gäste so reichlich beschenkt, daß der Theaterdichter Castelli einmal sogar einen Fiaker holen lassen mußte, um alle seine Geschenke nach Hause transportieren zu können. Zur gleichen Zeit mußte allerdings auch der Pfarrer des Vorortes Gersthof seinen Pfarrhof an Wiener Sommergäste vermieten, weil er von seinem kargen Gehalt nicht leben konnte.

Geymüller war ein Verschwender, aber er war nicht das Vorbild für Ferdinand Raimunds Zaubermärchen »Der Verschwender«, wie oft behauptet wird. Das Zaubermärchen wurde bereits 1834 erstaufgeführt, für Geymüller kam das bittere Ende – der Konkurs – erst 1841.

Das Pötzleinsdorfer Schloß mitsamt dem Garten (»des Schweizers Lustrevier«) wurde Konkursmasse, außerdem noch ein feudaler Landsitz in Vöslau und ein Stadtpalais in Wien. Geymüller flüchtete in die Schweiz.

Ein Steckbrief wurde erlassen. So artig formuliert war ein solcher in der Mitte des 19. Jahrhunderts:

Nro. $\dfrac{2081}{631}$

Steckbrief

zu Verfolgung des, nach der untern 10. July 1841 erfolgten Güter-Abtretung, von Wien flüchtig gewordenen, und gemäß Rathsbeschlußes des Wiener Krim. Ger. ddo. 8. Febr. 1843 des Verbrechens der Veruntreuung rechtlich beinzichtigten Johann Heinrich Freyherrn von Geymüller, nach seinem ursprünglichen Familiennamen Falkner.
Derselbe ist 62 Jahre alt, von Basel in der Schweitz gebürtig, mittlerer Statur, von prop. Körperbaue, hat ein etwas bräunliches, jedoch stark gefärbtes Gesicht, eine ziemlich hohe Stirne, große schwarze lebhafte Augen, große längliche etwas gebogene Nase, prop. Mund mit schönen weißen Zähnen, besonders starke schwarze Augenbrauen, und einen sehr starken, aber schon mit grau gemischten Haarboden, er trug keinen Backenbart. Er zeigt in allen seinen Bewegungen eine besondere Lebhaftigkeit und Regsamkeit, und gibt diese Manier selbst im Gehen auffallend kund. Seine Aussprache im Deutschen, Französischen, Italienischen und Englischen ist sehr deutlich, und er besitzt in allen diesen Sprachen große Fertigkeit. Seine Kleidung ist galant modern.
Wien, am 12. Februar 1845.

Joseph Edler von Amberg
k. k. wirklicher Hofrath und Polizey-Oberdirektor
Franz de Paula Dumbacher
k. k. Regierungsrath und Polizey-Oberdirektors-Adj.

Geymüller verdiente dann in Basel seinen Lebensunterhalt als schlechtbezahlter Handlungsgehilfe; 1848 starb er. In seinem Pötzleinsdorfer Schloß ist heute das Jugendgästehaus der Stadt Wien untergebracht.

Sie dienten beide Maria Theresia und Joseph II., sie kämpften beide gegen die Preußen und gegen die Türken – und doch waren sie Rivalen, die Feldmarschälle Lacy und Laudon. Aber den Wienerwald liebten beide, und dort ließen sie sich auch begraben.

Feldmarschall Franz Moritz Graf Lacy (1725–1801) machte 13 Feldzüge mit, bei denen er sechsmal verwundet wurde (zu dieser Zeit standen Feldmarschälle noch in vorderster Linie!). 1765 erwarb er die Herrschaft Neuwaldegg und ließ sie in dreißigjähriger Arbeit in einen »englischen Park« umwandeln, »wo die Hand die Natur nicht zu steifen Hecken verschnitt, sondern sich begnügte, deren Reizen zu freierer Entwicklung zu verhelfen«, wie ein Chronist schrieb.

Die »Marswiese« bekam ihren Namen von einer dort aufgestellten Statue des Kriegsgottes, der »Parapluiteich« den seinen von den bunten Gartenschirmen an seinem Rande. In Lacys Zauberpark, der bald zu den größten Sehenswürdigkeiten Österreichs zählte, gab es außerdem: »Rousseaus Grab«, zu dem die in Brokat und Seide gekleideten Gäste des Feldmarschalls unter dem Motto »Zurück zur Natur« pilgerten. Es gab »artige Bächlein und anmutige Wasserfälle«, Sternremisen und einen Spiegelteich, unsichtbar bleibende Musik unter Spalieren und außerdem ein chinesisches Lusthaus mit einer Maschinerie, die einen komplett gedeckten Eßtisch aus dem Fußboden »auffahren ließ«. Das alles, alles ist nun längst verschwunden.

Höhepunkt im wahrsten Sinn des Wortes war das sogenannte »Hameau«. Dort hatte Feldmarschall Lacy für sich und seine besonderen Gäste kleine Wohnhütten bauen lassen, »um der Natur näher zu sein«. Auf seiner Hütte befand sich die Inschrift:

»O sité de mon choix! Hameau que je prefère!
Heureux, qui vit ici, tranquille et solitaire!«

O Gegend meiner Wahl, o Dörfchen voller Frieden!
Glückselig wer hier lebt in Ruh und abgeschieden!

Schon in der guten alten Zeit schätzte der Mensch Abgeschieden-
heit und Ruhe! Heute befindet sich auf dem Hameau nur mehr eine
Diensthütte der Bergwacht.

Vor seinem Tod hatte Graf Lacy verfügt, daß sein Park für alle geöffnet bleiben soll, die in der Natur Freude und Erquickung suchen.
Nur eine Tafel am Eingang mahnte: »Wenn diese ländliche Anlage
dem Publikum einige Unterhaltung gewähren und es daher die Eröffnung derselben nicht anders als eine Gefälligkeit ansehen kann,
so erbittet man sich dagegen als die einzige, daß das, was hier zum
Genuß für aller Augen gepflanzt ist, von den Anfällen lüsterner, oft
nur mutwilliger Kinder sicher sey; daß, da es an gebahnten Wegen
nicht mangelt, die Rasenplätze unbetreten bleiben, die Wände der
Hütten nicht mehr durch trockene Namensverzeichnisse und
seichte oder gar Wohlanstand und Sittlichkeit beleidigende Auf-
schriften jedem Vorübergehenden den unglücklichen Geschmack
der Schreiber verraten.«

In diesem seinen Park ließ sich Graf Lacy auch begraben. Das
Lacy-Grab ist ein kleiner Tempel unter hohen Bäumen, in dem er an
der Seite seines Neffen, Georg Reichsgraf zu Browne, ruht. Lacy war
Junggeselle. Kaiserin Maria Theresia wollte ihren Reichsmarschall
gern verheiratet wissen. Sie hat vieles in ihrem Leben durchgesetzt
– nur eines, Lacy zu verheiraten, gelang ihr nicht . . .

Das Grabmal des Feldmarschalls Gideon Ernst Freiherr von
Laudon hingegen wurde »von seiner wider ihren Willen überlebenden Gattin« – wie die Inschrift meldet – errichtet. Eigentlich
hätte der »düstere Laudon« (1716–1790) – wie man ihn auch nannte
– der Junggeselle der Armee sein müssen, denn er sagte ja einmal:
»Die Natur gebäret keine Helden. Alles, was sie zu geben vermag,
ist ein wohlorganisierter Körper; Erziehung, Enthaltsamkeit, Abhär-
tung bilden erst den Helden!«

Der bedeutendste Bildhauer des österreichischen Klassizismus,
Franz Anton Zauner, errichtete das Laudongrab neben der Straße
Hadersdorf-Mauerbach. Aber es ist nicht sein bestes Werk. Der trau-
ernde Krieger vor dem Steinsarkophag gleicht keiner Gestalt aus
Fleisch und Blut und ist auch kein belebter Stein – eher eine un-
glaubwürdige Attrappe.

Einige hundert Meter neben dem Laudongrab stehen die sogenannten »Türkensteine«. Sie stammen vom Grab jenes türkischen
Großwesirs, der Belgrad nach Prinz Eugens, des edlen Ritters, Sieg
für die Türken wieder zurückerobert hat. Laudon hatte im Jahre

1789 nach seiner Wiedereroberung Belgrads diese Grabsteine dann als Trophäe in den Wienerwald bringen und dort in seinem »türkischen Gärtchen« aufstellen lassen. Und oberhalb von Laudons Grab wurde jener Türke bestattet, den der Feldmarschall nach diesem Feldzug mit in die Heimat gebracht hatte; er war ihm jahrelang ein treuer Diener gewesen.

Laudon war unbestritten einer der größten Feldherrn Österreichs, aber seine Bescheidenheit grenzte oft schon an Übertreibung. So waren bei seinem Begräbnis nur einige Landleute aus Hadersdorf und Umgebung anwesend ... »Dies war die ganze Leichenfeier des Mannes, dessen Winken viele tausende Krieger gehorchten und der so oft die Feinde des Staates in offener Feldschlacht wie hinter den festen Mauern bezwungen hatte«, schreibt Laudons Biograph Janko etwas verwundert.

Und weiter erzählt Janko von Laudon: »Stets hoher Gedanken voll zog er sich von dem Umgange gewöhnlicher Menschen zurück, und mußte er aus Anstand und Pflicht in großen Zirkeln erscheinen, so durfte man ihn nur hinter der Thüre oder in irgend einem Winkel, oder auf der mindest beleuchteten Stelle suchen. ›Wo ist denn Laudon?‹ fragte einst Maria Theresia bei einem Hoffeste den Herzog von Ahremberg, der sehr treffend antwortete: ›Hier! Wie immer hinter der Thüre, ganz beschämt über seine großen Verdienste!‹«

»Kyselak Josef, Sonderling, * Wien 1795, † daselbst Oktober 1831, Registraturbeamter an der Hofkammer in Wien, wurde bekannt durch die Sucht, seinen Namen an allen ins Auge fallenden Örtlichkeiten anzubringen« – so berichtet das Lexikon heute von dem Manne, der unbekannt war und unbedingt berühmt werden wollte.

Es gibt viele Anekdoten um diesen Sonderling. Die bekannteste Geschichte ist wohl die von der Eröffnung der Wiener Augartenbrücke im Jahre 1829. Damals hatte man in allerhöchstem Auftrag von Kyselak gefordert, die neue Brücke ausnahmsweise nicht mit seinem Namen zu »schmücken«, und ganz Wien war nun gespannt, ob sich Kyselak an dieses Verbot halten würde oder nicht. Die Eröffnung der Brücke wurde von Kaiser Franz höchstpersönlich vorgenommen. Es war ein feierlicher Akt, aber trotzdem eine Enttäuschung für die Wiener, die auf der neuen Brücke ja doch Kyselaks Namen zu sehen erwartet hatten. Zum Abschluß bat man seine Majestät, noch in ein Boot zu steigen, um die moderne Eisenkonstruktion auch von unten bewundern zu können. Doch seine Majestät konnte mehr bewundern als bloß eine Eisenkonstruktion ... unter der Brücke prangte auch der Name KYSELAK in großen roten Lettern. Einige Tage darauf war Kyselak zu Kaiser Franz in Privataudienz befohlen. Der Monarch ließ ein gewaltiges Donnerwetter auf den »berühmten Autogrammisten« – wie die Zeitungen ihn nannten – niedergehen und glaubte, endlich einen Schlußpunkt hinter diesen Namen gesetzt zu haben. Doch als er sich nach dieser Audienz wieder den auf dem Schreibtisch bereitliegenden Akten zuwandte, stand groß ein Name obenauf: KYSELAK.

Eine Wette um hundert Gulden mit Freunden der Wirtshausrunde »Ludlamshöhle«, der auch Grillparzer angehörte, soll Ursache der seltsamen Verewigungsleidenschaft gewesen sein: eine Wette, daß der Name Kyselak innerhalb von drei Jahren in Stadt und Land berühmt sein werde. Kyselak hat die Wette gewonnen.

Heute sind seine »Verewigungen« fast alle schon wieder verschwunden. Aber eine gibt es doch in unserem Wienerwald zu sehen: Im Park von Schloß Neuwaldegg (heute Schwarzenbergpark) prangt am linken der zwei Obelisken in der großen Allee noch immer der sauber eingeritzte Name

KYSELAK.

Am 28. Juli 1914 begann der Erste Weltkrieg. »Jeder Schuß ein Russ'!« stand mit Kreide an den Waggons der zur Front fahrenden Züge geschrieben. Auf die Hysterie folgte bald die Ernüchterung. Schon am 2. September fiel Lemberg, und die Österreicher mußten sich in die Karpaten zurückziehen. Werden die Russen weiter bis Wien durchbrechen?

Fieberhaft begann man um Wien einen Verteidigungsring zu errichten. Auch im Wienerwald entstanden in kürzester Zeit Schanzen, Schützengräben, Maschinengewehrnester, Geschützstände. Und uralte Landsturmmänner in uralten Uniformen und mit uralten Waffen spähten aus nach dem Feind.

Im Kriegsjahr 1916 ließ Oberleutnant Engelbert Tula von der Mannschaft der Landsturmabteilung Hameau (wahrscheinlich um die Männer ein wenig zu beschäftigen) ein großes Kriegerdenkmal errichten ...

DEM ANDENKEN DER VOR DEM FEIND
GEFALLENEN DER VERBÜNDETEN
ARMEEN ÖSTERREICH-UNGARNS,
DEUTSCHLANDS, DER TÜRKEI UND
BULGARIENS DANKBAR GEWIDMET

Dieses etwas kurios aussehende Denkmal nahe vom Hameau hat die Form einer Granate und besteht in seinem Kern aus Festungsbeton (wie man ihn damals für die Haubitzenstellungen im Wienerwald verwendete). Eine dünne, weißgetünchte Mörtelschicht sollte Marmor vortäuschen.

In der 1922 erschienenen Döblinger Heimatkunde heißt es: »Die Luftabwehrgeschütze auf dem Leopoldsberge, die künstlichen Waldgassen am Hermannskogel, die zahlreichen Stacheldrahtzäune und Wolfsgruben, das Verbot, die Aussichtswarten zu besteigen, dies alles mag für künftige Geschlechter geschichtlich denkwürdige Tatsachen bilden.«

Drei Jahrzehnte später kamen die Russen tatsächlich nach Wien . . .

Der Gallitzinberg war einst ein Lieblingsberg der Wiener. Seinen Namen hat er von dem russischen Botschafter Fürst Dimitri Gallitzin, der 1785 auf dieser Anhöhe ein Schloß errichten ließ. Vorher wurde der »Galiziberg« (wie er auf wienerisch heißt) Predigtstuhl genannt.

Predigtstuhl deswegen, weil einst alljährlich – wie überliefert ist – eine Prozession von Ottakring auf diese Höhe zog, wo dann bei einer Eiche eine Predigt gehalten wurde. Tatsächlich befindet sich hinter dem Galiziberg eine große Wiese, die auch heute noch »Kreuzeichenwiese« genannt wird (obwohl keine Kreuzeiche mehr dort steht).

Markante Bäume (meist Eichen), an die ein Kreuz oder Heiligenbild befestigt wurde, oder Baumgruppen mit Heiligenbildern (man nennt sie »Waldandachten«) sind Relikte vom Baumkult unserer heidnischen Vorfahren. Im immer wieder grünenden Baum sahen sie den Sitz der Fruchtbarkeitsgottheit, und man ging zu »heiligen Bäumen«, um Fruchtbarkeit für Mensch, Tier und Acker zu erbitten. Schon im alten Griechenland befestigte man Götterstatuetten an Bäumen; der Brauch hat später Wandlungen erlebt, andere Motivationen bekommen, aber im Kern blieb er erhalten.

Höchstwahrscheinlich ist es auch kein Zufall, daß über den alten
Predigtstuhl mit seinem Baumkult dann im 19. Jahrhundert das berühmte »Galiziberglied« entstand . . .

Jüngst ging i biß'l spazieren
Denk gehst bis nach Dornbach hinaus;
Brauchst ja kan Geld zu verzehren,
Gehst nacha schön stad wieda z'Haus . . .

Der Spaziergänger entdeckt dann auf einem Baum ein Vogelnest
und klettert hinauf, um es sich näher anzuschauen. Inzwischen
kommt ein Liebespaar und setzt sich unter den Baum. Der junge
Mann will das Mädchen verführen, und sie »täte ja gern, doch wer
wird unsere Kinder ernährn?«. Der junge Mann beruhigt sie mit
christlichem Vertrauen: »Dann wend' ma uns do drobn an den
Herrn, der wird unsere Kinder ernährn!« Das ist dem Herrn da
droben zuviel, und er schreit seinen Protest hinunter. Das junge
Paar glaubt des Herrgotts Stimme gehört zu haben und rennt entsetzt davon . . .

Nicht weit von der Kreuzeichenwiese entfernt ragt die 31 Meter
hohe Jubiläumswarte über die Baumkronen hinaus; sie wurde 1956
errichtet, nachdem die alte Warte aus dem Jahre 1899 baufällig geworden war. Man baute die neue Warte gleich ein bisserl höher als
die alte, denn die Bäume rings um sie wachsen schon recht hoch
zum Himmel. Einst war der Wienerwald schütterer, waren seine
Bäume niedriger. Es wurde viel mehr geschlägert, denn erst nach
Vollendung der Nordbahn bis Krakau (1858) kam gute Steinkohle
nach Österreich; vorher war vor allem Holz die große Energie gewesen, Holz zum Kochen, Heizen und (in Form von Holzkohle) für
die Industrie. Heute verwenden wir andere Energien, heute haben
wir auch zum Baum nicht mehr diese intensive Beziehung, wie sie
unsere Vorfahren hatten.

Eigentlich kam Wiens erste »Hochquellenwasserleitung« aus dem
Wienerwald! Das war die sogenannte »Albertinische Wasserleitung«, deren Wasser »aus mehreren reichhaltigen Bergquellen von
der Hohen Wand hinter Hütteldorf« nach Wien floß.

Wiens Wasserversorgung war am Beginn des 19. Jahrhunderts ka-
tastrophal. Wohl gab es neben den Brunnen mit ihrem meist

schlechten Wasser auch schon einige »Röhrlwasserleitungen« (wie z. B. die Hernalser und die k. k. Siebenbrünner Hofwasserleitung aus dem 16. Jahrhundert oder die Karolysche Wasserleitung aus dem 18. Jahrhundert) – aber auch diese lieferten kein besonders gutes Trinkwasser (Temperatur im Hochsommer bis 20°!) und vor allem zu wenig, viel zu wenig für den immer mehr steigenden Bedarf. Besonders in den Vorstädten herrschte Wassernot, die auch von den »Wassermännern« nicht behoben werden konnte, welche aus Fässern »frisches Donauwasser« verkauften. Und oft vergingen Tage, bis sich einer der Wassermänner auch in eine etwas abgelegenere Gasse verirrte. Bei den wenigen Auslaufbrunnen gab es immer großes Gedränge und natürlich viel Streit. Wohlhabendere Leute schickten ihre Bediensteten sehr oft in die Innere Stadt um Wasser . . .

Um diese Not zu lindern, beschloß Erzherzogin Christine (Tochter Maria Theresias und Gemahlin des Herzogs Albrecht von Sachsen-Teschen), der dürstenden Bevölkerung eine Wasserleitung »zu stiften«. Nach dem frühzeitigen Tod der Erzherzogin (deren Grabmal von Canova zu den Sehenswürdigkeiten der Augustinerkirche zählt) setzte ihr Mann (der auch die Albertina gegründet hat) das Werk fort. 1804 war es vollendet. Die durch noch einige andere Quellen aus dem Ottakringer Wald verstärkte Wasserleitung floß aus einem Brunnenhaus in Hütteldorf durch Eisenrohre in die westlichen Wiener Vorstädte.

Auch diese Wasserleitung deckte den Bedarf nicht auf Dauer. 1841 wurde nach sechsjähriger Bauzeit die »Kaiser Ferdinands Wasserleitung« eröffnet. In der Spittelau außerhalb der Nußdorferlinie saugte man Wasser aus dem Donaukanal, das nur unzulänglich filtriert war, bevor es in die Leitungen kam. Damals tranken viele Wiener Wasser, das den Unrat aller an der Donau und ihrer Zuflüsse liegenden Dörfer und Städte enthielt; schlimme Seuchen waren die Folge. Erst nach Vollendung der »Hochquellenwasserleitung« aus dem Schneeberg-Rax-Gebiet im Jahre 1873 wurde das Wasserversorgungsproblem (allerdings auch nur vorübergehend) gelöst.

In der Hüttelbergstraße (neben den zwei berühmten Villen Otto Wagners) ist heute noch das Brunnenhaus der »Albertinischen Wasserleitung« zu sehen. Steigt man im Westen der Kordonsiedlung vom Ende der Elsbeergasse einige Schritte in den Salzleitengraben ab, steht man vor der Ruine einer Quellfassung dieser Wasserleitung. Im Graben selbst wie auch in dem darunterliegenden Wolfs-

oder Moosgraben finden sich unzählige vierkantige, prismatische und säulenförmige Marksteine mit der verschnörkelten Inschrift »HA 1804« (= Herzog Albrecht). Sie bezeichnen den Verlauf der Zubringer für die »Albertinische Wasserleitung«. Obwohl sich oberhalb dieser Gräben die Kordonsiedlung befindet, fühlt man sich darin (keine markierten Wege!) weit von den Menschen entfernt, und unwillkürlich vergleicht man diese Reihen von urtümlich wirkenden Marksteinen mit prähistorischen Steinsetzungen. Wandert man von der Elsbeergasse den Salzleitengraben ein Stück bergauf, so kann man an einer der Ursprungsquellen noch vom Wasser der ehemaligen »Albertinischen Wasserleitung« trinken. Obwohl dieser Quellberg nur 435 Meter hoch ist, schmeckt das Wasser gut und ist auch an Hochsommertagen angenehm frisch – dieses Wasser der ersten Wiener Hochquellenwasserleitung.

Einst träumten die Menschen von einem ewigen Frieden oder Sommer . . .

Heute träumen viele Menschen von einem ewigen Winter, weil der Wintersport von allen Sportarten jener ist, der am meisten Geld »unter die Leute bringt«. Eine neue Eiszeit würde also vorerst nicht als Strafe, sondern als ein Geschenk des Himmels empfunden werden.

Leider läßt der Himmel in manchen Wintern nur spärlich den so kostbar gewordenen Schnee auf die Erde niederfallen, was für Skinationen dann zu einem Unglück wird wie etwa Krieg, Erdbeben oder Seuchen. Denn das ist immer ein Defizit für alle die Menschen, die davon leben, daß andere Ski laufen. Und was muß man dann nicht alles tun und was hat man nicht schon alles getan, um diesen »weißen Rausch« zu ermöglichen? Militär wurde eingesetzt, um mit Fahrzeugen Schnee von anderswo herbeizuschaffen; Plastikpisten wurden gebaut oder noch vorhandene Schneereste mit chemischen Mitteln präpariert und konserviert; und heute erzeugt man sogar schon künstlichen Schnee!

Im Kampf um den ewigen Winter wurde die Schneekanone erfunden. Sie speit keine todbringenden Geschosse, sondern versprüht mit hohem Druck (7 atü) Wasser und Preßluft, und dieses Gemisch verwandelt sich dann durch Unterkühlung (bei der Expansion von 7 atü auf 1 atü) in die begehrten Schneekristalle. Das allerdings nur bei mindestens –1° Celsius. Sonst kann man baden gehn . . .

In unseren im Osten immer schneeärmer werdenden Wintern wollte die Gemeinde Wien für das wintersportliche »Notstandsgebiet Wienerwald« etwas Gutes tun und baute die »Hohe-Wand-Wiese« zu einer Piste mit Schnee-Erzeugungsanlage, Kunstlicht und Skilift aus. Zehn Schneekanonen können auf der ca. 30.000 m² großen Piste innerhalb von 24 Stunden eine Schneelage von ca. 10 cm erzeugen.

Am ersten März 1966 sollte das neue Skizentrum vom Wiener Bürgermeister feierlich eröffnet werden. Dazu kam es nicht. Durch eine plötzlich eingetretene »Schönwetterkatastrophe« war die bereits gediehene weiße Pracht am Eröffnungstag dann weg- und dahingeschmolzen.

Wenn die Natur nicht will, nützt halt vorläufig sogar die Schneekanone gar nix ...

Im Jahre 1313 gründete Herzog Friedrich der Schöne die Kartause »Allerheiligental«, die man erst später Mauerbach nannte. 1330 starb der Herzog in der Feste Gutenstein, und die Kartäusermönche trugen seinen Leichnam auf den Schultern nach »Allerheiligental«, wo sie ihn bestatteten.

1783 wurde das Kloster aufgehoben und in ein Altersheim und Obdachlosenasyl umgewandelt. Zwei Mönche hatten sich bei Kaiser Joseph II. über Mißstände in dem Kloster beschwert, und für den Kaiser war das ein guter Anlaß, für seine schon längst geplante Reform »den bloß anschaulichen Mönch in einen wirkenden Bürger umzuschaffen«. Ein Unikum ist nun die zu einem Profanbau umgebaute Stiftskirche mit ihrer hübschen Fassade und dem heute unpassierbaren Portal über der abgebrochenen Aufgangsterrasse zwei Meter hoch über dem Grasboden!

Seine große Zeit hatte das Kloster im 14. und 15. Jahrhundert ... als es das Zentrum dieses Wienerwaldgebiets war, als neue Impulse für Land- und Forstwirtschaft von ihm ausgingen, als in dem Gotteshaus die Seele und in dem Spital daneben der kranke Leib gepflegt wurde. 1360 wird schon urkundlich eine »Schank der Kartäuser« erwähnt. Also auch fürs Gemüt wurde bereits gesorgt.

Friedrich der Schöne hatte mit seiner Stiftung scheinbar ein unvergängliches Werk zu seiner ewigen Erinnerung geschaffen. 200 Jahre später – 1514 – wollte Kaiser Maximilian, der letzte Ritter, das Grab des schönen Friedrich aufsuchen. Große Verlegenheit unter

den frommen Brüdern; peinlich, peinlich, keiner wußte, wo das
Grab war. Erst nach drei Tagen emsigen Suchens fand man es im
Chor der Stiftskirche ...

Frauenkäferl, Frauenkäferl
flieg nach Mariabrunn.
Bring uns heute,
bring uns morgen
a recht a schöne Sunn!

Alter Kindervers aus Wien

Das ist die Legende des Wallfahrtsortes Mariabrunn: Gisela,
Witwe des Ungarnkönigs Stephan des Heiligen (997-1038), war von
einem schleichenden Fieber befallen. Im Wiental sah sie auf dem
Wasser einer Quelle eine geschnitzte Madonnenstatue schwimmen.
Gisela trank aus der Quelle und ward gesund.

Eine Wallfahrtskirche entstand, wurde zerstört, wieder aufgebaut ... Die heutige Kirche stammt aus dem 17. Jahrhundert.

Ebenfalls im 17. Jahrhundert wurde das Kloster neben der Kirche
erbaut, 1829 verließen es die Augustiner Barfüßer wieder, und in
dem Bau etablierte sich die Forstakademie. Adalbert Stifter hätte
dort unterrichten sollen; die schriftliche Lehramtsprüfung hatte er
bereits mit Erfolg bestanden – zur mündlichen erschien er gar nicht.
Er wollte doch lieber »frei« bleiben.

Am 22. April 1782 hatte Mariabrunn einen großen Tag. Nachdem
Papst Pius VI. vergeblich nach Wien gereist war, um Kaiser Joseph II. von seinen Reformen abzubringen, verabschiedete der
Kaiser den Papst in Mariabrunn; an die zehntausend Wiener waren
Zeugen, wie Kaiser und Papst sich dabei »zärtlich umarmten«. Auf
diese Reise ließ der Papst viele Fässer römischen Trinkwassers mit-
führen, weil er zweifelte, anderswo Wasser von gleicher Güte zu bekommen.

Zehn- bis fünfzehntausend Menschen sah Mariabrunn einst auch
zum Kirchweihfest am 8. September, wobei jene gar nicht gezählt
sind, die – wie Adalbert Stifter in einer höchst lebendigen Reportage
erzählt – schon in den Wirtshäusern vor Mariabrunn kleben blieben.
Der Kirtag von Mariabrunn war eines der beliebtesten Volksfeste
der Alt-Wiener. Schon am Vortag zogen viele hinaus und lagerten
auf der großen Wiese vor der Kirche; am Kirchtag selbst war diese

dann überfüllt ... »Man kann ganze Familien mit Großvater, Großmutter, Tante, Vettern, Eltern und Kindern sehen, wie sie um ein
Tuch, ja oft bloß um ein Stück Packpapier herumlagern und ihre
Mahlzeit verzehren.« Es wurde viel gesungen und viel getrunken, es
wurde viel getanzt, und auch viele »Gspusis« begannen am Kirtag
von Mariabrunn.

Man freute sich »in der Masse«. Stifter schließt seine Reportage
mit den Worten: »Mancher arbeitende Vater mit seiner Familie aber
hat sich eine solche Erholung aus dem aufregenden Gange, aus der
gesehenen und mitgenossenen Lustigkeit, aus der heiteren Luft und
der erquickenden Landschaft mit nach Hause gebracht, daß er
wieder wochenlang in seiner dumpfen Stube arbeiten und aushalten
und abends bei einem Glase Bier mit seinen Nachbarn oder mit
seinen Kindern von dem Kirchtage zu Mariabrunn reden kann.«

Gegen dieses Spektakel von einst ist der heutige Kirtag von
Mariabrunn eher nur noch ein sehr stilles Fest. Und von der ehemals großen Wiese vor der Kirche ist nur noch ein kleines Stück-
chen übergeblieben ...

Von Abraham a Sancta Clara, dem großen Kanzelredner des Ba-
rocks, der 1662 in Mariabrunn sein Ordensgelübde als Augustiner-
mönch abgelegt hatte, stammt der Spruch:

Menschen, Tiere, Frücht und Laub
Alles dient der Zeit zum Raub.

Nachdem bereits 1842 die Südbahn zwischen Wien und Gloggnitz
eröffnet worden war, begann man erst 1856 mit dem Bau der »Kaiserin-Elisabeth-Westbahn«. Aber man baute damals sehr schnell:
Schon am 15. Dezember 1858 dampfte der erste Zug von Wien nach
Linz und am 1. August 1861 von Wien bis Salzburg.

1858 gab es zwischen Wien und Neulengbach nur die Stationen
Penzing, Hütteldorf, Weidlingau, Unterpurkersdorf, Preßbaum und
Rekawinkel; die Fahrzeit betrug 1 Stunde 40 Minuten.

Auch schon damals hielt man Statistiken für unumgänglich not-
wendig, und aus einer solchen der »k. k. Statistischen Central-Com-
mission« geht hervor, daß z. B. im Jahre 1869 auf der Westbahn 2324
Eilzüge, 7203 Personenzüge und 2387 gemischte Züge verkehrten.
Von diesen rund 12.000 Zügen hatten - auch das meldet eine eigene
Statistik - nur 84 Züge Verspätungen über 60 Minuten (die sich fast

alle durch die damals noch sehr schneereichen Winter ergaben).

Die Erbauung der Westbahn wirkte sich stark auf die Orte links und rechts ihrer Geleise aus. 1854 zählte z. B. Purkersdorf nur 912 Einwohner. Aber dann

»... kam das dampfbeschwingte Roß
Geflogen auf den Schienen;
Da wuchs das Dorf und wurde groß,
Schnell wie der Bau der Bienen!«

So heißt es in einem Festgedicht. 1900 hatte Purkersdorf bereits 2829 Einwohner!

Vor der Erbauung der Westbahn war Purkersdorf – zweieinhalb Wegstunden von Wien entfernt – an der Straße nach Linz die erste Poststation. Hier wurden die Pferde gewechselt, hier erhielten die schweren Frachtwagen einen Vorspann für den Riederberg. Eine liebe Erinnerung an diese alte Postkutschenzeit ist das 1796 erbaute Posthaus mit dem alten Meilenstein davor.

Freilich, so romantisch wie in Lenaus Gedicht »Der Postillion« ging es damals nicht zu. Die Postknechte waren – so berichten viele Reisende dieser Zeit – fast durchwegs grobe Lümmel, die oft stundenlang bei Wirtshäusern die Fahrt unterbrachen und die Reisenden einfach warten ließen. Aber auch diese waren keine Engel: Sie führten oft Peitschen mit und schlugen damit auf Pferde und Postknechte ein! Ein Patent Maria Theresias aus dem Jahre 1750 erlaubte es den Postillionen daher, wenn auf der Straße auf sie oder die Pferde geschlagen würde, die Pferde auszuspannen und allein nach Hause zu reiten ...

Außerdem war das Reisen in der Postkutsche sehr teuer. So kostete 1824 eine Fahrt von Wien nach St. Pölten (mit »Einschreibgebühr und Trinkgeld«) 185 Kreuzer. Damals kostete ein Kilogramm Rindfleisch 6 Kreuzer! 6 Kreuzer bezahlte man auch für die Beförderung eines Briefes.

Ab 1749 wurden Poststationen vom Staat an vermögende Personen (die nebstbei auch Lesen und Schreiben können mußten) mit Erbrecht verkauft. Besitzer und Erbauer der Poststation Purkersdorf

Wachsbüste des Herrn Kirchner, Sakristei der Pfarrkirche Breitenfurt ▶

Votivbild von Maria Enzersdorf

Kreidezeichnung im Gasthaus »Zur Agnes«, Sievering

war Oberst Karl Joseph Weber von Fürnberg, nach damaligen Berichten ein »Spinner«, der eine übertriebene hohe Meinung von der Wichtigkeit des Postmeisteramtes hatte und zur Pflege der Köpfe und Zöpfe seiner prächtig uniformierten Postillione sogar einen eigenen Friseur hielt.

Das Portal seiner Poststation ist von Säulen umgeben und gleicht einem Tempeleingang; große Reliefs schmücken die Fassade des Hauses. »Das erste Bild stelle den Götterboten Merkur dar; die zweite Allegorie, eine Frau mit abgenommener Maske und einer Laterne in der linken Hand, versinnbildlicht, daß durch Reisen der Blick freier und der Gesichtskreis erweitert wird. Die nächste Frauengestalt hat zu ihren Füßen einen Hund, auf ihrem Schilde ist ein Hahn. Hund und Hahn deuten auf die Wachsamkeit, der Schlüssel in der Hand der Frau auf die Sicherheit der Post hin. Im nächsten Rahmen rechts hält ein Mädchen ein Herz in der Hand, ein Sinnbild der Liebesbotschaft; der rebenumrankte Baum, an den sie sich schmiegt, spricht vom Vertrauen zur Post. Die fünfte Frauengestalt drückt ihren Zeigefinger an die Lippen und weist mit der linken zur Erde: die Verschwiegenheit der Post, die Bewahrung des Briefgeheimnisses.« Und dann ist noch einmal Merkur dargestellt, fast durch die Luft schwebend und mit einem Brief in der Hand . . . sozusagen Expreß-Flugpost!

Hinter dieser reizenden Fassade befindet sich heute eine Wurstfabrik.

> *»Die Besiegung des Luftmeeres wird den Menschen größere Wohlthaten bringen wie manch anderer Sieg, bei dem hunderttausende von Menschen geopfert wurden.«*
>
> *Der k. k. Bezirkshauptmann Primo Calvi über Wilhelm Kreß in seiner 1901 erschienenen »Darstellung des politischen Bezirkes Hietzing und Umgebung«*

3. Oktober 1901. Heftiger Wind braust über den Wienerwald . . . Er soll den ersten Motorflug auf dieser Welt ermöglichen!

1783 schwebten die ersten Menschen mit einem Fesselballon in die Luft, 1891 fand der erste Gleitflug statt, aber schon 1871 wurde im Niederösterreichischen Gewerbeverein das erste Modell eines freischwebenden »Drachenfliegers« (sozusagen das Urflugzeug) zum

Flug gebracht. Der Erfinder und Erbauer dieses Apparats war Wilhelm Kreß (1836–1913), ein gelernter Klaviermacher, der jedoch später seine ganze Arbeitskraft dem Flugwesen widmete.

Das Modell des Drachenfliegers war mit zwei von Gummischnüren betriebenen Propellern auf seine Luftreise geschickt worden. Nun wollte Kreß aber eine Flugmaschine bauen, mit der auch ein Mensch mitfliegen konnte. Kreß arbeitete verbissen, aber die Jahre vergingen. Ein Komitee stellte die Geldmittel für den Bau des Flugzeugs bereit, und dann wurde endlich, endlich auch der eigens angefertigte Motor geliefert – aber zum Schreck für Kreß (der inzwischen auch den Steuerknüppel erfunden hatte) war dieser mit seinen 455 Kilogramm für seinen Flugdrachen viel zu schwer.

Und da beschloß nun Kreß an jenem stürmischen Herbsttag zu hasardieren. Er hoffte, daß ein starker Wind seiner zu schweren Maschine doch den Flug ermöglichen könne.

Von einem am Ufer des Wienerwaldsees errichteten Hangar führten Schienen direkt in den See. Kreß wollte auf dem Wasser starten und landen. Sein Flugdrache fußte daher auf zwei Aluminiumgondeln. Er hatte drei Tragflächen, wog ca. 300 Kilogramm, mit dem Motor also ca. 755 Kilogramm. Nach den Berechnungen hätte er aber (mitsamt dem Piloten) nicht 650 Kilogramm überschreiten sollen.

Kreß startet also.

Rasend schnell zischt der Flugdrache über das Wasser, hebt sich langsam daraus ... Kreß schwebt sekundenlang mit seiner Maschine über dem Wasser. Aber da ist das andere Ufer des Wienerwaldsees schon bedrohlich nahe gekommen. Kreß muß eine Kurve steuern. Dabei erfaßt eine Windbö die Drachenflügel, kippt das Flugzeug ... und es versinkt! Kreß wird aus dem Wasser gezogen. Er hatte alles auf eine Karte gesetzt – und verloren.

Nach diesem mißglückten Versuch fand Kreß nur noch schwer Geldgeber für den Bau einer neuen Maschine. Und 1903 ging dann eine Nachricht durch die ganze Welt, daß Amerikanern der erste Motorflug gelungen ist. Ebenfalls nur wenige Sekunden blieb dabei die Maschine der Brüder Wright ca. 3 Meter über dem Boden. Aber trotzdem für die Welt: Sieg! Triumph!

An Wilhelm Kreß erinnert ein bescheidener Denkstein an den Ufern des Wienerwaldsees.

»Kaiserbrünndl/Wienflußquelle« meldet eine Marmortafel an der schönen Quellfassung; und außerdem, daß diese Wienflußquelle am 23. April 1884 von Kaiserin Elisabeth besucht wurde (an welchem besonderen oder romantischen Punkt unseres Landes war die unglückliche, ruhelose Kaiserin eigentlich nicht?).

Das »Kaiserbrünndl« unterhalb des Gipfels vom Kaiserbrunnberg (576 m) ist sozusagen die »offizielle« Wienflußquelle: in Wirklichkeit wird der 33 Kilometer lange Fluß in seinem Einzugsgebiet (224 km^2) von insgesamt 124 Quellen gespeist. Und es ist ein sehr gefährlicher Fluß! Nach plötzlicher Schneeschmelze im Frühjahr oder nach einem heftigen Sommergewitter kann aus dem Flußgerinnsel eine wild daherrauschende braune Wasserflut werden.

Schon lange bestand die Absicht, die Wien zu bändigen, und gegen Ende des 19. Jahrhunderts wurde eine Regulierung sogar schon zur Lebensnotwendigkeit – aus dem Fluß war nämlich eine trübe, stinkende Kloake geworden. Von Hütteldorf an wurden alle Kanäle in ihn geleitet, außerdem die Abwässer von Fabriken, Färbereien, Gerbereien, Wäschereien u. a.; tote Tiere schwammen darin, Ratten bevölkerten die Ufer. Die Gesundheitsbehörde mußte zugeben, daß das Wohnen in Wien an der Wien durch die grausige Ausdünstung des Wassers gesundheitsschädlich sei. Auch das 19. Jahrhundert hatte also schon seine Umweltschutzprobleme . . .

Unter den Projekten für eine Wienflußregulierung war auch dieses: Verbindung der Wien ab Purkersdorf mit der Donau bei Melk durch einen schiffbaren Kanal, der dann auch durch das Wiental wieder bis zur Donau führen sollte.

Die von 1895–1902 durchgeführte Regulierung erfolgte zugleich mit dem Bau der Wiener Stadtbahn. Bei Tullnerbach entstand der Wienerwald-Stausee mit dem Nutzwasserwerk, zwischen Mariabrunn und Hütteldorf wurden drei Sammelbecken mit einem Fassungsraum von 1,600.000 m^3 errichtet und im Stadtgebiet das Flußgerinne ausgebaut und zum Teil überwölbt. Kosten dieser Regulierung: 47 Millionen Kronen!

An der Wienflußquelle ist alles noch Idylle; leise glucksend rinnt ein dünner Wasserfaden aus der Erde. Sogar der sonst so tiefernste vaterländische Adolf Schmidl wurde an diesem Ort animiert, sich einmal (in seinem 1882 Seiten starken Werk »Wiens Umgebungen«) ein Witzchen zu gönnen. Dieses: Wenn jemand den Fuß auf diese Quelle stellt, dann würden sich die Wiener nicht wenig wundern, wenn der Wienfluß plötzlich ohne Wasser wäre . . .

ALLERLEI AUS »SCHÖFFELS WIENERWALD«

Im Jahre 1863 wurde die Staatsdomäne Waidhofen/Ybbs und Gaming, welche nahezu das ganze Viertel ober dem Wienerwald umfaßte, an einen gewissen Löwy um 750.000 Gulden verkauft. Löwy verkaufte diese Domäne, nachdem er den Kaufschilling samt Zinsen aus den Forsten herausgeschlagen hatte, an ein Straßburger Konsortium um 1,000.000 Gulden, welches, nachdem es aus den Wäldern durch ausgedehnte Holzfällungen den Kaufschilling ebenfalls hereingebracht hatte, die devastierte Domäne an die Forstindustrie-Aktiengesellschaft um 3,000.000 Gulden verkaufte.

1866 verlor Österreich den Krieg gegen Preußen. Der Staat brauchte wiederum Geld. Es wurde beschlossen, dem Wiener Holzhändler Moritz Hirschl den Wienerwald zu verkaufen. Ein Mann war dagegen: Josef Schöffel.

Josef Schöffel (1832–1910): Haus- und Realitätenbesitzer in Wien und Mödling, zuerst Offizier, dann Student der Geologie, später Abgeordneter im Reichsrat, Bürgermeister von Mödling, Mitglied des niederösterreichischen Landesausschusses – und außerdem ein Mann, der sich von frühester Jugend an gegen jedes Unrecht stellte.

Schöffel über die Situation am Beginn seines Kampfes um den Wienerwald: »Die Presse schwieg – sie war gekauft!

Im Reichsrat fand sich niemand, der nur ein Wort der Mißbilligung über den organisierten Raub am Staatseigentum verloren hätte, denn ein großer Teil der Volksvertreter war an dem Raub persönlich beteiligt.

Die Gemeinde Wien selbst verhielt sich der Vernichtung ihrer Erholungsstätten, ihres reizenden Waldgürtels, ihres Luftreservoirs, gegenüber völlig apathisch.

Die k. k. Maffia konnte nun den letzten Schritt zum Verkaufe des Wienerwaldes wagen!«

Die »k. k. Maffia« war das »Staatsgüter-Verschleißbureau«, ein Amt, in dem – nach Schöffel – »die verwegensten Schwindler und Hochstapler saßen«. Am 20. April 1870 informierte Schöffel im »Wiener Tagblatt« die Öffentlichkeit über den Mißbrauch der Amts-

gewalt und die Betrügereien dieses »Staatsgüter-Verschleuderungs-
bureaus«. Und diesem Brandartikel folgten noch unzählige ...

Natürlich blieben Schöffels Gegner nicht passiv. Fünfmal mußte
er unter der Anklage »Aufreizung zu Haß und Verachtung« vor Ge-
richt, wobei die Kläger und die Staatsanwaltschaft allerdings vor der
Schlußverhandlung dann immer die Klagen zurückzogen. Schöffel
hatte vor seinem Angriff genau recherchiert, sein Beweismaterial
war unwiderlegbar.

Man bot Schöffel 50.000 Gulden für das Einstellen seiner Artikel
an. Aber es berichtete ihm auch der Forstwart vom Wassergspreng
von einem Gespräch mit einem hohen Beamten, der erklärt habe,
»daß, wenn der Schöffel durch einen Zufall, z. B. auf der Jagd durch
einen Fehlschuß, unschädlich gemacht würde, dies dem Schützen
nicht den geringsten Nachteil, sondern unverhofftes Glück bringen
würde!«. – Schöffel versprach dem braven Forstwart, im Wienerwald an keiner Jagd mehr teilzunehmen, »um wenigstens zu ver-
hüten, daß die Mitglieder der österreichischen Maffia sich auch
noch eines Meuchelmordes schuldig machen«.

Schöffels Kampf um den Wienerwald bis zum Sieg dauerte drei
Jahre. »Ein Einzelner kämpfte, ein Einzelner siegte. Der Vertrag mit
Hirschl wurde gelöst, die Beraubung des Wienerwaldes unterlassen,
die Beamten, deren Schuldbarkeit Schöffel nachgewiesen, versetzt
und pensioniert. Wahrlich, ein unerhörter und zum ersten Male ge-
feierter Triumph, daß einer so kompakt solidarischen Macht, wie
dem österreichischen Beamtenstaate, ein einzelner Publizist solche
Erfolge abzugewinnen vermochte!« schrieb nachher einer der wenigen Mitkämpfer Schöffels, der Schriftsteller Ferdinand Kürn-
berger.

Schöffels Gegner waren so stark gewesen, daß selbst Angehörige
des Allerhöchsten Kaiserhauses machtlos gegen sie waren. Als Erzherzog Albrecht (damals Oberbefehlshaber aller österreichischen
Streitkräfte) von Schöffels Sieg erfuhr, ließ er in der Schloßkapelle
der Weilburg einen Dankgottesdienst halten und Salutschüsse abfeuern!

Am 14. August 1870 machte sich der Polizeikommissär Dr. Leopold Meißner auf den Weg in den Wienerwald, um dort »Erhe-
bungen über die Volksstimmung« zu pflegen ...

»Bei einer halb gemauerten, halb gezimmerten schlechten Keusche machte ich Rast, zumal dessen Bewohner mit seiner ganzen Familie sich anschickte, sein einsam gelegenes Heim zu verlassen.

›Auch schon auf zu so früher Stunde?‹ frug ich den stämmigen Mann.

›Wohl, wohl‹, antwortete er. ›Na, und wo wollen denn Sie hin, leicht a nach St. Laurenzen? Da mögen S' leicht den Bittgang nach Maria Drei Föhren anschauen oder mitthun, könnt' Ihna g'wiß net schaden. Da können m'r gleich miteinander gehn, beim „Duckhüttler" Franz vorbei, der a mitgehen will.‹

Ich war damit einverstanden, der Wegmacher rief Weib und Kinder, versperrte seine Behausung und wir zogen den schattigen Gangsteig aufwärts.

›Also, daß ich Ihnen sag'‹, eiferte mein Begleiter, ›Sö kommen zum heurigen Bittgang g'rad zurecht. Der wird großartig werden. Denn von weit und breit kommen d' Leut' und vor allen die Duckhüttler z'samm', weg'n Weanerwald die Hilf der Mutter Gottes anzurufen.‹

›Maria Drei Föhren, Weanerwald, Duckhüttler, was hat's denn mit die für a Bewandtnis?‹

›Na, wer sein S' denn leicht, daß dös net wissent? Den Weanerwald wollen s' uns unter der Hand verkaufen, die Duckhüttler austreiben und da wallfahrten ma halt, zur Waldandacht nach Maria Drei Föhren, um das Unglück von Land und Leut aufz'halten.‹

Inzwischen waren wir inmitten des Forstes bei einer Keusche angelangt, welche, an einen Fels gelehnt, nur an der Stelle des Feuerherdes aus Steinen hergestellt, aus nahezu morschem Gebälke sich gefügt zeigte. Vor der offenen Thür stand ein grobknochiger, breitschulteriger Mann, in der derben Faust eine kurzstielige Tabakspfeife haltend, ärmlich in Loden gekleidet, während aus dem kleinen Fenster neben der Tür sein noch ziemlich junges Weib mit einem etwa zehnjährigen Buben neugierig herausguckte. ›Na, seids ös endlich‹, rief er uns zu. ›G'wart hab i eh'nder schon gnua.‹

Das war der Duckhäusler Franz.

›Sixt's, da hast glei so an Stadtherrn, der net weiß, was a Duckhäusler ist. Und da soll's nachher net aus und g'scheh'n sein. Sag eahm's selber.‹

Der Angesprochene lüftete seinen runden Hut, blies eine Wolke aus seinem Pfeifchen und schaute mich lange mit seinen großen, klugen, blauen Augen an, kratzte sich hinter dem Ohr und sprach: ›Arme Leut san mir, Holzknecht, dö von uralters Zeiten her im

Weanerwald so Hütten zum Unterducken haben, und dö will man uns jetzt wegnehmen. Vergessen denn d' Weaner, daß aner von uns zur schweren Türkennot die Kaiserlichen auf Umwegen und unbemerkt vom Heidenvolk auf'n Kahlenberg g'führt hat, vergessen denn de Saggra im Reichsrat, daß mir seit 1683 a kaiserliches Privilegium auf unsere Duckhütten hab'n?‹

Ich gestehe offen, daß ich bis dahin von dem Dasein, der Lebens- und Arbeitsweise dieser ureingeborenen Holzarbeiter und ihre Bezeichnung als Duckhäusler oder Duckhüttler keine Ahnung hatte.«

Meißner beschreibt dann in seinem Buch »Aus den Papieren eines Polizeikommissärs« (das auch heute noch eine amüsante Lektüre ist) den Bittgottesdienst. Er war ergriffen von der Armut der Bewohner des Wienerwaldes, und er war beeindruckt von deren stiller sittlicher Größe. Es war für ihn ein unvergeßlicher Tag, und es klingt fast schuldbewußt, wenn er dann schreibt: »Am folgenden Tag erstattete ich einen Bericht über das Erlebte im trockensten Kanzleistile.«

Heute ist der Wienerwald wiederum in Gefahr ...

› Der Drang der Wiener zur Zweitwohnung im Grünen führt immer mehr zu einer Verhüttelung des Gebietes, ein häßliches Kunterbunt an Bauten breitet sich immer weiter aus. In vielen Wienerwaldgemeinden beträgt der Zuzug durch »Zweithäusler« schon das Dreifache der normalen Wohnbevölkerung. Probleme der Trinkwasserversorgung, Abwasser- und Müllbeseitigung ergeben sich.

› Durch den Rückgang der Landwirtschaft werden immer mehr Wiesen und Felder parzelliert und versiedelt oder allmählich Wald. So gehen immer mehr schöne Ausblicke, Lager- und Wintersportmöglichkeiten verloren.

› Die großteils vorherrschenden Buchenbestände sind forstwirtschaftlich unrentabel, man ersetzt sie durch Nadelwald. Aber damit verliert auch der Wienerwald seine wesentliche Funktion als »grüne Lunge«.

› So lobenswert der »Ausbau« des Wienerwaldes zum Erholungsraum auch sein mag, so hat er doch auch seine Schattenseiten: Der Bau von Großparkplätzen und der Ausbau sogenannter Zufahrtsstraßen, die Anlage von Reitwegen und Spielwiesen (mit Fußballtoren und Basketballkörben), das Aufstellen großer Orien-

tierungstafeln und Tischen und Bänken nehmen dem Wienerwald
viel von seinem Zauber.

Schöffel schrieb am Ende des Berichtes über seinen Kampf um den
Wienerwald, er hoffe, daß bei einer erneuten Bedrohung sich wieder
ein Mann finde, der ihn verteidigen wird. Aber die Zeiten haben
sich gewandelt, ein Mann allein genügt heute nicht mehr ...

Schon ein Jahr nach seinem Sieg wurde Schöffel auf einer Anhöhe
über Purkersdorf – der Schöffelwarte – ein Denkmal errichtet. Der
Obelisk trägt die Inschrift:

> *»Zur bleibenden Erinnerung an Joseph Schöffel, den mutigen und un-*
> *eigennützigen Retter und Beschützer des Wienerwaldes, zu Ehren*
> *seines siegreichen Kampfes in der Sache des Rechtes und der Wahrheit*
> *während der Jahre 1870–1872. Zum Sporn und Beispiel für künftige*
> *Geschlechter errichtet von den dankbar verpflichteten Gemeinden des*
> *Wienerwaldes, Bürger der Residenz und des Landes im Juli 1873.«*

Ein großer Verehrer Schöffels war der Wiener Volksschriftsteller
Friedrich Schlögl (1821–1892). Nach seinem Tod wollte er unbedingt
am Fuß der Schöffelwarte begraben werden, und daher kaufte er
sich schon zu Lebzeiten ein Grab im Waldfriedhof von Purkersdorf.
Dort ruht er nun, der »Schriftsteller und Bürger von Wien«, wie auf
dem Grabstein zu lesen ist ...

Schlögl hatte die Sittenschilderung zur Literatur erhoben. Treff-
lich glossierte er unter vielem anderen auch die Wiener, welche unbedingt den Sommer, selbst wenn's noch so unbequem war, in einer
»Sommerfrische« vor der Stadt verbringen mußten. (Weil »wenn
man wer ist, kann man übern Sommer nicht in der Stadt bleiben!«)
Schlögl nahm sich aber auch die andere Seite vor ...

Ländliche Vorkritik

»Die Stadtbagaschi rührt si schon wieder!« brummte der Steffelbauer, als er beim »Rothen Ochsen« eintrat, seinen Holzstummel
ausblies, ihn frisch stopfte, am Kerzenlicht sich Feuer holte und,

sichtbar ärgerlich gestimmt, pustend und dampfend an der Seite seiner bäuerlichen Collegen Platz nahm.

»Hihihi!« meinte der Nächstsitzende, »kimmens schon aussa? No ja, kaum daß der Schnee weg is und a bisl a Sunn si seg'n laßt, fangt das G'lauff schon an. War'n bei mir a schon a Paar, die so dergleichen than hätten, als ob's mein Kamanet habn möchten, aber i hab ein kurzen Proceß gmacht und hab gsagt: Juden nimm i ka! Drauf seins gangen!«

»Warn's denn a Juden?« frug der Loislbauer, worauf der Andere repliciret: »Mir alles ans! I hab' schon gnua g'habt, wie i g'hört hab, daß's Weaner sein; das war'n m'r schon die liabsten Sommerpartei'n, so a Volk!«

Da legte sich der »rothe Ochsenwirt«, der von den Sommerparteien am meisten zu profitieren wußte, in's Mittel und sagte besänftigend: »Aber Moaner, seid's g'scheid! Daß die Weaner a ›Volk‹ sein, das wissen m'r Alle, aber brauchen than m'rs ja do! Was thätst denn Du, Loisl, mit Deiner alten Kalupen, wo'sd' im Winter Kraut und Erdäpfel drinet hast, wann d' Weaner nit so – sag'n m'r guat – wär'n und zahleten D'r für a Paar Monat ein' blanken Hunderter?«

»Wos, ein' Hunderter?« schrie empört der Loislbauer, »ein' Hunderter, jetzt, wo die Börs so in der Höch is? Zwa Hunderter muaß i heuer für mein Kammer krieg'n, anderscht laß i gar nit reden mit mir! Schneibt ihner ja schon wieder 's Geld nur so einer, da wär's heili a Verbrechen, denen Leuten was z' schenken! Zahlt muaß wer'n, daß ihner d' Schwarten kracht!«

»Wahr is's«, ergänzte der Steffelbauer, »und a Sünd' wär's, die m'r am G'wissen hätt, wann m'r's nit urndli straffet! Wann m'r nur bedenkt, was Ein'm das Volk Gras z'sammtritt, was die Kinder ruinier'n, was's für Obst stehl'n und was sunst no z' Grund gricht wird! I mach zwar eh immer, eh's fortzieg'n, mein separate Rechnung und laß's a nit früher geh'n bis's nit soundsoviel extra für Abnützung und Beschädigung niederg'legt hab'n, aber den Gift und Gall, den m'r die Zeit über mit die Fratzen g'habt hat, den zahlt Ein'm ja do Niamand! Dafür sag i: 's Geld wär schon recht, aber die Leut mag i nit seg'n!«

Der Michelbauer, der bisher stumm zugehört und nur verschmitzt pfiffig vor sich hinblinzelte, gab nun auch einen Vorschlag zum Besten und sagte: »I hab da immer ein' Ausweg g'wußt; i hab m'r glei in Anfang den ganzen Zins in Voraus zahl'n lassen und hab schon in der nächsten Wochen so zum Umerwettern und zum Spektakelmachen angfangt und die Kinder z'sammg'schimpft und war so saugrob, daß's Alle g'nua g'habt hab'n und standepede auszog'n sein. So hab i mein Geld und a Ruah g'habt!«

»Und i hab die Gäst verlur'n!« erwiderte der Wirth, »wann's Oes d' Leut davon jagt's, was hab denn i? Oes zahlt's mein Wein nit mit achtzig Kreuzer, Eng muaß i'n um sechsadreißig geb'n, und meine Hendeln und Anteln und Ganseln kann i selber fressen! Also – Alles wos recht und billi is! Vertragt's Eng mit die Stadtleut, wann's a a Bagaschi sein, aber a Geld hab'n's und das müassen's bei uns sitzen lassen. Also, g'scheidt sein!«

Der Appell schien einigermaßen zu wirken, die Gesellschaft steckte die Köpfe zusammen und kam endlich zu dem Entschlusse: »Meinetweg'n, nehmen m'rs no amol, das Volk, aber – zahl'n müssen's, daß's schwarz wer'n, den letzten Kreuzer reißen m'r ihner aussa!«

Der 1954 begonnene Bau der Westautobahn Wien–Linz–Salzburg war eine Lebensnotwendigkeit für Österreich. Und die Fahrt auf der Autobahn durch den Wienerwald hat noch jeden aus dem Westen kommenden Fremden begeistert. Weniger begeistert sind natürlich die Wienerwaldwanderer, wenn sie der Motorenlärm der Autobahn kilometerweit in die stillen Wälder verfolgt . . .

Wer aber einmal ein Autobahnerlebnis ganz anderer Art erleben will, dem sei ein (zugegeben: etwas verrückter) Geheimtip gegeben. Also: Sie beginnen die berühmte Höhenwanderung von Tullner-bach-Preßbaum über die Sattelberge und die Drei Berge nach Hoch-rotherd nicht bei der Häusergruppe Bihaberg, sondern in der Fünkh-gasse von Preßbaum. Gegenüber von Haus 38 beginnt ein Waldweg; diesen verfolgen Sie ca. 50 Meter bergauf bis zum Beginn eines Tun-nels durch den Damm der Autobahn (an der linken Seite ein Türl in dem Wildgitter). Im Tunnel klettern Sie nun neben einem Bächlein über sieben ca. 3 Meter hohe Stufen an Eisenklammern höher – ein unterirdischer »Hanselsteig« oder eine »Teufelsbadstube« oder wie sonst noch die beliebten versicherten Felsensteige unserer alpinen Hausberge heißen. Nach dem Tunnel erreichen Sie nach ca. 50 Me-tern den Weg mit der roten Markierung und haben durch diese ver-rückte Wegvariante eine eindrucksvolle Vorstellung bekommen, wie breit eigentlich so eine Autobahntrasse ist und welch gewaltige Erd-bewegungen ein Autobahnbau erfordert.

Und wenn wir nun schon beim Bewundern von Ingenieurbauten sind, dann wollen wir auch einen solchen aus vergangener Zeit besuchen – die große Schwemmklause am Schwechatbach bei Klausenleopoldsdorf (an der Landeshauptstraße nach Alland/Baden).

Imponierend ist noch immer das ehemalige riesige Staubecken. Mit den Riesenquadern des Dammes und des Brechers zwischen den beiden Schwemmkanälen wirkt die ganze Anlage wie ein alter Römerbau. Und so wie es bei Römerbauten üblich war, werden auch an diesem einmaligen barocken Ingenieurbau auf zwei Inschriftentafeln in Deutsch und Latein das Werk und seine Schöpfer gepriesen. Die Klause, welche die Jahreszahl 1756 trägt und durch die 1942 zum letztenmal geschwemmt wurde, ist noch immer wunderbar erhalten.

Heute ist sie unnütz geworden, Holz wird nicht mehr auf dem Wasserweg transportiert. Über die Straße und Autobahn neben der stillen Klause donnern jetzt schwere Holztransporter mit ihrer Fracht dahin ...

Höchster Berg des Wienerwaldes ist der Schöpfl, 893 m. Vor der großen Motorisierung »machte« man den Schöpfl von Rekawinkel aus. Gehzeit: 5 Stunden hin, $4^1/_2$ Stunden zurück. Ein ausgefüllter Tag. 1906 wurde auf dem entlegenen Berg ein Schutzhaus erbaut, um auch weniger fußtüchtigen Wanderern eine Schöpflersteigung zu ermöglichen und eine Unterkunft zu bieten. 1920 brannte das Haus ab, 1923 war es wieder aufgebaut, 1945 wurde es von Artillerie zusammengeschossen, und wieder wurde es innerhalb weniger Jahre aufgebaut. Etwas von der Liebe aller Mitglieder der Sektion »Wienerwald« des ÖTK zu diesem Berg und für das Haus auf diesem Berg spürt man förmlich in seinen Mauern – es ist eines der gemütlichsten Schutzhäuser in der Wiener Umgebung.

Erzählte darin einmal jemand nach dem Mittagessen die Geschichte des »Andreas Hofers vom Schöpfl«. Das war der Ortsrichter Michael Fügerl aus Brand, der während des Türkeneinfalls 1683 das Kommando über ungefähr 500 auf den Schöpfl geflüchtete Bewohner der Umgebung übernommen hatte. Unter seiner Anleitung errichteten Holzknechte an der Zugangsseite des Lagers einen mächtigen Wall aus Steinen, der nur von einigen leicht zu beseitigenden Bäumen gestützt war. Als dann die Türken kamen und über den Steilhang aufstiegen, durchschlugen die Holzknechte auf ein

Zeichen Fügerls die Seile, und die Steine kamen ins Rollen und zerschmetterten alle Türken. Das Blut der Zerschmetterten – so erzählte das Volk voll Behagen – soll in solchen Strömen geflossen sein, daß es im Schöpflgraben eine Mühle hätte treiben können ...

So weit der Erzähler im Schöpfl-Schutzhaus. Da – eine müde Stimme vom Nebentisch: »Tja, diese Türken haben es gut gehabt, die haben dann nimmer fünf Stunden z'rück nach Rekawinkel zur Eisenbahn hatschen müssen!«

Der höchstgelegene Ort des Wienerwaldes ist St. Corona am Schöpfl, 579 m (der zweithöchste ist Schwarzensee am Peilstein mit einer Seehöhe von 530 m).

Schon seit uralten Zeiten wurde in St. Corona (wo auch eine jungsteinzeitliche Lochaxt gefunden wurde) ein »heiliges und heilsames Bründl« verehrt und aufgesucht. 1444 wurde in der bescheidenen Waldarbeitersiedlung eine kleine Holzkapelle errichtet und der hl. Corona geweiht, davon bekam der Ort seinen jetzigen Namen.

Die heilige Corona war eine neubekehrte Christin, die im 2. Jahrhundert in Kleinasien wegen ihres Glaubens einen recht grausamen Märtyrertod erlitt: Man ließ sie an zwei niedergebogene Palmwipfel binden und ihren Körper von den wieder hochschnellenden Ästen zerreißen. Durch ihren Baumtod wurde sie Patronin der Waldarbeiter, aber auch durch ihren Namen Corona = Krone zur Helferin in allen Geldangelegenheiten.

So wurde St. Corona mit seinem schon seit uralter Zeit aufgesuchten »heiligen Bründl« nach Einführung der Kronenwährung in Österreich zu einem ganz besonderen Wallfahrtsziel ... bis zum Jahr 1924, in dem dann die Krone vom Schilling abgelöst wurde (für einen Schilling mußte man damals 10.000 Kronen geben). Etwas verlassen wirkt heute das von einem hübschen Baldachin überdeckte Bründl auf dem kleinen Platz, wo der Aufstieg zum Schöpfl beginnt.

Am 13. April 1912 wurde Egon Schiele in das Gefängnis des Bezirksgerichtes Neulengbach eingeliefert und mußte darin drei Wochen (heute zeigt man seine Zelle als Sehenswürdigkeit!) verbringen. Dann überführte man ihn in das Gefangenenhaus St. Pölten, wo er mit übelstem Gesindel zusammengesperrt wurde. Schiele blieb insgesamt 24 Tage in Haft.

Nach einer 1922 erschienenen Broschüre »Egon Schiele im Gefängnis«, deren Verfasser der Kunstkritiker und Schiele-Verehrer
Arthur Roessler war, hatte man den Künstler wegen der Anfertigung pornographischer Bilder ins Gefängnis gesteckt. Nach dem
1979 erschienenen Buch des Kunsthändlers und Schieleforschers
Christian Nebehay soll die Affäre jedoch »weit ernster« gewesen
sein: Schiele wurde wegen angeblicher Entführung und Schändung
eines noch nicht 14jährigen Mädchens verhaftet und erst entlassen,
nachdem das Mädchen seine Aussage entscheidend abgeschwächt
hatte.

Wie dem auch sei: Ergreifend bleibt der Brief Schieles an seinen
Freund Roessler, in dem er von den ersten Tagen seines Gefängnis-
aufenthaltes in Neulengbach erzählt. Man hatte ihm weder Bleistift
noch Papier belassen, und das traf den Künstler am allermeisten ...
»so malte ich, mit den Wurzeln aus dem Boden meines Tuns ge-
rissen wie ich bin, um nicht wirklich verrückt zu werden, mit dem
in bittern Speichel getauchten zitternden Finger, unter Benützung
der Flecken im Mörtel, Landschaften und Köpfe an die Wände der
Zelle und sah dann zu, wie sie nach und nach eintrockneten, ver-
blaßten und in die Tiefe des Gemäuers verschwanden, wie wegge-
wischt von einer unsichtbaren, zauberhaft starken Hand«.

Das Bezirksgericht von Neulengbach ist aber noch mit dem
Namen eines anderen berühmten Künstlers verbunden. Dieser sah
es allerdings nur von außen – und ihm gefiel die graue Fassade
nicht. Eine Sonnenuhr mit einem »Bildl« sollte diese beleben; er
wollte das »Sprüchl« dazu machen ...
Und Josef Weinheber dichtete:

> *Es schlägt das Herz, der Schatten rückt.*
> *Was gestern fehlging, heute glückt.*
> *Was heute glückt, ist morgen Schein.*
> *Bezwing die Zeit, um Mensch zu sein.*

Josef Weinheber (1892–1945) wohnte zuletzt in Kirchstetten bei
Neulengbach, wo er ein Haus besaß. In dieser Landschaft mit seinen
freundlichen Bewohnern fühlte er sich wohl.
»Du, Frau Buagamasta, gib mir a Flaschn Ribislwein, i muaß
dichtn gehn!« rief er einmal nach einem Einkauf ins Bürgermeister-

haus. Und »mit der Flasche unter dem Arm, stapfte er dann in seinen kräftigen Schaftstiefeln, der Überfallhose und dem derben Bauernjanker seinem Landhaus zu. Um zu dichten.«

Als einmal jemand auf dem Weg, der zu Weinhebers Haus führte, Mist abgeladen hatte, nagelte der wütende Dichter sofort eine Tafel auf einen Baum mit folgendem Sprüchl:

»Wald und Wies' ist keine Gstetten,
wo man Scherb' und Lump' hinhaut;
der Lumprian – ich trau' mir's wetten –
tut's sicherlich, wenn niemand schaut.«
                                                    Josef Weinheber

Am nächsten Tag war der Mist weg!

Josef Weinheber wurde im Garten seines Wohnhauses begraben...

Ein schmaler Pfad, der aus dem
Dorf kommt, führt an meinem
Gartentor vorbei und weiter in den Wald:
Wenn ich diesen Weg gehe,
Fühle ich mich verpflichtet, anzuhalten
Und durch den Zaun deines Gartens
Zu blicken, wo man (unter
Den damaligen Umständen)
Dich wie einen geliebten
Alten Familienhund begrub.

Diese Josef Weinheber gewidmeten Verse stammen von einem anderen berühmten Dichter, dem die sanfthügelige Landschaft um Kirchstetten ebenfalls zur zweiten Heimat wurde – dem Engländer Wystan Hugh Auden (1907–1973).

Als Paare noch Duette sangen im Takt,
Hat niemand Schulden zu machen gewagt:
Bis zum Lebensende besteh ich drauf,
In bar zu zahlen, was ich kauf,

heißt es in seinen »Knittelversen eines Altbürgers«, und 10.000 Dollar in bar bezahlte der berühmte Poet, Verfasser des Operntextes »The Rake's Progress« (für Igor Strawinsky), Träger des Pulitzerpreises, Gastprofessor an vielen Universitäten Amerikas und Englands für ein kleines Bauernhaus und ein Stück Land bei Kirchstetten. Auf dem Friedhof des Ortes wurde er auch begraben; nach einem Vortrag war er in einem Wiener Hotel still und einsam entschlafen.

So wie Weinheber vor dem Zweiten Weltkrieg fand auch der »ausländische Dichter« nach diesem Krieg bald Kontakt mit der Bevölkerung. Und wohin er auch ging, ging er auf des toten Weinhebers Spuren. Man kann sich's gut vorstellen, was Auden meinte, als er schrieb:

> *Abgestempelte Feinde*
> *Vor zwanzig Jahren,*
> *Jetzt, Nachbarn Tür an Tür, wären*
> *Wir vielleicht Freunde geworden,*
> *Die eine gemeinsame Umwelt*
> *Und die Liebe zum Wort teilten.*
> *Bei einem goldfarbenen Kremser*
> *Hätten wir lange Gespräche*
> *Über Syntax, Kommas und*
> *Versemachen geführt.*

Schon lange vor Auden und Weinheber hatte die Gegend von Neulengbach einen anderen schöpferischen Geist fast magisch angezogen – Alexander von Villers (1812–1880), Diplomat, Komponist, Philosoph und Verfasser der seit damals recht berühmt gewordenen »Briefe eines Unbekannten«. So wie Auden und Weinheber hatte auch er sich ein Landhaus bei Neulengbach gekauft und damit sein Tuskulum gefunden ...

»Im großen und ganzen ist mir zumut wie einem Karpfen, der seine Jugend in polnischer Sauce zugebracht hat und auf seine alten Tage einen Teich entdeckt. Der Bauer, der sechzig Jahre in mir schlummerte, ist hier erwacht, reckt die Glieder, reibt sich die Augen, reißt das Maul auf und fragt sich: Wo war ich solange?

Ich habe Schlösser bewohnt mit herrlichen Parkanalgen, voll blühender Büsche und Blumenrabatten; Bediente trugen Kaffeebretter

mit Frühstück darauf vor mir her auf Terrassen, wo es zog und wo
die Sonne von ungeschickten Astronomen irregeleitet zur unrechten
Zeit hinschien, breite Kieswege kannten meinen Tritt wie die
Blinden von Genua Fiescos, ich sah die Alpen und das Meer, Felder
von Lavendel, Myrten und Thymian ohne Jungfernkranz – gefreut
aber hat mich nichts wie dieser kleine Platz in einem kleinen
Garten, der schon verwilderte, bevor er ein Garten war, wo ich im
Schatten meines Ahorn sitze – meines Ahorn, wie ich auch sagen
kann: meine Linde und mein Nußbaum, das ist mein Nußbaum, das
ist mein ganzer Wald – gemeiner Flieder – Spezies: Käthchen von
Heilbronn – überragt Urwälder von Brennesseln, wo das Nachtpfau-
enauge noch als schwarze Raupe lebt, und Mauerwerk – allen Mör-
tels ledig – schaut ziegelrot darein.«

Villers war Junggeselle, und er war eine Individualität. In seinem
»Wiesenhaus« im Wienerwald hatte er kurz vor seinem Tod noch
geschrieben: »Kein Baum will Wald sein, wollte er 's, es gäbe keinen
Wald. Seine Wurzeln, nicht des Waldes Wurzeln, nähren ihn; ihn
nähren sie; was da wächst ist er, und ein er jeder; aber nicht der
Wald, der nur Erscheinung ist.«

Ludwig Ganghofer, dessen Hochlandromane alle Bestseller und
außerdem später mehrmals verfilmt wurden, lebte auch einige Zeit
in Wien: 1881 wurde er Dramaturg am Wiener Ringtheater, von
1886–1892 war er Feuilletonredakteur des Wiener Tagblattes. Während dieser Zeit hatte der leidenschaftliche Jäger eine Jagd im Wienerwald (bei Neulengbach) gepachtet, und aus dieser Zeit stammt
auch die Geschichte vom Jäger Jochei Schuemacher.

Ganghofer hatte diesen im Salzkammergut kennengelernt ... »ein
junger Bursch, der mir auf den ersten Blick gefiel, und der mich
Fremden mit jener lachenden Herzlichkeit begrüßte, wie sie nur
gute Freunde beim Wiedersehen für einander finden. Was mir gleich
an ihm auffiel, war die wundervolle, geschmeidige Ruhe seiner Bewegungen – da ging alles so glatt und lautlos, wie eine Maschine
läuft, wenn sie frisches Öl hat. Kurzgeschnittenes Blondhaar um-
schimmerte den derben Kopf, und trotz seiner 25 Jahre hing ihm
schon ein welliger Kapuzinerbart bis halb auf die Brust herunter.
Wenn der Jochei lachte, ging's immer wie ein feines Rieseln durch

Links oben: Alter Meilenstein in Purkersdorf
Links unten: Der »Karlstisch« von Baden
Rechts oben: Kyselak-Inschrift im Park von Schloß Neuwaldegg
Rechts unten: Alter Grenzstein auf dem Anninger

Links: »Luckerter Stein« im Hof des Hauses zum »Luckerten Stein«, Wien 18, Gentzgasse 72
Rechts oben: Markierungsstein der Albertinischen Wasserleitung
Rechts unten: Alter Grenzstein im Barmhartstal

den Schimmer dieser seidenen Strähne. Und aus dem sonnver-
brannten, gutmütigen Gesichte glänzten zwei ruhigblaue, heitere
Augen heraus. Er war mir lieb geworden, noch eh' ich ein Dutzend
Wörtchen mit ihm geredet hatte«.

Natürlich hatte Jochei ein Mädchen – das Nannerl. »Wie er von
diesem sprach – mit diesem frohen Lachen, mit diesem Glanz in den
Augen –, mußte das ein seltenes Geschöpf sein, bildsauber und klug,
ein Ausbund von weiblichem Reiz und holder Tugend, ein Wesen,
das aus des Herrgotts Händen als ein unverdientes Geschenk herab-
gefallen war auf die schlechte Erde.« Weil aber der Jochei und das
Nannerl arm waren, konnten sie nicht heiraten. Aber der Jochei:
»Wenn einer woaß, auf was er wart't, da verdrießt'n koa Zeit net!«

Nachdem Ganghofer seine Wienerwald-Jagd gepachtet hatte, erinnerte er sich an den Jochei und engagierte ihn als Jäger. Jetzt
konnte dieser endlich heiraten, und bald kam er eines Tages ange-
rückt mit dem Nannerl und dem soeben geborenen Kind. Ganghofer: »Ein Schreck fuhr mir durch alle Knochen, als ich das Frau-
enzimmer sah – eine magere, widerliche Person, verschlampt vom
Halstuchzipfel bis zum Rocksaum hinunter, mit dünnem, strohfar-
benem Haar, mit schlierigen Augen und einem großen Maul, dem
man die Gefräßigkeit schon ansah, noch bevor es aufklaffte, um die
gelben Hamsterzähne zu weisen. Und auf dem Arm dieses Weibs-
bildes lag in Lumpen gewickelt ein rachytisches, häßliches Kind, das
fünf Wochen alt war und schon mit den Augen stumpfer Lebens-
trauer in den Tag guckte. Aber der Jochei war unentwegt glücklich!
Und lachte: ›Jetzt haben mer's! Gott sei Lob und Dank! Jetzt haben
mer's! Vergeltsgott tausetmal, Herr Doktor!‹«

Das Nannerl: Es soff, es machte Schulden, betrog den Jochei,
bekam ein Kind von einem anderen Mann. Jochei hielt zu ihr, war
aber dann nimmer der unbeschwerte Naturbursche, verfiel immer
mehr und verlor zuletzt seinen Posten im Wienerwald.

Ganghofer: »Mir schrieb der Jochei nie. Die letzte Nachricht, die
ich von ihm hörte, brachte mir der Förster, dem der Jochei eine
bunte Ansichtskarte geschickt hatte – mit einem Fasan drauf, der im
Feuer aus den blauen Lüften stürzt. Auf der Karte stand mit zittriger
Hand geschrieben:

›Gelibter Bruhder in Huberto: Filmaligen Dank für deine libe
Karde mit den sönen Hirsch. So einen Statzkerl mecht ich halt

widder einmahl in natuhribus sechen aber bei uns hier ist das nichs. Nuhr Hassen und sole kleinwunzichte Vicherln übereinand. Aber sonst gets mir gutt. Das Nannerl is widder fest bein Zeig, hat schon wüder ein Schbusi, laßt nicht aus! Dein ergehbener Freind

Jakob Schuemacher
baron Maudnerischer Refirjäger und Fasannwärder.

Gris mir den Herrn Dogter filmalich und sag ihm, halt nichts für ungutt! Gelt!‹«

An einem heißen Sommertag des Jahres 1928 kam ein junger Mann zum Pfarrer von St. Christophen und bat ihn, sein neues Last-auto zu segnen. Der geistliche Herr war etwas erstaunt. Außer-gewöhnliche Segensspendungen waren ihm zwar nicht fremd, er hatte auch schon Pferde und Ochsen gesegnet – aber ein Auto? St. Christophen lag damals weitab vom Verkehr, »ein Ort, wo fast schulfrei gegeben wurde, wenn sich einmal ein Auto blicken ließ«.

Der junge Mann sagte dem Pfarrer, daß er längere Zeit in Frank-reich gelebt habe, und dort sei es allgemein üblich, in Christopho-rusorten das Auto segnen zu lassen. Also rief auch Pfarrer Karl Koch aus St. Christophen nach dem Mesner . . .

Das war die erste Autosegnung im deutschsprachigen Raum. Ein Jahr später fanden sich am 25. Juli – am Christophorustag – bereits 5 Autos in St. Christophen ein, und 1930 waren es schon 102 Autos und 48 Motorräder. Und heute rollen am letzten Sonntag im Juli Tausende Fahrzeuge zur inzwischen weithin berühmt gewordenen »Autoweihe« (wobei das Wort »Weihe« eigentlich falsch ist; kirch-lich geweiht können nur sakrale Objekte werden).

St. Christophorus wurde zum »Autoheiligen« auf Anfrage franzö-sischer Automobilisten nach einem solchen beim Papst. Papst Bene-dikt XV., der am Anfang unseres Jahrhunderts regierte, nannte den Franzosen St. Christophorus, weil dieser schon lange als Schützer der Reisenden verehrt wurde.

Die Christophoruslegende: Ein Riese namens Ophorus wollte immer das Höchste und Größte. Er diente dem mächtigsten König, aber als dieser Angst vor dem Teufel zeigte, kündigte Ophorus und trat in des Teufels Dienste, solange, bis er merkte, daß auch der Teufel etwas fürchtete – das Kreuz. Ophorus begann Christus zu su-chen. Eines Tages hörte er auf der anderen Seite eines Flusses ein Kind rufen. Ophorus holte es; er setzte es auf seine Schulter und trug es durch den reißenden Fluß. Aber das Kind wurde immer schwerer, und Ophorus glaubte, die Erde auf seinen Schultern zu tragen – es war Jesus Christus, den er trug. Ophorus wurde Christ und seither Christophorus genannt, d. h. der Christusträger.

Das ist eine literarisch sehr schöne Legende. Konkret weiß man über Christophorus so gut wie nichts, es wird sogar bezweifelt, daß es ihn überhaupt gegeben hat. Trotzdem zählt er schon seit frühester Zeit zu den volkstümlichsten Heiligen des Morgen- und Abendlandes. Sehr oft wurden Kirchen an Flüssen (wie auch St. Christophen am Laabenbach) unter seine Patronanz gestellt. Und außerdem zählt er zu den 14 Nothelfern, und zwar für gefahrvolle Unternehmungen und gegen unvorhergesehenen Tod ... der richtige Schutzpatron für Autofahrer!

Die bei der Philadelphiabrücke im 12. Wiener Gemeindebezirk beginnende und bis zum Ortsrand von Breitenfurt führende Breitenfurter Straße zählt über 600 Hausnummern! Vom Ortsrand an heißt die Straße dann »Hauptstraße« und ist ebenfalls ein unendlich langer Bandwurm. Breitenfurt (Ost und West) müßte eigentlich besser Längenfurt heißen ...

Es ist heute schon fast unbekannt, daß einst in Breitenfurt ein großes, prachtvolles Barockschloß stand mit einem prunkvollen Kaisersaal und einer Schloßkapelle, mit ausgedehnten Gärten, in denen sich Teiche und Wasserkünste und sogar eine Gloriette befanden. Dieses Schloß ist heute verschwunden. Seine Entstehung ist aber noch immer höchst geheimnisvoll.

1684, also ein Jahr nach der Türkenbelagerung, gab es im Raum Breitenfurt nur 20 bewohnte, ärmliche Hütten und außerdem das Gehöft des kaiserlichen Rechnungsrates Christian Rosenberger – den »Buchhalterhof«. Nach dem Tod Rosenbergers (1700) übernahm seine Witwe Anna Christina den »Buchhalterhof« und heiratete 1712 als 65jährige Frau den aus Prag stammenden 42jährigen »Ministerial-Banco-Deputations-Hofbuchhalter und Oberaufseher der kaiserlichen Forste« Gregor Wilhelm Kirchner. Und 1714 begann das unternehmungslustige Ehepaar mit dem Bau des Prunkschlosses (das 1732 vollendet wurde). Nur ein kurzes Besitzerglück war den Erbauern gegönnt: Frau Kirchner starb 1734, Herr Kirchner 1735.

Das große Geheimnis um Schloß Breitenfurt: Wie kamen die Kirchners zu den Geldmitteln für dessen Erbauung?

Der kaiserliche Rechnungsrat Rosenberger verdiente bestimmt nicht allzuviel, aber doch heißt es, daß Kirchner nach ihm eine »vermögende Witwe« geheiratet habe. Kirchner selbst soll erst durch die Heirat der nicht mehr ganz jungen Dame zu »größeren Geldmitteln« gekommen sein. Und begann sofort mit dem Schloßbau. Schon 1893 schrieb der Direktor am Kunsthistorischen Museum zu Wien Albert Ilg: »Es muß auffallen, daß Kirchner weder als Gemahl der Frau Rosenberger, noch durch seine amtliche Stellung so große Mittel aufbringen konnte, um ein Prachtschloß dieser Qualität fertigzustellen.« – Dem Volk war das schon lange aufgefallen, und man munkelte, daß Kirchner ein unehelicher Sohn Kaiser Karls VI. sei (was aber nicht stimmen kann, weil der Kaiser erst 15 Jahre nach Kirchner geboren wurde). Jedoch ganz bestimmt stimmten bei dem Rechnungsrat Rosenberger und dem Hofbuchhalter Kirchner die ihnen anvertrauten Kassen nicht. Auch sollen aus staatlichen Depots Ziegel (sagen wir) »umgeleitet« worden sein. Der feinsinnige Essayist Erik Graf Wickenburg meinte launig, daß beim Schloßbau von Breitenfurt wahrscheinlich eine sehr langlebige österreichische Fee Pate gestanden ist: die Korruption!

Trotzdem galt Kirchner beim Volk als großer Wohltäter. Da er keine Erben besaß, verfügte er, daß nach seinem Tode das Schloß – mit Ausnahme des Kaisertrakts – als Spital und Altersheim für arbeitsunfähige Waldarbeiter zu dienen habe. Das war es auch bis 1785. Dann ordnete Kaiser Josef II. an, daß die Pfründner in die aufgehobene Kartause von Mauerbach überstellt und das Schloß verkauft werde. Das geschah, und damit begann auch durch Demontagen des neuen Besitzers – das war ein Branntweinschenkwirt (!) – der schnelle Verfall des Schlosses. Schon 1796 wurde es als baufällig niedergerissen. Bei dieser Demolierung stellte es sich heraus, daß der Bauherr seinerseits auch schon von seinen Bauleuten betrogen worden war: Sie hatten die Mauern innen mit Mist und Stroh gefüllt, um Ziegel abzweigen zu können.

Erhalten geblieben von dem Schloß ist nur die Kapelle, die heutige Pfarrkirche von Breitenfurt. Obwohl es nur ein kleiner Raum ist, hat der Besucher das Gefühl, in einer großen Kirche zu stehen. Die ganze Ausstattung – Fresken, Ölbilder, Plastiken, Dekors – sind so abgestimmt, daß sich ein Gesamtkunstwerk von beglückender Harmonie präsentiert. Als Erbauer der Kapelle gilt Anton Erhard Martinelli; es gibt aber Kunsthistoriker, die dieses Meisterwerk österreichischer Barockarchitektur für den eher soliden Baumeister Marti-

nelli für eine Nummer zu groß halten und Fischer von Erlach zumindest den Bauplan zusprechen.

Erhalten geblieben aus dem Schloß ist nur ein Marmorstandbild
Kaiser Karls VI., das Kirchner für den Kaisertrakt von Georg Raffael
Donner anfertigen ließ. Aber dieses eine Werk ist zugleich ein
Kunstwerk von europäischem Rang; schon zu Kaiser Josephs II.
Zeiten hat es das stille Breitenfurt verlassen und befindet sich heute
im Oberen Belvedere zu Wien.

Von Raphael Donner stammt auch noch eine ganz besondere Kuriosität, die in der Sakristei von Breitenfurt zu besichtigen ist: Eine
bemalte Wachsbüste, ein Herr mit Perücke und in spitzenbesetztem
Tuchrock, der aus einer Glasvitrine streng auf den Besucher schaut.
Es soll Herr Kirchner sein. Eine andere Meinung: Es ist Kaiser
Karl VI. und nur noch der Oberteil einer ursprünglich ganzen
Wachsfigur, die einst im Kaiseroratorium aufgestellt war, sozusagen
stellvertretend für den Kaiser bei allen Gottesdiensten. Aber da der
unheimlich wirkende wächserne Mann in der Kirche immer wieder
die Kinder erschreckte, wurde er zur Büste verkürzt und in die
Sakristei verbannt ...

Für den Wiener ist Breitenfurt und seine nähere Umgebung vor
allem das Gebiet, »wo es den berühmten Mülli(milch)rahmstrudel
gibt!«.

Diese urwienerische Spezialität ist seltsamerweise standortge-
bunden an den Westlichen Wienerwald; im Nördlichen oder Südlichen Wienerwald kann man sie vielleicht auch bekommen, aber nur
vielleicht. Und außerdem - so behaupten jedenfalls die Fein-
schmecker - kann man diese woanders gar nicht richtig machen.
Tatsächlich hüten die Köche der »Müllirahmstrudelzone« ihre haus-
gebundenen Spezialrezepte so geheim wie die »Coca-Cola«-Erzeuger
das ihres Trankls ...

Ein im »Kronen-Zeitung«-Kochbuch preisgegebenes Rezept führt
folgende Zutaten an: Strudelteig, 10 dkg Butter, 2 Pakete Vanille-
zucker, 4 Eier, $\frac{1}{4}$ l saurer Rahm, 6 dkg Brösel, 3 dkg Rosinen, Zitro-
nenabgeriebenes von einer Zitrone, $\frac{1}{4}$ l Milch, $\frac{1}{4}$ l Obers, 3 Eidotter,
2 Eßlöffel Staubzucker, 1 Kaffeelöffel Mehl. - Ein Griff in fast alle
Regale eines Supermarktes!

Und dann muß wie in Dr. Fausts Zauberküche schaumig gerührt,
sehr steif geschlagen und kalt versprudelt, daruntergezogen, bestri-

chen, bestreut, gerollt, begossen und weiter »fortwährend gerührt« werden, bis aus dem Ganzen endlich etwas geworden ist.

Ein »Müllirahmstrudel« schmeckt himmlisch, herrlich, wunderbar! Nur – so hat es einmal Erik Graf Wickenburg launig formuliert – »die äußerst leckere Speise sieht, offengestanden, ein wenig wie Hundefutter aus!«

Aus der Heimatkunde des Bezirkes Hietzing-Umgebung: »Im Herbst des Jahres 1338 erschienen plötzlich so gewaltige Schwärme von Heuschrecken, daß sie die Sonne verfinsterten. Überall, wo sie sich niederließen, vernichteten sie jede Vegetation. Die Vögel flüchteten erschreckt vor diesen Insektenwolken. Auf die Heuschreckenplage folgte eine Reihe von Mißjahren. Bleich und trübe schien die Sonne durch graue Regenwolken und vermochte Luft und Erde nur mäßig zu erwärmen. Eisige Kälte herrschte selbst an den meisten Sommertagen und unaufhörlicher Regen strömte hernieder. Das Getreide schoß üppig in die Halme, setzte aber keine Frucht an und verfaulte auf dem Felde. Eine schreckliche Hungersnot war die Folge dieser Mißjahre. Brot und Mehl konnten nur zu unerschwinglichen Preisen erstanden werden; als dieses überhaupt nicht mehr zu bekommen war, sah sich die Geistlichkeit gezwungen, den Fleischgenuß selbst in der Fastenzeit zu erlauben. Eine totale Sonnenfinsternis, die am 17. Jänner 1348 eintrat, und ein großes Erdbeben, das acht Tage später in Italien, Österreich und Deutschland ungeheure Verwüstungen anrichtete, verursachten überall Furcht und Entsetzen und wurden von der geängstigten Bevölkerung als Vorboten noch schrecklicherer künftiger Ereignisse angesehen. Das Jahr 1349 machte diese Befürchtungen zur schrecklichen Gewißheit durch das Auftreten des Schwarzen Todes, der Pest. Von Italien aus verbreitete sich die Seuche über fast ganz Europa. In Wien und naher Umgebung starben 40.000 Menschen.«

Damals hielt man diese große Not als eine Strafe des Himmels für die Schlechtigkeit auf dieser Welt.

Heute würde man sagen, daß die Atombomben daran schuld seien.

Und das ist der Bericht des Purkersdorfer Bürgermeisters Karl Kurz über den Winter von 1862 auf 1863: »Dieser war so mild und warm, daß seit Menschengedenken hier kein solcher erlebt worden war. Bei vollkommen trockener Witterung und ganz hellen Nächten

zeigte das Thermometer stets Wärmegrade und stieg oft im Schatten
auf +8 bis +12 Grad, aber auch die Nächte waren frostfrei. Auf den
Wiesen blühten Primeln und Gänseblümchen, der Haushahn krähte
wie zur guten Jahreszeit und die Amseln sangen im Walde. Ende
des Monats Jänner öffneten die Haselbüsche ihre Blütenkätzchen,
Bienen hielten ihren Reinigungsflug, Schneeglöckchen und Erlen
blühten, der Uhu rief im Walde. Im Februar brüteten die Hühner,
Anemonen blühten und Huflattisch, die Bachstelzen erschienen und
Tage kamen, wie sonst erst im April. Die Äcker waren zum Bebauen
zu trocken. Das Wetter blieb auch die Frühlingsmonate hindurch
unnatürlich. Im Juli wurde es infolge der Hagelwetter so kalt, daß
man die Winterkleider hervorsuchen mußte. In der Nacht fiel das
Thermometer öfters auf +2 Grad Celsius, und am 20. Juli reifte es
sogar. Die Wiesen waren ganz weiß, Gurken und Fisolen erfroren in
den Gärten. Dabei herrschte Trockenheit, daß arger Futtermangel
für das Rindvieh auftrat. Die Quellen versiegten allmählich, die
meisten Brunnen schöpften sich aus. Der Gablitzbach wurde im Juli
nahezu ganz trocken, und nur die Wien hatte noch Wasser zum
Tränken des Viehs. Abends wimmelte es dort von Menschen und
Tieren. Unterhalb Weidlingau ist selbst in der Wien kein Wasser zu
sehen gewesen.«
   Auch 1862/63 gab es noch keine Atombomben, war die Natur eben
die Natur.

   Warum Lainz (wienerisch: Lanz) so heißt?
   Leopold der Heilige auf der Jagd. Trinkt aus einer Quelle. Wildsau
kommt.
   Leopold schreit: »Knappe, wo is mei Lanz(e)?«
   Knappe: »Do lahnt's (lehnt sie)!«
   Leopold erlegt Wildsau, und zur Erinnerung an diese Begebenheit
benennt er diesen Ort Lanz (Lainz).
   Warum Mauer so heißt?
   Wieder einmal war Leopold der Heilige auf der Jagd. Trinkt aus
einer Quelle. Wildsau kommt.
   Leopold schreit: »Knappe, wo is mei Lanz?«
   Knappe: »Do lahnt's!«
   Leopold erlegt Wildsau, und zur Erinnerung an diese Begebenheit
wollte er diesen Ort Lanz benennen. Weil es aber schon ein Lanz
gab, nannte er diesen Ort Mauer ...

In diesem uralten Wienerwitz steckt ein Körnchen Wahrheit: Tatsächlich war das Gebiet des heutigen Lainzer Tiergartens schon zur Babenbergerzeit ein beliebtes Jagdgebiet. 1270 wird erstmals der »Auhof« urkundlich erwähnt, 1457 ein »Tier- und Saugarten« zu Laab, 1495 der »Wolfgarten« beim Auhof (in dem 1833 der letzte Wolf erlegt wurde).

Die »große Ozon-Privatschatulle Seiner Majestät« nannte Alfred Polgar den Lainzer Tiergarten, der ausnahmslos für Besucher gesperrt war. Kaiserin Elisabeth liebte sehr diesen stillen Winkel, und so ließ Kaiser Franz Joseph dort ein Jagdschloß für längere Aufenthalte der kaiserlichen Familie bauen – die »Hermesvilla« (so benannt nach einer davor stehenden Hermesstatue). 1882 begann der Bau nach den Plänen des Architekten Karl v. Hasenauer (der u. a. mit Gottfried Semper die Museen am Ring, das Burgtheater und die Neue Hofburg erbaut hatte). 1886 war der Bau vollendet, 1887 bezugsfertig. Nach den Berichten bildete sein Inneres einst ein wahres Museum von Plastik, Malerei und Kunsthandwerk. Und für die schlanke Kaiserin gab es sogar ein Turnzimmer mit einem Turnapparat aus poliertem Eichenholz, mit Strebestangen, Schwebebaum, Ringen – und natürlich einer Dezimalwaage!

1889 beging Kronprinz Rudolf Selbstmord. Kaiserin Elisabeth begann ruhelos in der Welt herumzustreifen, und allein fuhr der Kaiser nur noch höchst selten nach Lainz – immer mehr wurde die »Hermesvilla« zum verlassenen Märchenschloß.

Nach dem Ende des Ersten Weltkrieges übernahm 1919 die Gemeinde Wien den Lainzer Tiergarten. Als die Tore geöffnet waren, strömten zunächst nicht naturbegeisterte Menschen in Scharen in den Park, sondern Klaubholzsammler, welche an den weiten Wiesenflächen mit schönen Ausblicken und uralten Bäumen nicht sehr interessiert waren. Nur Wilderer hatten ein Auge für das Edel-, Dam- und Schwarzwild, und es kam sehr oft zu wilden Schießereien zwischen ihnen und dem Forstpersonal.

Schon im 16. Jahrhundert war der Lainzer Tiergarten (heutige Ausdehnung ca. 25 km²) mit einem Holzzaun umgeben worden. Unter Kaiser Joseph II. sollte eine Mauer den Zaun ersetzen. Der Auftrag wurde öffentlich ausgeschrieben.

Beim Prüfen der Angebote fiel dem Kaiser ein besonders niederes auf: 2 Gulden für den Klafter (während alle anderen Angebote um 12 Gulden lagen!). Der Kaiser ließ den Anbotsteller kommen, und es kam Philipp Schlucker (1747–1820), Sohn armer Waldbauern, gelernter Maurer. Schlucker, der weder lesen noch schreiben konnte, hatte sich das Offert von einem Schreiber aufsetzen lassen, und zum Kaiser kam er in seiner Waldbauerntracht mit rotem Brustfleck und in blauen Strümpfen und in Nagelschuhen.

Warum er so billig sei? Weil er eine länger dauernde feste Arbeit suche, antwortete Schlucker, und weil er auch seinen Freunden durch Ziegelführen etwas verdienen lassen wollte. Schlucker bekam den Auftrag, ja, der Kaiser bezahlte ihm sogar 2 Gulden 30 Kreuzer für den Klafter anstatt 2 Gulden. (Nach einem Bericht aus dem Jahre 1793 kostete in Wien damals ein ganz einfaches Zimmer 12 Gulden pro Monat und ein einfaches Mittagessen 30–50 Kreuzer.)

»Der arme Schlucker« – so sagte man damals – »wird sich bei diesem Auftrag zugrunde richten!« Aber das tat er nicht. 1782 begann er mit dem Bau der 24,2 km langen Mauer, 1787 war sie vollendet. Der zufriedene Kaiser schenkte Schlucker als Anerkennung seiner Leistung ein Stück Land bei Alland (auf dem dieser ein Gasthaus errichtete), und außerdem ernannte er ihn zum Waldamtsbaumeister. »Armer Schlucker« sagt man aber auch heute noch in Wien zu einem armen Menschen; Philipp Schlucker aus Alland ist unsterblich geworden!

Von allen Tieren des Lainzer Tiergartens ist das Wildschwein das »publikumswirksamste«. Es erreicht dort eine Länge bis zu $1^1/_2$ Metern und ein Gewicht bis zu 100 Kilogramm.

Heute hausen an die 850 Wildschweine in dem Tiergarten. Nach dem Zweiten Weltkrieg waren es weniger – die Tiergartenmauer war an vielen Stellen durchbrochen, und die Tiere hatten sich in die »freie Wildbahn« verzogen. So mancher Wienerwaldwanderer ist damals nicht wenig erschrocken, wenn am Höllen- oder Teufelsstein plötzlich so eine Herde schwarzer Teufel wie die Wilde Jagd seinen Weg kreuzte . . .

Für die Landwirtschaft ist das Wildschwein ein schädliches Tier (eine Herde kann in einer Nacht die Ernte eines ganzen Feldes vernichten!), im Lainzer Tiergarten erfüllt es eine wichtige Funktion: Durch seine Wühlarbeit lockert es den Boden, es vertilgt viele Schädlinge und sorgt auch für die Verbreitung der Waldpflanzensamen. Alle gefressenen Früchte und Samen finden nach Passieren des Wildschweindarmtraktes im Kot ein exzellentes Keimbett. Biozönose wird die Lebensgemeinschaft von Pflanze und Tier genannt

– unser Wildschwein trägt also auf seine Art u. a. auch wesentlich
zur Verbreitung von Vogelkirschen, leckeren Erdbeeren und duf-
tender Maiglöckchen bei . . .

Im Maurerwald – heute ein vielaufgesuchter Naturpark am
Wiener Stadtrand – befindet sich eines der interessantesten Relikte
aus der Steinzeit: ein prähistorisches Bergwerk!

Schon viele Jahre diente eine Felsklippe auf der Antonshöhe
(356 m) als Steinbruch. Den Geologen war diese interessante Jura-
klippe ebenfalls schon lange bekannt: »Eine mächtige weißliche
Zone, beiderseits von rotbraunem Gestein flankiert. Alle drei Felspartien sind deutlich geschichtet. Während das weiße Gestein im
allgemeinen ziemlich mergelig ist und nur spärliche Einschlüsse
schwärzlichen Feuersteins aufweist, besteht der rote Felsen zum
guten Teil aus kieselsäurereichem Feuerstein verschiedener Färbung,
vorherrschend dunkelrotbraun. Dieser Feuerstein bricht muschelig
und ergibt scharf schneidende Kanten.«

Im August 1924 kamen nach einer Sprengung zwei menschliche
Skelette zum Vorschein und in deren Nähe prähistorische Gefäß-
bruchstücke. Der damalige Direktor des Naturhistorischen Museums
in Wien, Dr. Josef Bayer, vermutete nach den Fundumständen (die
Skelette lagen in einem Schacht) auf ein prähistorisches Bergwerk
gestoßen zu sein.

Grabungen brachten die volle Klärung der Situation. »Es kamen
in den beiden roten Felspartien alte, viele Meter tiefe Schächte sowie
von ihnen ausgehende Stollen zutage. In diesen Schächten und
Stollen nun liegen die für die Forschung wichtigen Belege, die uns
die Zeit des Bergbaues verraten: Bruchstücke großer, gelochter
Hämmer aus Diabas (Grünstein), Klopfsteine, meist aus weißlichem
Quarzit, Hirschgeweihe mit Abnützungsspuren, die erkennen
lassen, daß man sie als Brechstangen benützt hat u. a. m. Deuten
diese Funde auf das Neolithikum, so wird dies noch durch die kera-
mischen Beigaben der Gräber bestätigt, die eindeutig auf diesen Ab-
schnitt der Menschheitsgeschichte verweisen, der bei uns etwa
2000 v. Chr. endete. Aus diesem Befund ergab sich mit Gewißheit,
daß es sich hier um einen regelrechten Bergbau auf Feuerstein und
um Bestattungen aus der Zeit dieses Bergbaues handle. – Damit
stehen wir vor einem in Österreich einzigartigen Fund, da sich
bisher weder in unserem Bundesstaat noch in seiner unmittelbaren

Nachbarschaft ein Feuersteinbergwerk nachweisen ließ.«

Der Feuerstein von der Antonshöhe war für das damalige Mittel-europa ein begehrtes Rohmaterial. Im Maurerwald stehen wir auch vor dem ersten Exportbetrieb Österreichs!

Im Maurerwald und im Lainzer Tiergarten und überhaupt zwi-schen Alland und Steinhof kann man Pikrite finden – ein grünli-ches, den Basalten sehr ähnliches Vulkangestein.

Einen Vulkan im Wienerwald hat es allerdings niemals gegeben. Ob die Pikrite in grauer Vorzeit durch die Bewegungen bei der Ge-birgsbildung aus dem Süden in unsere Zonen vertragen oder ob sie einfach aus dem Erdinnern nach oben geschoben wurden – das ist noch eine Streitfrage.

Schon vor ungefähr zweihundert Jahren glaubten Mineralogen auch auf dem Kahlenberg Lava entdeckt zu haben, und – so erzählt Weidmann 1823 – »Die Entdeckung eines, wenn auch erloschenen Vulkans in dieser Nähe der Hauptstadt, hatte für die lebenslustigen Bewohner derselben zu viel Beunruhigendes, als daß man die Spuren dieser Lava nicht auf das Eifrigste hätte verfolgen sollen«.

Bald konnte man die lebenslustigen Wiener wieder beruhigen. Die Lösung dieses mineralogischen Rätsels: Diese sogenannte Lava »schufen die Türken und übrigen Eroberer der Schlösser und Kir-chen auf dem Kahlen- und Leopoldsberg aus den sandigen Ziegeln und dem Kalksteine in den Ringmauern, welche sie den Gluthen übergaben«.

Ungefähr vier Fünftel des Wienerwaldes besteht aus einer Sand-steinzone, ein Fünftel ist Kalksteingebiet.

Daß die Geologie auch in Flußnamen ihren Niederschlag finden kann, beweist die Liesing (= Lesinica = eine Erinnerung an die Zeit, in der noch die Slawen bei uns hausten und heißt soviel wie Waldbach). Diese Liesing wird von zwei Bächen gebildet, die in einem geologischen Grenzland entspringen:

› Die »Reiche Liesing« kommt aus der wasserabstoßenden Sand-steinzone bei Hochrotherd.

› Die »Dürre Liesing« fristet sich zwischen Mitzi-Langer-Wand und Lutterwand dahin und kommt aus dem mit Föhrenwald besetzten und wassersaugenden Kalkgebiet.

Bei Rodaun vereinigen sich beide Läufe. Bei der Straßenbahnendstelle Rodaun läßt sich an Schlechtwettertagen auch schon an den Schuhen erkennen, von woher die müden Wanderer kommen ... die mit den dreckigen Schuhen waren irgendwo im Bereich der Reichen Liesing!

1899 ... damals gab es noch kaum Telefonanschlüsse. Daher war das gängigste Verständigungsmittel von Mensch zu Mensch die Postkarte, die Korrespondenzkarte. Auch Wienerwald-Ausflüge mußten mit ihrer Hilfe vereinbart werden ...

SÜDLICHER WIENERWALD – AM RANDE

Am Rande des Südlichen Wienerwaldes stieß man Ende des 19. Jahrhunderts an einigen Stellen (Brunn, Liesing, Mauer) auf die Reste einer römischen Wasserleitung aus dem 1. Jahrhundert n. Chr., welche Vindobona (Militärlager und Zivilstadt) mit Quellwasser aus dem Wienerwald versorgte. Der gemauerte Leitungskanal lag nicht tief unter der Erde und ist natürlich durch die Bautätigkeit inzwischen längst zerstört worden. Nach dem Gefälle und der noch vorhandenen Sinterkruste errechnete man damals bei der Ausgrabung, daß einst 5–8 Millionen Liter Wasser täglich durch ihn flossen.

Am Rande des Südlichen Wienerwaldes verkehrt auch die Elektrische Lokalbahn Wien–Baden. Sie wurde keineswegs als eine Direktverbindung erbaut, sondern entstand durch Zusammenschluß verschiedener Kleinbahnen:

› Aus der Pferdebahnlinie Leesdorf–Rauhenstein von 1873
› Aus der Dampftramway Wien/Margaretengürtel–Wiener Neudorf von 1886 (hauptsächlich als Werksbahn für die Ziegelwerke südlich von Wien erbaut)
› Aus der Dampftramway Wiener Neudorf–Guntramsdorf von 1895
› Aus der Elektrischen Bahn Guntramsdorf–Leesdorf von 1899

Erst im Jahre 1907 fuhren die ersten elektrischen Züge von Wien-Oper nach Baden, bald sogar Schnellzüge erster Klasse mit Speisewagen. Ab 1911 wurde außerdem ein Salonwagen mit luxuriöser Innenausstattung für die kaiserliche Familie in Betrieb genommen, der 1955 vom »Verband der Eisenbahnfreunde« um 5000 Schilling gekauft wurde und nach seiner Instandsetzung jetzt für Sonderfahrten an jedermann vermietet wird ...

Über eine Fahrt mit der Dampftramway nach Wiener Neudorf erschien 1892 im »Neuen Wiener Tagblatt« eine Reportage, die uns bewußt macht, welch große Veränderung auch am Wiener Stadtrand vor sich gegangen ist.

Nahe der »Teufelsmühle« war die Lokomotive mit einigen Lastwagen zu einem nahen Ziegelwerk gefahren ... »Die übrige Gar-

nitur, bestehend aus zwei Waggons, in denen ich jetzt der einzig übriggebliebene Fahrgast war, blieb unterdessen mutterseelenallein auf
dem Geleise stehen. Dies dauerte eine kurze Viertelstunde und war
keineswegs unangenehm. Auf das Gerassel der Garnitur war nun
tiefe Stille gefolgt; man hörte keinen Laut außer dem des Windes,
wenn er in den Gräsern am Boden oder am Krottenbach in den
Weiden wühlte. Dieser Bach floß freundlich dahin. Fernhin konnte
der Blick schweifen bis nach den Höhenzügen an der Leitha. Ein
sanfter ländlicher Geruch, von dem man nicht wußte, ob er aus dem
weiten Gefilde, oder vom Krottenbach, oder von den Ziegelwerken
kam, zog am Fenster des Waggons vorbei. Die Einsamkeit war
groß ...«

In Wiener Neudorf fragte der Zeitungsmann die Wirtin, ob
manchmal Wiener da herauskämen. Sie antwortete: »So gut wie
nie!«

Am Rande des Südlichen Wienerwaldes kann man auch heute
noch kilometerweit auf den nunmehr stillen Treppelwegen entlang
des Wiener Neustädter Kanals dahinwandern und dabei einen herrlichen Panoramablick auf die Wienerwaldberge genießen.

Dieser Wiener Neustädter Kanal war ein groß angelegtes Projekt –
er sollte nämlich nicht in Wiener Neustadt enden, sondern in Triest!
1795 begann man mit dem Bau, 1803 führte die Wasserstraße bereits
bis Wiener Neustadt; 1818 bis Pöttsching im Burgenland. Das Gefälle
des Kanals zwischen Wiener Neustadt und Wien betrug 93 Meter
und wurde durch 50 Schleusen (von denen viele noch heute zu
sehen sind) reguliert. Die schmal gebauten Schiffe (Breite 1,90 m)
wurden von Pferden gezogen ($4^1/_2$ Kilometer Stundengeschwindigkeit) und konnten 600 Zentner Fracht aufnehmen. Im Jahre 1804
wurde der Kanal von 1715 Schiffen befahren. Bald nach der Inbetriebnahme des ersten Teilstückes zeigten sich aber auch seine
Mängel: Der Kanal war nicht sehr tief, und das vom Wind über die
Ebene in ihn hineingewehte Erdreich ließ viele Passagen sehr oft
verschlammen.

Kaiser Franz II. war aber sehr stolz auf das unter seiner Regierung
entstandene Werk und hörte von dessen Mängeln gar nicht gern.
Eines Tages erzählte er dem Fürsten de Ligne von einem Bericht,
demzufolge im Neustädter Kanal ein Mann ertrunken sei. Worauf
der Fürst antwortete: »Majestät, das war sicher nur ein
Schmeichler!«

Mehr Freude an dem Kanal hatte im Winter Wiens Jugend – sie

benützte ihn als Eislaufplatz. Auch Eisschnelläufe gab es damals schon. Rekordzeit für die Strecke vom Wiener Hafen (bei der heutigen Bahnstation Wien-Mitte) nach Laxenburg und wieder zurück: 2 Stunden!

Nach der Erbauung der Südbahn verlor der Kanal immer mehr an Bedeutung; ab 1879 wurde der Schiffsverkehr auf ihm allmählich eingestellt. Nutzlos schlängelt er sich heute zwischen Südautobahn, Bundesstraße 17, der Südbahn und der Badner Bahn dahin. Wo immer im Süden man auch diese Wanderung entlang seiner Ufer und durch das seltsame Niemandsland zwischen den Siedlungen antritt – vor Neu-Guntramsdorf endet sie. Dort endet heute das Reststück dieses Titanenprojekts, das buchstäblich im Sande verlief ... Der große Wien-Triester-Kanal, aus dem nur ein Wiener Neustädter Kanal geworden ist!

Rodaun war einmal ein Badeort! Die Schwefelquelle entsprang in der heutigen Ketzergasse neben dem Schlössel, das Maria Theresia für ihre Obersthofmeisterin Fuchs (der einzigen Nicht-Habsburgerin, die in der Kapuzinergruft bestattet wurde) errichten ließ und das später Hugo von Hofmannsthal drei Jahrzehnte lang bewohnte.

Im 19. Jahrhundert wurde von der Familie Stelzer das alte Badhaus umgebaut zu einem Bad-Gasthof, der wegen seiner anerkannt guten Küche (der besten nach dem »Sacher«) bald das »Wirtshaus von Österreich« genannt wurde.

Dann versiegte die Mineralquelle, im 2. Weltkrieg wurde der Gasthof schwer beschädigt, 1960/61 abgetragen, und an seine Stelle setzte man 1966 einen modernen Wohnkasten und benannte ihn »Stelzer-Hof« – und das ist nun auch die einzige Erinnerung an das feudale »Bad Rodaun«.

Wer hätte wohl einst gedacht, daß diese Dreistern-Institution des Wiener Vergnügungslebens einmal so spurlos verschwinden wird?

Straße und Fußweg von Rodaun nach Kaltenleutgeben führen am Steinbruch der »Perlmoser-Zementwerke« vorbei ... eine riesige klaffende Wunde im Bierhäuselberg.

Von Kalkbrennern in diesem Tal berichtet schon eine Urkunde aus dem Jahre 1570. Eine Sehenswürdigkeit ist am Fuße des großen Steinbruchs ein Kalkofen aus dem 19. Jahrhundert, in dessen Mauerwerk nun Gras, Büsche und sogar meterhohe Föhren wachsen ... wie eine alte ausgediente Festung schaut er aus und wirkt so originell, daß er als Relikt des Industriejahrhunderts eigentlich schon unter Denkmalschutz stehen müßte.

Ein Unikum besonderer Art war einst auch die alte Flügelbahn Liesing–Kaltenleutgeben, die von Mark Twain (der während seines Wiener Aufenthaltes von 1897–1899 auch ein halbes Jahr lang eine Landvilla in Kaltenleutgeben bewohnte) als die »langsamste aller Eisenbahnen der Welt« verspottet wurde! Wenn sich seinerzeit im Winter der Zug in Kaltenleutgeben schön langsam zur Abfahrt anschickte, stieß die Lokomotive einen lauten Pfiff aus. Das war das Signal für alle Skiläufer, die damals auf der Wiese neben der Station noch schnell vor der Heimfahrt einige »Telemarks« und »Christianias« bauten, schön langsam in den Zug zu steigen. So kam die »Lokomotivwiese« zu ihrem Namen. Heute ist der Personenverkehr auf dieser Flügelbahn eingestellt; sie dient nur noch als Werksbahn der das romantische Tal immer mehr beherrschenden Zementfabrik.

Ältere Wienerwaldwanderer erinnern sich, daß vor einem Vierteljahrhundert der große Steinbruch noch um die Hälfte kleiner war – und rechnen sich jetzt schon aus, wann der Gipfel des Bierhäuselberges ratzebutz weggebaggert sein wird.

Als vor wenigen Jahren die Autoren des »Wander- und Kletterführers Südlicher Wienerwald« für ihre Beschreibungen alle Wienerwaldkletterschulen aufsuchten, zogen sie auch zur »Neumühl-Kletterschule« los. Die Horrorroute an diesem Felsen: eine ca. 10 Meter lange Hangelleiste, ähnlich der berühmten Einstiegshangelleiste der Civettawand in den Dolomiten. Die Führerverfasser kamen aber bei ihrer Erkundung nicht weit … der Steinbruch war in den letzten Jahren auch über die »Neumühl-Kletterschule« hinausgewachsen!

Wer hätte einst gedacht, daß der Fels der berüchtigten, weil so kraftraubenden Pseudo-Civettahangelleiste einmal in einer Betonmaschine rotieren wird?

»Geschichte des Sehfelds, eines vermutlich noch lebenden Adepti« – so lautet der Titel einer 1761 erschienenen Abhandlung von Professor Gottlob von Justi, später Polizeidirektor und dann Leiter der Bergwerke Preußens, über den »Goldmacher von Rodaun«. Wie ein moderner Reporter hatte der vielseitige Justi an Ort

Der Wiener Neustädter Kanal ▶

Die »Grotte vom Cobenzl«

Oben: Schloß Cobenzl
Unten: Altes Bad in Baden bei Wien

und Stelle gewissenhaft recherchiert, um der Nachwelt eine recht merkwürdige und abenteuerliche Geschichte zu erhalten ...

Der in Oberösterreich geborene Sehfeld (Vorname unbekannt) gilt als der letzte große Adept, also als der letzte »Eingeweihte« in der Geschichte der Alchimie, der die Kunst der Transmutation beherrschte. Um 1745 quartierte er sich im Badhaus zu Rodaun ein und begann Gold zu machen.

Justi nach seinem Interview mit den Augenzeugen, der Familie des damaligen Bademeisters Friedrich: »Er bediente sich allemal des Zinnes, um solches in Gold zu verwandeln. Sie haben mir erzehlet, daß, wenn das Zinn geschmolzen, hätte er allemal ein rothes Pulver darauf gestreuet. Hierauf hätte sich ein grosser, mehr als Hand hoher Schaum erhoben, der mit allerley Farben gespielet hätte. Dieses hätte ohngefehr eine viertel Stunde gedauret; und das Zinn hätte heftig gearbeitet. Alsdenn hätte sich der Schaum gesetzet, das Metall wäre ruhig geworden und das feinste Gold gewesen.«

Solche Sachen sprechen sich natürlich herum. Eines Nachts umstellte die Rumorwache das Badhaus und führte Sehfeld gefangen nach Wien, wo man ihm im Gefängnis sein Geheimnis entreißen wollte. Weil jedoch der Goldmacher beharrlich schwieg, wurde er in die Festung Temesvar verbannt.

Bald hatte aber Kaiser Franz I. eine bessere Idee. Sehfeld sollte »zum Vergnügen Sr. Kayserl. Majestät curieuse Experimente in der Chymie machen«. Es wurde ihm gestattet, sich überallhin frei bewegen zu können, nur wurden ihm zwei dem Kaiser besonders treu ergebene Offiziere als »Gesellschafter« beigegeben, die Tag und Nacht an seiner Seite blieben.

Sehfeld experimentierte »zu allerhöchsten Wohlgefallen«, »that verschiedene Lustreisen« – und dann waren eines Tages der Goldmacher und seine Begleiter für immer spurlos verschwunden!

Justi zu seiner Reportage über den geheimnisvollen Mann: »Ich schreibe nicht aus einem ungewissen Geschwätze und fliegenden Gerüchte. Ich habe mit denjenigen Personen selbst gesprochen, welche die genaueste Wissenschaft davon besessen, und die selbst mit der Sache zu thun gehabt haben. Ich habe so viel übereinstimmende Zeugnisse aus dem Munde der vornehmsten und im grösten Ansehen stehenden Personen darüber gehöret, daß ich mit der grösten Zuverläßigkeit davon schreiben kann.«

◀ *Dianaquelle im Sparbacher Tiergarten*

Erst in unserem Jahrhundert wurde die Lehre von der Transmutation durch die Kernphysik bestätigt.

Von allen Kriegen, die über die Bewohner des Wienerwaldes hereinbrachen, war der Türkenkrieg 1683 der schrecklichste, und ein Ort war es vor allen anderen, dessen grausiges Schicksal nachher noch lange die Gemüter bewegte: Perchtoldsdorf.

Nur wenige Tage, bevor damals die Türken nach Perchtoldsdorf kamen, jagte Kaiser Leopold I. noch voll Gemütsruhe in diesem Gebiet. Dann hatte er es allerdings sehr eilig, mit seiner Familie »die geliebte Residenzstadt« zu verlassen und deren Befreiung anderen zu überlassen. Warum dieser Herrscher später in den Geschichtsbüchern als »weitblickend« bezeichnet wurde und warum er als »Besieger der Türken« für die Wiener zum »Türkenpoldl« werden konnte, bleibt demnach eines der unerklärbaren Rätsel der Geschichtsschreibung.

Auch die Perchtoldsdorfer hatten – so wie ihr Kaiser – die Türkengefahr unterschätzt; erst im letzten Augenblick begannen sie die Befestigungen auszubessern. Am 12. Juli sah man vom Turm aus die ersten Rauchsäulen von brennenden Dörfern, und einen Tag später standen die Türken schon vor Perchtoldsdorf. Sie drangen in den Markt ein und legten Feuer; die Bevölkerung hatte sich in die Festung geflüchtet, dessen Herz der im 15. und 16. Jahrhundert errichtete Turm war. Am 15. Juli – also nach nicht allzu langen Abwehrkämpfen – wurde auf diesem Turm bereits die weiße Fahne gehißt. Die Türken versprachen, gegen eine hohe Summe Lösegelds das Leben der Bewohner des Ortes zu schonen.

Die Mehrheit der Perchtoldsdorfer war für die Kapitulation, nur einige Bürger trauten den Türken nicht und wollten lieber weiterkämpfen. Sie wurden überstimmt. Man begann also Geld zu sammeln, verlud die Waffen auf vier Wagen, und dann verließen die wehrfähigen Männer die Festung ... am Freitag, dem 16. Juli.

Die Männer mußten sich auf dem Hauptplatz des Ortes aufstellen. Und plötzlich ertönte der muselmanische Schlachtruf, und die Türken zogen ihre Säbel und hieben die Männer nieder, drangen in die Festung ein, steckten sie in Brand und schleppten Frauen und Kinder in die Gefangenschaft. Dieses »Massaker von Perchtoldsdorf« ist auf einem 1700 fertiggestellten Gemälde im Rathaus (wo auch das modern gestaltete Heimatmuseum untergebracht ist) zu sehen. Außerdem gibt es noch einen recht grausigen Augenzeugenbericht vom Tatort im »Tagebuch des Priesters Balthasar Kleinschroth aus dem Türkenjahr 1683«. Er lautet: »In der marckh Peter-storff sahen wir auf den plaz mehr alß 300 personen tott ligen. Bey den kirchen thor an der ersten mauer lage der h. marckh richter noch in seinen grüenen seidenen strümpffen, noch gar wohl zu er-khönen. Die bruggen über den graben in die kirchen war abge-brennt, derowegen seint wir in den graben gestigen, und auf der an-dern seiten hinauf in den kirchhoff, in welchen sehr vill tottte leuth abermahl zusehen waren, und undter andern lage vor der kirchen-thier in kleines mäglein, noch in ihren kleidern; in der kirchen ware eß ein greuel zusehen, wie vil leiber ganz verbrennet hin-undher lagen, eß war ein solcher gestanckher, das ich kein weiß waiß denselben zu beschreiben. Der grosse und starckhe thurm war ebenfallß voll solcher verbrenter und gebratner cörper.«

Im Innern des Turmes befindet sich eine große Zisterne; Wasser-mangel war also kein Grund für die rasche Kapitulation. Noch die Türken haben diese Zisterne verschüttet, und jahrhundertelang er-zählte man dann, daß darin große Schätze liegen und außerdem ein Gang beginne, der bis zur Ruine Kammerstein führt. 1936 begannen sieben Perchtoldsdorfer in freiwilliger Arbeit den verschütteten Brunnen auszugraben. Sie fanden darin weder den Beginn eines Ganges noch Schätze – nur eine alte Bratengabel ...

Verfolgt man von Perchtoldsdorf aus die Elisabethstraße in Rich-tung Hinterer Föhrenberg, so sieht man am rechten Waldhang über den Weingärten einen auffällig hellen, ca. 5 Meter hohen Felsen – den »Weißen Stein«. Dieser wird alle Jahre im Frühling, wenn die Weinhauer ihre Hütten in den Weinbergen weiß streichen, ebenfalls weiß gestrichen. Warum?

Es gibt mehrere Hypothesen. Nach einer soll sich einst auf der Kuppe oberhalb des Steins die Richtstätte des Ortes befunden haben. Alte Gerichtsstätten befanden sich sehr oft bei Steinen, die durch ihre Farbe auffielen (im alten Köln war es ein blauer, in Worms ein schwarzer Stein). Der an sich sehr helle Kalkfelsen bei Perchtolds-dorf wurde dann später zur Erinnerung an seine einstige Bedeutung weiß gestrichen.

Der Wiener Volkskundler Emil Schneeweiß vertritt eine andere Hypothese: Weiß ist die Farbe der Lichtgottheiten, Weiß wendet – nach alten Vorstellungen – alles Böse ab (der Volkskundler führt auch Beispiele von anderen Weißen Steinen Österreichs an, bei

denen die bäuerliche Bevölkerung einst Krankheiten »deponierte«).
Außerdem spielt die weiße Farbe auch im alten Totenkult eine
Rolle; sie sollte die Toten vor Dämonen und die Überlebenden vor
den Toten schützen. Demnach war der Weiße Stein in alter Zeit
einmal eine Kultstätte.

Auch der Altmeister österreichischer Volkskunde Gustav Gugitz
kam schon zu diesem Schluß. Er erzählt zwei Sagen, die er selber
noch von alten Perchtoldsdorfern gehört hatte. Die erste berichtet,
daß beim Weißen Stein einmal ein Weinhüter von drei rohen Bier-
brauergesellen ermordet wurde, wobei nachher allerdings nur noch
Blutspuren gefunden worden wären. In Erinnerung an diese Tat
wurde dann von den Weinhütern der Stein alljährlich vor der
Weinlese weiß gestrichen. Die andere Sage ist jüngeren Ursprungs.
Nach dieser wurde 1683 nach dem Gemetzel beim Weißen Stein ein
Weinhüter schwer verwundet, aber noch lebend gefunden. Fast im
Triumphzug wurde er in den Ort getragen, und das soll auch der
Ursprung des berühmten Perchtoldsdorfer Hüterumzuges gewesen
sein, der noch heute alljährlich abgehalten wird.

Einst war das Weinhüten ein Ehrenamt, für das die Kandidaten
vorher vom Gemeinderat streng auf ihre Tauglichkeit geprüft
wurden. Der Dienst des Weinhüters begann Mitte August und endete mit der letzten Lese. »Auf Beleidigung seiner Person standen
strenge Strafen. War er selbst aber unehrlich und stahl Trauben,
hing man ihn höher als andere Diebe. Trauben durfte er keine verkaufen, verschenken nur an schwangere Frauen, wenn sie laut nach
ihm riefen und darum baten. Wer ihm Essen brachte, mußte dies
offen tragen und beim Heimweg das leere Gefäß über den Kopf
halten, damit man ihn nicht des Traubendiebstahls bezichtigen
konnte. Der Hüter selbst sollte keinen Weingarten haben. Im Weinberg war es ihm nicht erlaubt, eine Frau bei sich zu haben.«

Strenge Gesetze herrschten seinerzeit im Weinberg (der nicht mit
Waffen betreten werden durfte), und schwere Strafen standen auf
Weindiebstahl. In Mauer wurde dem Dieb einer Traube ein Ohr ab-
geschnitten, für zwei Trauben beide Ohren, und drei Trauben
wurden mit Abschlagen der rechten Hand bestraft!

Aber wieder zum Weißen Stein. Gugitz sieht in ihm ein Dionysos-
heiligtum ... »Jene, die das Land der Griechen mit der Seele in
holder Nähe suchen wollen, mögen uns zu geweihter Stätte und äl-
testem Brauchtum, das daraus in Perchtoldsdorf aufblüht, be-
gleiten.«

Dionysos, der Gott des Weinbaues, dessen Symbol der fruchtbringende Thyrsosstab ist, wurde von rohen Titanen zerrissen, und es blieb von ihm nichts übrig als sein blutiges Herz, das von Göttervater Zeus sofort verschlungen wurde, um seinen Sohn ein zweitesmal zu zeugen. Der ermordete Weinhüter von Perchtoldsdorf wurde nicht von rohen Titanen zerrissen, sondern von rohen Bierbrauern (Konkurrenten des Weinbaues!) ermordet, aber auch sein Körper blieb verschwunden. Gugitz will in der sogenannten »Hüterpritschen« des Perchtoldsdorfer Hüterumzuges den Thyrsosstab des Dionysos erkennen und in dem Strohherz an dessen Spitze das Herz des wiedergeborenen Gottes. Die Römer sollen diesen Kult in unser Gebiet gebracht haben.

Fragt man heute einen Perchtoldsdorfer, warum man den Weißen Stein noch immer alljährlich weiß anstreicht, so sagt er darauf bestimmt, »weil's ein alter Brauch ist«.

Und warum ein alter Brauch?

»Weil halt jeder Ort, der ein bisserl was ist, sein Brauchtum braucht!« antwortete einmal einer.

Aus dem Bewerbungsschreiben des Hilfslehrers Michael Skaffsky vom Jahre 1735 um den Posten eines Schulmeisters zu Brunn am Gebirge: »Einem wohlweisen Marktrath ist ohnedem bekannt, daß sich allhie zu Prun die Jugend eine zeitlang ziemlich distribuieret und ihr Instructiones gesuchet, bis ich die Information als Interimsschulmeister über mich genommen, auch bis Dato mit meinem schuldigen Fleiß so weit gebracht, daß sich die Anzahl der Jugend ziemlich vermehrt (!). Wann nun, wohledle Herren, die Eltern mit meiner Instruction wohl zufrieden, ich auch mich mit einer hiesigen bürgerlichen Tochter, so auch die Mägdlein in weiblichen Wissenschaften unterweisen kann, verehelichet, alsodaß ich künftig mich der allhiesigen Schule vorzustehen wohl getraue; als gelangt an Eure Herrlichkeit mein dienstfreundliches Bitten, mir solche Schulmeisterstelle großgünstig zu verleihen. Werde mit der Gnade Gottes künftig mich und meine Ehewirthin also aufführen, daß ein löblicher Marktrath und Communität ein sattsames Vergnügen darob schöpfen werden ...«

Der »die Anzahl der Jugend ziemlich vermehrende« Schulmeister diente dann zum »sattsamen Vergnügen« aller 40 Jahre lang ...

Zu den kleinen Dingen am Wegrand gehören im Wienerwald auch die vielen Grenzsteine mit ihren Jahreszahlen und den oft geheimnisvoll scheinenden Symbolzeichen ...

Am häufigsten sind die Grenzsteine mit der Aufschrift GW (Gemeinde Wien) und der Jahreszahl 1891 – sie wurden nach der Eingemeindung der Vororte gesetzt. Die ältesten dieser Grenzsteine reichen bis in das 15. Jahrhundert, und viele aus späterer Zeit tragen die Initialen von Leopold I. und Maria Theresia. Schöne Steine aus dem 16. Jahrhundert (»Stiftholz zu Gumpolzkhirchen MDLXVIIII« und »1569 Rauhenstain«) finden sich im Tieftal am Anninger und aus dem 17. Jahrhundert im Barmhartstal bei Brunn am Gebirge (rechts von der Straße). Einer dieser Steine dort trägt die Inschrift SAZS (Sebastian Abt zu Schotten), die Jahreszahl 1696 und hat einen Bischofsstab eingraviert. Auf einem anderen Stein ist die Jahreszahl 1648 zu lesen und eine zum Schwur erhobene Hand zu sehen ...

Grenzzeichen galten einst fast als Heiligtümer, und barbarisch waren auch die Strafen für das Versetzen eines solchen ... lebendig begraben werden war noch die mildeste!

Die Schwurhand vom Barmhartstal erinnert aber auch noch an einen alten Brauch, der in diesem Gebiet des Wienerwaldes bis ins 19. Jahrhundert gepflogen wurde. Alle Knaben, die allmählich zu Jünglingen herangewachsen waren, wurden vom Bürgermeister und seinen Ratsherren zu den Grenzsteinen der Gemeinde geführt: Beim äußersten verabreichte der Bürgermeister jedem der Buam eine Mordswatschen – damit sollte ihnen die Gemeindegrenze nachdrücklichst eingebleut werden. Danach folgte ein festlicher Schmaus.

Links von der Fortsetzung der Elisabethstraße in Perchtoldsdorf steht ein besonders interessanter Stein mit der Jahreszahl 1507. Dieser Stein ist durchbohrt, und man sagt, daß durch dieses Bohrloch einst das Gatter lief. Aber damals durften in diesem Gebiet nicht einmal Weingärten eingezäunt werden – das hochherrschaftliche Wild sollte ungehindert äsen können, wo immer es wollte (sogar Wildschweine konnten in aller Gemütsruhe die Ernte eines ganzes Jahres vernichten, ohne daß die Bauern etwas dagegen tun durften!). Und wenn es auch für ein solches Gatter eine herrschaftliche Erlaubnis gegeben hätte, dann müßten links und rechts von einem solchen Lochstein die nächsten stehen. Dort stehen aber keine; diese Lochsteine – es gibt sie an vielen Stellen Österreichs – stehen immer weit und breit allein auf der Flur. Und im Wald- und

Mühlviertel legte man in die Löcher noch in unserem Jahrhundert Beeren und Getreidekörner als Gaben für den Wind . . .

Was diese Lochsteine einst bedeuteten? Es gibt keine sichere Antwort.

Auch das ist nur eine Hypothese: Sie waren nicht nur Grenzsteine, sondern auch (magische) »Wettervertreiber!« Unsere bäuerlichen Vorfahren hielten nämlich durchlochte prähistorische Steinbeile, die sie auf ihren Äckern fanden, für Steine, in die einmal der Blitz eingeschlagen hatte. Und weil der Blitz, wo er schon einmal eingeschlagen hat – nach der Volksmeinung –, nicht ein zweitesmal einschlägt, trug man solche Steinbeile als Blitzamulette mit sich herum oder befestigte diese an Hausdächern, sozusagen als magische Blitzableiter. Man nannte sie Donnersteine (und in diesem Wort lebt auch der altgermanische Donnergott Donar weiter). Es ist vorstellbar, daß auch die durchlochten Grenzsteine solche »Donnersteine« für die Fluren bedeuten sollten . . .

Eine andere Hypothese: Sie waren »Grenzstein-Kontrollsteine« und als solche so aufgestellt, daß man beim Schauen durch das Loch eine ganze Reihe gewöhnlicher Grenzsteine überblicken konnte. Versetzte Grenzsteine wären dann bei einem »Lochblick« nicht mehr zu sehen gewesen, man hatte also auf einen Blick die ganze Grenze »im Griff . . .«.

Übrigens: Ein wunderschöner Lochstein ist auch in der Großstadt Wien zu sehen und zwar im Hof des Hauses Gentzgasse 72, das an der Fassade groß die Aufschrift trägt »Zum luckerten Stein«. Der Stein unter alten Bäumen trägt die Jahreszahl 1632 und ist eine Kuriosität, eine Erinnerung an jene Zeit, in der Währing noch kein Wiener Gemeindebezirk, sondern ein kleines, von Feldern und Weingärten umgebenes Dorf war.

Eine Kopie der Mariazeller Madonnenstatue, die der Wiener Bürger Franz von Ghelen aus Mariazell mit nach Hause brachte und dann (nach einigen Wunderheilungen) 1730 dem Kapuzinerkloster in Enzersdorf am Gebirge überließ, führte zur Gründung des Wallfahrtsortes Maria Enzersdorf. Der Ort wurde für die Wiener sehr rasch sozusagen zu einem Ersatz-Mariazell, und schon Ende des 18. Jahrhunderts warnte Gaheis in seinen »Spazierfahrten« den Reisenden: »Von der Kirche der Franziskaner, die hier ein Kloster und einen einträglichen Gnadenort unter dem Titel: Maria Heil der

Kranken haben, wimmelt es oft vor Menschen aus der Classe des Pöbels. Da nun hier gerade die Strasse vorbeyführt, so hat man sich sehr in Acht zu nehmen, diesen Pöbel, der wenn er betrunken und andächtig ist, nicht gern ausweicht, und am leichtesten Händel anfängt, nicht auf irgend eine Art zum Zanke zu reizen.«

Maria Enzersdorf war dann Anfang des 19. Jahrhunderts auch eine beliebte Sommerfrische romantischer Künstler, und der »Romantikerfriedhof« (ein Teil des allgemeinen Friedhofs) gilt heute als eine Sehenswürdigkeit.

Der »Apostel Wiens«, der bei der damaligen Obrigkeit sehr unbeliebte und doch 1909 heiliggesprochene Clemens Maria Hofbauer, wurde dort bestattet* und um ihn noch andere bedeutende Persönlichkeiten des Wiener Romantiker-Kreises, dessen Mittelpunkt er war (u. a. auch der Literat und Diplomat Graf Alexander von Hübner, uneheliches Kind einer Glasermeisterstochter und angeblich Metternichs).

Die faszinierendste Persönlichkeit dieses Kreises aber liegt in einem Grab, dessen Inschrift lautet:

> »*Friedr. Ludw. Zacharias Werner geb. zu Königsberg in Preußen den 18. November 1768, zu Rom zum allein wahren Väterglauben zurückgekehrt den 19. April 1811, gest. zu Wien den 17. Jänner 1823. Wandrer, bitte gütigst für seine arme Seele. Lucas, C. 7, V. 47.*«

Über Werner, dessen Dramen Schiller wie auch Goethe begeisterten, erzählt Graf de la Garde in seinem Werk »Gemälde des Wiener Kongresses 1814–1815«: »Herr Werner war Lutheraner und dramatischer Dichter. Er war der Schöpfer mehrerer Trauerspiele, die mit Erfolg aufgeführt waren. Ein zugleich poetischer und romantischer Umstand hatte seinen Übergang zum Katholizismus entschieden. Eines Abends ging er zu Wien auf dem Platze der Kathedrale spazieren. Plötzlich öffnet sich die Tür, ein weißgekleideter Priester, von zwei Knaben begleitet, tritt heraus und macht sich auf den Weg zu einem Sterbenden, um ihm die letzten Tröstungen der Religion zuteil werden zu lassen; eine Fackel wirft ein zitterndes Licht auf seinen Pfad. Von diesem Anblick betroffen, bleibt der lutherische Dichter unwillkürlich stehen und betrachtet achtungs-

---

* Seit 1862 übertragen in die Kirche Maria am Gestade.

voll den heiligen Zug, wie er sich gleich einer geheimnisvollen Erscheinung langsam entfernt und endlich verschwindet. Sein Herz ist tief bewegt, seine Phantasie aufgeregt; diese einfache Handlung eines bejahrten Priester läßt zugleich die Größe und Erhabenheit der katholischen Religion vor seinem Geiste erscheinen. Und von diesem Augenblicke an ist Werner Katholik. Er verläßt Wien, begibt sich nach Rom und entsagt in der St. Peterskirche feierlich seinem Irrglauben. Nachdem er zwei Jahre lang in einer Eremitenzelle am Fuße des Vesuvs gelebt hat, kehrt er nach Deutschland zurück, geht vom Theater zur Kanzel über und wird Priester. Die auffallende Änderung seines Glaubensbekenntnisses, sein Talent als Prediger, sein Vortrag, in welchem sich noch immer ein bedeutender Geistesschwung und die bald düsteren, bald helleren Farben seiner Poesie von ehemals nicht verkennen lassen, alles hatte dazu beigetragen, ihn zur Mode zu machen.

Nur mit Mühe fanden wir einigen Platz in der Kirche, so zahlreich war die dort anwesende Versammlung. Man erblickte darunter Fürsten, Generäle, Damen vom Stande.

Der Apostel erschien und begann in deutscher Sprache eine lange Predigt. Ich verstand kein Wort davon, war jedoch vermutlich nicht der Einzige unter so vielen Fremden, die gleich uns die Neugierde herbeigezogen hatte, und die fast alle der deutschen Sprache unkundig waren. Nichts destoweniger aber schien die Predigt ihre Wirkung nicht zu verfehlen: Die hohltönende Stimme des Redners, sein großes mageres und blasses Gesicht, seine tiefliegenden Augen, alles harmonierte mit dem Tempel, dessen Gewölbe er wiederhallen ließ.«

Auf dem Frauenstein bei Mödling – so erzählt eine Sage – hausten einmal Großmutter, Mutter und Tochter auf etwas extravagante Art: die Großmutter in einer Erdhöhle wie in einem Grabe, die Mutter in einer Laubhütte, die Tochter hoch oben auf einem Baum. Eines Tages kamen drei Männer auf den Frauenstein – Großvater, Vater und Sohn; ein Arzt, ein Jäger und ein Sänger. Dreimal drei Tage blieben sie bei den drei Frauen: Der Arzt sammelte mit der Großmutter Heilkräuter, der Jäger half der Mutter bei der Hausarbeit, der Sänger sang mit der Tochter Liebeslieder. Dann wollten die drei Männer die drei Frauen heiraten, aber nur die Mutter willigte ein. Nach dieser Hochzeit waren Großmutter und Tochter verschwunden, und als Großvater und Sohn von ihrer vergeblichen Suche zurückkehrten, mußten sie erkennen, daß sie nicht dreimal drei Tage, sondern dreimal drei Jahre auf dem Frauenberg verbracht hatten.

Höchstwahrscheinlich lebt in dieser Sage der Kult um jene urzeitliche und mutterrechtliche Göttinnendreiheit weiter, die heute unter den Namen Bethen, Nornen, Parzen bekannt und bei uns in den »Weißen Frauen«, »Weisen Frauen« oder den »Wilden Frauen« noch zu erkennen ist. Der Raum um Mödling ist alter Kulturboden, in dem etliche prähistorische Siedlungen lokalisiert werden konnten (so auch eine auf dem Frauenstein, der im Mittelalter noch Freyasteyn genannt wurde – nach der nordischen Liebes- und Fruchtbarkeitsgöttin).

In den vierziger Jahren unseres Jahrhunderts machte der Guntramsdorfer Schuldirektor und Heimatforscher Ernst Wurth bei der Ausgrabung von Keltengräbern in der Nähe des Frauensteins sensationelle Funde, nämlich: zwei trepanierte Schädel.

Trepanation – das ist die älteste Operation, die am Menschen vorgenommen wurde, ein Ausschneiden kleiner kreisrunder Scheiben aus der Schädeldecke. Solche Operationen wurden schon von Medizinmännern der nordischen Jungsteinzeit im 3. Jahrtausend v. Chr. wie auch von den alten Ägyptern vorgenommen, um bei Epilepsie oder Kopfschmerzen als Folge von Schädelbrüchen den quälenden »bösen Geistern« einen Ausweg zu schaffen. Daß solche Operationen am lebenden Patienten vorgenommen wurden, beweisen die Guntramsdorfer Schädel, die bereits Zeichen einer beginnenden Verheilung zeigen. Welche Betäubungsmittel für eine solche grausame und schmerzhafte Operation verwendet wurden, konnte bis heute nicht festgestellt werden. Als Operationswerkzeuge dienten in der Jungsteinzeit Feuersteinmesser; an den Guntramsdorfer Schädeln wurde allerdings schon mit einem »modernen« Metallschneidegerät gearbeitet.

Was ein solcher Fund wert ist, beweist das Angebot eines Engländers, der einen der beiden Schädel um dessen Gewicht in Gold erwerben wollte. Der gewiß nicht reiche Schuldirektor übergab jedoch seine Funde nur für ein »Dankeschön« dem Museum.

Und ebenfalls nur für ein »Dankeschön« arbeitete das Mitglied der »Arbeitsgemeinschaft für Ur- und Frühgeschichte« Hermann Schwammenhöfer von 1968–1973 an der Ausgrabung und Bergung von Funden aus 497 Awarengräbern, die zufällig bei Baubeginn der

Terrassenhäuser »An der Goldenen Stiege« am Hang des Frauensteins entdeckt wurden. Bei diesen Ausgrabungen wurden Funde
von unschätzbarem Wert gemacht. 1977 wurden diese in einer
»Awarenausstellung« im Heimatmuseum Mödling der Öffentlichkeit zum erstenmal gezeigt. Bei der Ausstellungseröffnung hielten
Vertreter von Politik und Wissenschaft ihre Reden. Nur ein Mann
kam dabei nicht zu Wort, stand still und bescheiden im Hintergrund: der Ausgräber Schwammenhöfer, der jahrelang Sommer und
Winter unzählige Stunden und oft ganze Nächte hindurch gearbeitet
hatte . . . für ein »Dankeschön«.

Die »Goldene Stiege« hat ihren Namensursprung in »Goldsteigl«
– so nannte man früher Weingartenwege, die zu einem besonders
guten Boden führten. Der »Bergfriedhof« an ihr stellt etwas ganz Besonderes für ganz Österreich dar: Die ersten Bestattungen in ihm
fanden nämlich schon in der Jungsteinzeit statt und reichen bis in
die Hallstattzeit (also vom 3. Jahrtausend v. Chr. bis etwa 500
v. Chr.), dann geriet der Platz in Vergessenheit, und erst 1200 Jahre
später wurde er von den Awaren wiederbelebt. Bald umgab ihn aber
wieder die Stille des Vergessens . . .

Das heißt nicht ganz! Nach einer alten Sage hauste am Anninger
einst eine böse Riesenfamilie, über die schließlich als Strafe des
Himmels eine gewaltige Wasserflut niederging und sie vernich-
tete . . . »Das Tafelgeschirr der Riesen aber schwamm mit dem
Wasser wie Hobelspäne zu Tal und blieb am Frauenstein stehen, wo
es heute noch liegt.« Dieses herabgeschwemmte Tafelgeschirr – das
sind die Beigaben der Gräber des alten »Bergfriedhofs«, die bei
Weingartenarbeiten zum Vorschein kamen. Und an die Gräber am
Frauenstein erinnert auch die Sage von den drei Frauen, deren älteste »wie in einem Grabe« hauste. Der wahre Kern, der in fast allen
alten Sagen steckt.

Eine Kuriosität Mödlings ist der sogenannte »Teufelskopf« an der
Südseite der aus dem 15. Jahrhundert stammenden Spitalskirche.
Der Sagensammler und Begründer der Rechtssagen-Forschung
Anton Mailly beschreibt ihn wie folgt: »Die Augenbrauen treten
stark hervor, die Augenlider sind anscheinend geschlossen, die Na-
senlöcher etwas weit geöffnet, die Barttracht entspricht dem soge-
nannten Kaiserbart, und was am Merkwürdigsten ist, die Stelle der
Ohren vertreten längliche, aufwärtsstrebende Muschelgebilde, mit

abgeflachten Kugeln verziert. Der Kopf erhält dadurch einen bizarren Charakter, wobei der Gesichtsausdruck schwärmerisch-melancholisch wirkt. Im Gesimsstein, aus dem der Kopf hervorspringt, sind zwei Steinmetzzeichen eingehauen.«

Natürlich gibt es über diesen »Teufelskopf« viele Sagen. Das ist nur eine Version: Der Teufel wollte auf dem Dach der Kirche ein Nest bauen. Als während einer Messe das Glöcklein zur Wandlung läutete, lugte er neugierig in die Kirche. Beim Anblick des Sakramentes zog er voll Schreck seinen Kopf zurück – der blieb aber in der Mauer stecken und versteinerte. Man sah jedoch in dem Kopf auch ein Symbol der Templer (jenem mittelalterlichen Bund, der Mönch- und Rittertum vereinigen sollte und dann später von der Kirche blutig ausgerottet wurde). In Wirklichkeit ist der Kopf unter dem Rand des Kirchendaches ein Zunftsymbol der Steinmetze und Maurer, die an der Kirche gearbeitet haben. »Auffallend an dem Kopfe sind die als Ohren dienenden Muscheln, und in der Sprache der Maurer bedeutet die Muschel das aufmerksame Ohr. Dieses, eine schweigsame Zunge und ein treues Herz waren die verlangten Kardinaltugenden der Maurer, und in diesem Sinne ist der interessante Kopf aufzufassen. Das aufmerksame Ohr dient, die Belehrung der Erfahrenen, der Meister, zu vernehmen, der melancholische Gesichtsausdruck ist der eines schweigsamen Menschen, und die geschlossenen Augenlider des Kopfes machen aufmerksam, daß er den Menschen über seine Geheimnisse nichts verraten solle. Wenn nun Ohr und Auge entsprechend geschult, so wird auch die Zunge schweigsam sein. Aus den Zügen des friedlich-melancholischen Gesichtes spricht die Güte, das Mitgefühl, eine edle Gesinnung und die notwendige Brüderlichkeit im Gewerbe der Maurer.« – Nach dieser Deutung Maillys müßte jeder Maurer von einst ein kleiner Heiliger oder zumindest Philosph gewesen sein.

Keinem »Teufelskopf«, sondern einem Totenkopf verdankt das Hyrtl'sche Waisenhaus in Mödling seine Entstehung.

Anfang des 19. Jahrhunderts wurde der Ortsfriedhof um St. Othmar an eine andere Stelle verlegt und mit den aus dem Karner herausgekollerten oder aus dem Erdreich herausgeschwemmten Totenschädeln und Knochen vergnügten sich später die Kinder beim Kegelspielen: Die in die Erde gesteckten Knochen waren die Kegel, die Schädel die Kugeln.

Als Josef Schöffel 1873 Bürgermeister von Mödling wurde, begann er unter anderem sofort mit Aufräumungsarbeiten, und unter den aus dem Karner herausgeholten Totenschädeln fand er auch einen recht unheimlichen, »dessen linker Ober- und Unterkiefer durch eine feste Beinbrücke so verbunden war, daß der Unglückliche bei seinen Lebzeiten den Mund nicht hatte öffnen können. Um dem Armen die nötige Nahrung einzuflößen, waren ihm die Vorder-zähne herausgebrochen worden«.

Schöffel sandte diesen Kopf dem berühmten Anatomen Josef Hyrtl, der daraufhin sofort nach Mödling kam und auch alle an-deren Schädel untersuchte und darunter noch mehr als zweihundert andere Abnormitäten fand. Damit begann auch eine Freundschaft zwischen Schöffel und Hyrtl.

1885, zu seinem fünfzigjährigen Doktoren-Jubiläum, übergab Hyrtl dem Rektor der Wiener Universität Aktien im Werte von 40.000 Gulden, deren Zinsen jährlich an vier arme Studierende ver-teilt werden sollten. Jedoch: Hyrtl hatte nicht mit der Finanzbe-hörde gerechnet! Diese verfügte, daß das Kapital erst nach vier Jahren seinem Zweck nach verwendet werden darf und inzwischen »zur Bestreitung der Staatsgebühren verwendet werden müsse . . .«.

Hyrtl war empört: »Das ist ja Raub, begangen an armen Men-schen, denen ich helfen wollte, und ein Betrug, begangen an mir, dem Geber! Hätte ich gewußt, daß ich in einem Seeräuberstaat wohne, dessen Zweck es ist, Beute um jeden Preis zu machen, wäre es mir niemals eingefallen, mein Vermögen oder auch nur den ge-ringsten Teil desselben der Gefahr der Beraubung auszusetzen. Die Seeräuberstaaten überfielen Städte und Dörfer, raubten, was sie fanden. Die Überfallenen konnten sich wehren! Der Staat aber, in dem ich lebe, beraubt auf Grund von Gesetzen, die er sich zu diesem Zwecke geschaffen, die Ärmsten der Armen, die sich nicht wehren können und nicht wehren dürfen, um einen Teil der ihnen gespen-deten Almosen! Dieser Staat steht in meinen Augen sittlich tiefer als die Seeräuberstaaten, deren Zweck offen der Raub war.«

Hyrtl war nun entschlossen, sein Geld deutschen Universitäten zu vermachen. Doch Schöffel war dagegen, daß »die Armen die bru-tale Dummheit der österreichischen Gesetzgeber büßen sollten«, und zog wieder in den Kampf, diesmal gegen die »Borniertheit österrei-chischer Bürokratie und gegen die Gefräßigkeit des Fiskus«. Und auf »österreichisch«, also mit Ausnützung aller Gesetzeslücken und Hintertürln, gelang es ihm dann auch, Hyrtls Stiftung voll und ganz für die Erbauung eines Waisenhauses zu verwenden.

Während seines Aufenthaltes in Wien von 1792 bis zu seinem Tod im Jahre 1827 wechselte Beethoven 34mal die Wohnung. Dazu kommen noch seine Landaufenthalte in Baden, Döbling, Heiligenstadt, Mödling und anderswo = noch einmal 29 Umzüge!

Beethoven war kein ruhiger Mieter ... So bis Mitternacht schlug er am Klavier Akkorde kräftig an, sang noch dabei und gab mit den Füßen kräftig Takt. In Heiligenstadt bekam er die Kündigung, weil er an heißen Sommertagen während des Komponierens sich öfters einen Kübel Wasser über Kopf und Brust goß und das Wasser dann den Hausbewohnern im Erdgeschoß in die auf dem Tisch angerichtete Suppe tropfte.

Bei Heiligenstadt wurde er allerdings auch zur »Szene am Bach« seiner »Pastorale« inspiriert. »Kein Mensch kann das Land so lieben wie ich«, schrieb er einmal in einem Brief. Beethoven hatte förmlich einen Drang zur freien Natur, dort fühlte er sich am glücklichsten. Wenn es heiß war, zog er den Frack aus und trug ihn auf einem Stock über der Schulter, wenn er einen Einfall hatte, warf er sich irgendwo ins Gras und kritzelte Noten in ein Heft. Der »krauperte Musikant« wurde er von den Bauern benannt, mit denen er übrigens gerne in den Weinschenken beisammen saß und – solange er noch nicht taub war – fröhlich plauderte. Bei ihren Streiten machte er oft den Schiedsrichter, und einmal wäre er fast in den Gemeindekotter gesperrt worden, weil er zwei Raufende trennen wollte und dann mit arretiert wurde.

Der Berliner Ludwig Rellstab schrieb nach einer Begegnung mit Beethoven: »Sein Gang hat lyrische Kraft, um den Mund spielte ausdrucksvolle Bewegung, das Auge verkündete unergründliche Tiefe der Empfindung und besonders war die herrliche Stirne ein wahrer Sitz majestätischer Schöpferkraft.« – Die Bauernkinder auf dem Lande setzte Beethoven mit seinem düsteren Aussehen oft in Schrecken. Doch eine Heiligenstädterin erinnerte sich später, daß sie damals von ihrer Mutter mit den Worten beruhigt wurde: »Brauchst dich vor dem alten Herrn nöt zu fürchten. Der tut dir nichts. Er ist nur nöt recht beianand!«

1818 wollte Beethoven den Sommer in Mödling verbringen. Der ganze Hausrat und viel Musikalien wurden auf einen vierspännigen Lastwagen verfrachtet, und los ging's. Beethoven marschierte seelenvergnügt zu Fuß neben dem Wagen. Aber bald ging er dann gedankenversunken seine eigenen Wege quer feldein. Erst bei einbrechender Dämmerung kam er schweißtriefend, staubbedeckt, hungrig, durstig, todmüde nach Mödling. Und dort fand er die ganze Wagenladung seiner Habseligkeiten mitten auf dem Hauptplatz abgestellt. Der Fuhrmann, der Beethovens Mödlinger Adresse nicht wußte, hatte stundenlang gewartet und dann – als es ihm zu dumm wurde und weil er ohnedies schon im voraus bezahlt worden war – den ganzen Krempel einfach abgeladen, um nach Wien zurückfahren zu können.

In Mödling arbeitete Beethoven an seiner Missa solemnis. Und dann war eines Tages das Manuskript des Kyrie verschwunden. Beethoven suchte verzweifelt. Er fand es in der Küche. Die Köchin hatte die Partitur als Einwickelpapier für Butter und Käse verwendet ...

Von 1918–1926 wohnte Arnold Schönberg, der Begründer der Zwölftonmusik, in Mödling (heute befindet sich in dem Haus Bernhardgasse 6 eine Schönberg-Gedenkstätte mit einem Archiv der neuen musikalischen Wiener Schule).

In Mödling ist der weltberühmte Komponist aber auch schon vor der Jahrhundertwende tätig gewesen. Und zwar weil im Jahre 1895 die Bank, bei der er angestellt war, in Konkurs gegangen war und Schönberg beschlossen hatte, sich nur noch der Musik zu widmen. Freilich, als Musiklehrer konnte er sich sein Brot nicht verdienen, weil er Klavier überhaupt nicht spielte und Geige – nach Aussage des Bruders seiner zweiten Frau Kolisch – nur »miserabel«. Also wurde er Chormeister bei Arbeiter-Gesangsvereinen in der Umgebung Wiens, so auch in Mödling. Um Fahrgeld zu sparen, marschierte er von Wien aus immer zu Fuß nach Mödling ...

Einmal, nach einem langen Gesangsabend, animierte der Chormeister seine Sänger, mit ihm auf den Anninger zu steigen und dort den Sonnenaufgang zu erwarten. Dieses Erlebnis fand dann auch seinen Niederschlag in Schönbergs um 1900 entstandenen »Gurreliedern« – ein Musikwerk für fünf Solostimmen, einen Sprecher, drei vierstimmige Männerchöre und achtstimmigen gemischten Chor und ein Orchester, das vier große und vier kleine Flöten, drei Oboen, zwei Englischhörner, drei Klarinetten in A oder B, zwei Kontrafagotte, zehn F-Hörner, sechs Trompeten, eine Baßtrompete, sieben Posaunen, eine Kontrabaßtuba, sechs Pauken, zahlreiches Schlagzeug, vier Harfen, Celesta und Streichquintett (die Geigen je zehnfach, die Bratschen und Violoncelli je achtfach geteilt) umfaßt.

Beim Sonnenaufgang über dem Anninger ist es etwas stiller zuge-
gangen...

Die Schwarzföhre (Pinus nigra) prägt das Landschaftsbild des
Südlichen Wienerwaldes. Ihre Heimat ist der südöstliche Mittel-
meerraum und sie soll ein Relikt aus jener Zeit sein, in der auch der
Ostabfall des Wienerwaldes noch Meeresküste mit heftigen Land-
und Seewinden war; einer anderen Meinung zufolge ist sie eine
nach der letzten Eiszeit aus dem illyrischen Karst in unser Gebiet
»Zua'graste«. Jedenfalls verleiht sie nun unserer Landschaft einen
Hauch vom romantischen Süden, und besonders malerisch sind ihre
schirmförmigen Exemplare, von denen das berühmteste die »Breite
Föhre« auf dem Anninger ist.
Ein in der Österreichischen Galerie/Wien befindliches Bild des
(ebenfalls »zua'grasten«) ostpreußischen Malers Ludwig Schnorr
von Carolsfeld zeigt die »Breite Föhre« im Jahre 1838. Sie ist auf
diesem Bild nur etwas kleiner als heute, war also schon damals ein
beachtenswert stattlicher Baum. Aber bald darauf muß dann der na-
menlos gebliebene Unglückswurm sein Lagerfeuer unter ihm ent-
zündet haben, das auf den harzigen Stamm übergriff und ein tiefes
Loch in ihn brannte. Schon Mitte des vergangenen Jahrhunderts
wird von der »Breiten Föhre« gemeldet, daß sie diesen »Frevel
kaum länger als noch ein paar Jahre« überleben wird. Aber wie man
sieht, haben die »paar Jahre« nun schon ca. 120 Jahre gedauert.
Der Wanderer von heute sieht wohl noch immer den gleichen
Baum wie seinerzeit der Biedermeiermaler Schnorr von Carolsfeld –
aber nicht mehr die gleiche Landschaft um ihn. Auf dem Gemälde
steht der Baum frei in einem Wiesengrund, und frei ist auch die
Aussicht über das ebene Land bis hin zum Leithagebirge. Heute ist
die »Breite Föhre« nur eine besonders große Schwarz-(Schirm-)Föhre
in einem Schwarzföhrenwald ohne Aussicht und auch ohne den ge-
ringsten Ausblick. Also ist's doch nicht so, daß nur wir sterblichen
Menschen uns ändern, die Natur hingegen nie...
Wie alt die »Breite Föhre« wohl sein mag?
Solange sie noch immer aufrecht steht und man die Jahresringe
nicht zählen kann, sind nur Schätzungen möglich. Man schätzt ihr
Alter heute auf ca. 450 Jahre. Ob sie schon existierte, als die Türken

Fassadenrelief der Poststation in Purkersdorf

Grabstein der Caroline Traunwieser auf dem Kahlenberger Friedhof

Hier ruhet
Caroline Traunwieser
geboren den 8ten December 1794
gestorben in ihrer Blüthe den 8ten März 1815.

Sie die Hoffnung und Trost ins Mutterherz zurückgegeben,
Sind nur erwacht mit Schmerz, als sie zu früh uns verließ
Doch sie winkt verklärt nur hinauf in lichtere Räume
Dort im Wiederverein wird sie vergelten den Schmerz
(Tons)

Ye that e'er lost an angel, pity me
Young

Auch uns Freunden sey die Klage gegönnt
In Ihr ward offenbar
was Schönheit, Jugend, Anmuth
Unschuld, Talent und Güte
über Herzen und Seelen vermag;
bezaubernd durch Gesang, der Schönsten Schönere,
allbewundert, allgeschätzt, allgeliebt

J. v. Hammer-Purgstall

1529 Wien belagerten? 1683 war sie jedenfalls schon ein großer Baum. Und wenn es dann im 19. Jahrhundert keinen Josef Schöffel gegeben hätte, wäre er schon längst geschlägert und in einem Ofen verraucht ... des Wienerwaldwanderers liebster Baum!

Die Römer betrieben im Raume Gumpoldskirchen schon Weinbau, aber das Becken des Marktbrunnens war ursprünglich niemals – wie man oft hören oder lesen kann – ein römischer Sarkophag. Dieses Becken wurde 1565 von dem Badener Steinmetz Anton Gruber angefertigt, der dafür nach jedem Eimer Fassungsraum bezahlt wurde. Das erklärt auch die scheinbar rätselhafte Inschrift, über die sich »alte Lateiner« lange den Kopf zerbrochen haben:

MDLXV   HELT   LXXIIII   VRN
(1565   hält   74   Urne, d. h. Eimer)

In Gumpoldskirchen gibt es noch eine zweite »Rätselinschrift«, und zwar im Hofe eines Gasthauses in der Kirchengasse, das wahrscheinlich einst der Lesehof (das Volk nannte einen solchen despektierlich »Saufhaus«) eines Benediktinerklosters war. An einem Portal stehen außer einer lesbaren Inschrift ganz unten – links und rechts – vier Worte, die scheinbar keinen Sinn ergeben. Reiht man sie aber richtig, dann lautet die Inschrift aus dem Jahre 1612:

SUM, FUI, ERO CINIS

Das heißt: »Ich bin, war, und werde Asche sein« ...

Das zweite angeblich römische Denkmal Gumpoldskirchens stammt ebenfalls nicht aus der Römerzeit, war weder Meilenstein noch Wegsäule und hat niemals (wie einmal schwungvoll geschrieben wurde) »die dröhnenden Marschtritte römischer Legionäre vernommen«. Die Säule wurde erst 1563 (eingemeißelte Jahreszahl!) als Sinnbild des Ortsrechts und naürlich auch als Pranger angefertigt, später abgetragen und im Rathaus deponiert, 1891 wiederentdeckt, restauriert und vor dem Rathaus aufgestellt. Übrigens: Eine ähnlich aussehende Säule (von der ebenfalls behauptet wird, daß sie ein Römerstein sei) steht vor der Pfarrkirche in Tribuswinkel bei Baden.

◀ *Figur auf der »Zwergelbalustrade« von Schloß Neuwaldegg*

Vom Rechtswesen jener Zeit, in der diese Pranger entstanden sind, gibt das »Banntaidingbuch« des Marktes Gumpoldskirchen aus dem Jahre 1560 (hier zitiert nach der Bearbeitung von Hermann Heller) eine gute Vorstellung. So heißt es darin u. a.

»Niemand soll Asche oder Mist in den Bach und auf die Gasse werfen. Sooft dies geschieht zahlt der Frevler 72 Pfennige, ›ain weib oder weibspild‹ 12 Pfennige.« Richterliche Galanterie? O nein! Frauen und (»weibspilder«) Mädchen wurden damals rechtlich anders gewertet als die Männer!

»Kein Leitgeb darf einem dienenden Knechte in seinem Hause mehr vertrinken lassen, als er ober seinem Gürtel hat, sonst muß er 72 Pfennige büßen.« Wahrscheinlich war es schon damals vorgekommen, daß (»Verkaufts mei G'wand, i fahr in den Himmel!«) die letzte Hose draufging.

»Fremde Weine dürfen nicht in den Markt gebracht werden, wer dawider thuet, ist dem Nachrichter mit sambt dem wein verfallen.« (Wie gut für die Gumpoldskirchner, daß das »Banntaidingbuch« von 1560 heute nicht mehr gilt!)

»Wer ain Jungkfrau beraubt irer eheren über iern willen, also daß si laufft mit flodrizundem harr, mit abgerissem Schleirr, oder porten, der ist ain Schedlicher man.«

Der Leser möge auf die detaillierte Schilderung, wie die um ihre »eheren« (Ehre) geraubte Jungfrau aussehen mußte, achten: Ihr »flodrizundes« (flatterndes, zerrauftes) Haar, der abgerissene »schleirr« (Kopfputz) oder die abgerissenen »parten« (Borten) waren gewichtige Momente, um die Tatsache, daß sie (»über iern willen«) genotzüchtigt wurde, zu beweisen. Der Täter, »der Schedlich man«, endete bei solchen Beweisen am Hochgericht.

Seit 1975 gibt es oberhalb von Gumpoldskirchen den aussichts- und lehrreichen »Weinwanderweg«: Bunte graphische Darstellungen auf Schildern und museal aufgestellte Arbeitsgeräte informieren über die Geschichte und Methoden des Weinbaues. Doch am besten gefällt allen großen und kleinen Kindern die überdimensionale blecherne Reblaus. Wie ein urzeitliches Ungeheuer hockt sie am Wegrand und glotzt den Wanderern entgegen ...

Um 1860 wurde die Reblaus mit Reben aus Nordamerika nach Frankreich eingeschleppt. Zehn Jahre später hatte sie dort bereits einen Großteil der Weinanbauflächen verwüstet. Und wie eine

Seuche breitete sich dieser winzige und dennoch größte Schädling des Weinbaus weiter aus. 1872 erreichte er Österreich. Für die Weinbauern eine Katastrophe: Es gab keine Ernte; die Weingärten, in denen die bräunlichen Läuse an den Wurzeln der Rebstöcke saugten, mußten gerodet werden.

Hatte schon die französische Regierung einen Preis von 300.000 Francs für ein wirksames Reblausbekämpfungsmittel ausgesetzt, so begann man nun auch in Österreich den Schädling verbissen zu bekämpfen. Das Einspritzen von Schwefelkohlenstoff in den Boden erwies sich als gute Methode, erforderte aber einen großen Aufwand an Zeit und Geld. Und es dauerte lange, bis es durch Veredelung mit reblausfesten Amerikanerreben gelang, die Gefahr des Reblausbefalls zu bannen.

Wie die Reblaus nach Österreich kam?

Das ist teuflisch! 1872 ließ der Direktor der 1860 in Klosterneuburg eröffneten Weinbauschule für ein Experiment zur Bekämpfung des Mehltaus Reben aus England kommen. Und ausgerechnet diese Reben waren reblausverseucht!

Ein Bericht im »Neuigkeits-Weltblatt« vom Jahre 1891:

»Es ist ein trauriges Bild, welches sich entrollt, wenn man den Markt Gumpoldskirchen betritt, dessen Name durch den Wein, der an den Rebgeländen dieses Ortes wuchs, eine europäische Berühmtheit erlangt hat.

Ein trauriger Anblick! Wohl stehen noch die Häuser, wie vor- und ehedem; wohl klingen noch vom Turm des Kirchleins die Glocken hell und harmonisch über das Gelände – keine Feuersbrunst hat ihre roten Fittige über die Dächer dieser friedlichen Wohnungen geschlagen, nicht Wasserfluten haben ihren verheerenden Lauf durch die Gegend genommen, kein Erdbeben hat die Mauern zerrissen und die Balken zermalmt. Und doch vernichtet! Doch ist der Jammer und das Elend eingezogen in Häuser und Hütten, doch pocht die Not mit knöchernem Finger an die Türen, und das Gespenst des Hungers grinst durch die trüben Fensterscheiben, und noch weiß niemand, was die nächste Zukunft bringt.

Gumpoldskirchen ist vernichtet. Keine übermächtige Naturkraft ist über diese vordem so gesegnete Gegend einhergebraust, ein winziges Insekt, das unsichtbar an den Rebstöcken das Werk der Zerstörung vollführte, hat den Wohlstand zahlreicher Familien untergraben. Die Reblaus, dieser Schrecken der Weinhauer, hat Gumpoldskirchen zur Wüste gemacht.«

Heute ist das alles schon lang vergessen, und man singt beim Heurigen unbeschwert:

> *»Ich muß im früh'ren Leben a Reblaus g'wesen sein,*
> *sonst wär die Sehnsucht nicht so groß nach einem Wein . . .«*

Von allen Höhlen des Wienerwaldes ist die »Drei Därrischen-Höhle« am Anninger die größte – Ganglänge 130 Meter. Ihren Namen hat sie wahrscheinlich von drei menschenähnlichen Felsklippen über ihr, die nicht ansprechbar – also »därrisch« – sind.

1925 beschloß in Mödling der »gemeinderätliche Beratungskörper zur Lösung von Fremdenverkehrs-Fragen«, diese Höhle für den Besuch zu erschließen. In fast zweijähriger Arbeit wurde ein neuer Zugang von unten gesprengt und ausgebaut, mit Handschlägeln wurden gewaltige Felsbrocken im Inneren der Höhle zerschlagen, unzählige Schubkarren Schuttmassen aus der Höhle geschafft und schließlich eine elektrische Beleuchtung installiert. Am 26. August 1926 wurde dann die Höhle eröffnet, dabei waren ca. 800 Personen anwesend, und es gab reichen Fahnenschmuck und viele Böllerschüsse . . .

Nun ist das elektrische Licht in der Höhle schon lange wieder erloschen, sie bietet nur noch ein Bild des Verfalls, ist zu einer »sterbenden Höhle« geworden. Denn nicht nur Menschen kommen und sterben, auch Höhlen entstehen und vergehen wieder . . . durch starke Verwitterung entstehen Verstürze, eingeschwemmtes Erdreich füllt die Hohlräume. Bei der »Drei Därrischen-Höhle« erschreckt die Speläologen der allzurasche Raumverfall in den letzten Jahrzehnten. »Wer hört wohl nicht in diesen Brandungshöhlen noch immer das Ewige Meer rauschen?« hatte einst ein Begeisterter gefragt. Die heutigen Wissenschaftler fragen nun, ob diese Höhlen am Ostabfall des Wienerwaldes tatsächlich – nach althergebrachter Meinung – dem jungtertiären Meer ihre Entstehung verdanken . . . »Sollten sich die Brandungshöhlen durch all die langen Zeiträume bis in unsere Tage erhalten haben, um uns jetzt ihre rasche Vergänglichkeit zu offenbaren?« (Hubert Trimmel).

Als der Höhlenwart Pachmann seinerzeit mit nur zwei Helfern die Gangbarmachung durchführte, arbeiteten die drei tagaus, tagein vom Morgengrauen bis in die sinkende Nacht. Ihr Eifer war von dem Glauben getragen, dieses »unterirdische Reich des Wassertrop-

fens« für alle Zeit den Menschen zur Freude zu erschließen. Nur
einmal feierten sie ganz groß, und zwar an jenem Tag, an dem sie
den 28 Meter langen Zugangsstollen durchbrochen hatten und erstmals durch diesen Tunnel die Höhle betreten konnten ... da stellten
sie auf 15 Minuten (!) die Arbeit ein ...

Der Weg von Pfaffstätten auf den Pfaffstättnerkogel – eine Aus-
läuferkuppe des Anninger – hat einen besonderen Reiz, weil er zunächst ein gutes Stück aussichtsreich durch weite Weingärten führt,
bevor ihn der dunkle Föhrenwald aufnimmt. Und weil dieser Weg
verhältnismäßig kurz ist und weil sich auf dem Gipfel ein Gasthaus
und sogar eine Aussichtswarte befinden, wird der Pfaffstättnerkogel
sehr oft von Eltern mit Kleinkindern bestiegen – weshalb man ihn
heute auch schon den »Tschapperl-Anninger« nennt ...
Die im Jahre 1914 erbaute Aussichtswarte wurde nach dem Badener Dichter Anton Freiherr von Klesheim (1812–1884) benannt. Er
war Verfasser von Schauspielen wie »Minnespiel und Ritterwort«,
aber auch von Volksstücken wie »Der Musikant und sei Liab« (zu
dem Franz v. Suppé die Musik schrieb). Trotz seiner Verkrüppelung
nach einem Sturz trat der Freiherr (unter dem Pseudonym Platzer)
im Badener Stadttheater auch als Schauspieler auf. 1844 erschienen
von ihm Gedichte in österreichischer Mundart unter dem Titel »'s
Schwarzblatl aus'n Weanawald«, und diesem ersten Band folgten
dann noch vier weitere ...

> Die Jugendzeit is wia a Bach,
> Der furt und furt thuat schiaßn,
> In Lustbarkeit durch Wiesn und Wald,
> Doch z'ruck thuat er nit fliaßn.

»'s Schwarzblatl« ist ein Waldvögerl, das nichts anderes »als nur
Lieder singen kann«. Die bekanntesten »Schwarzblatlverse« sind
wohl diese:

> So hab i vor die hochn Berg
> Die größti Ehrfurcht gwiß.
> Wal a hocher Berg und a alter Mensch
> Den Himmel am nächstn is.

A alter Mensch der kummt ma vor,
Als wia a Gottes-Haus;
Denn von die Kirchn und d'altn Leut
Da geht der Segn aus.

Baden in Baden tat man schon bevor die Römer nach Österreich kamen und den Ort Aquae nannten ...

Insgesamt sind es heute 15 Quellen, die täglich über 6 Millionen Liter Thermalwasser ausschütten. Ihr Ursprung liegt in einer uns unbekannten Tiefe zwischen 1000 und 2000 Meter; dort stoßen die versickerten Tagwässer aus dem Wienerwald und Wienerbecken (die im Erdinnern erwärmt und mit Mineralien angereichert wurden) auf eine wasserundurchlässige Schieferschicht und werden durch die Klüfte der Thermenlinie hochgepreßt. Eindrucksvoll beweisen Zahlen diese Vorgänge im Erdinnern. Um das täglich ausströmende Wasser auf seine natürliche Temperatur (bis fast 36° C) zu bringen, wären täglich 30.500 Kilogramm Steinkohle notwendig. Die mineralischen Stoffe, die das Wasser enthält, wiegen täglich 14.850 Kilogramm!

»Der leidenden Menschheit gewidmete Wohlthat der Natur« stand schon seit langem an der Ursprungsquelle zu lesen. Weil jedoch die »leidende Menschheit«, wie es heißt, »mehr umb verbringung irer Lust alls Suchung ihres Leibs Haill in diß Pad kumben«, mußte sehr oft der eigens dazu bestellte Baderichter eingreifen. Wie streng die Bräuche seinerzeit waren, beweist die Badeordnung für das Herzogsbad vom Jahre 1600. Wer das »hochlöbliche Padt« betrat, mußte es mit entblößtem Haupt segnen und wer es ein Wasser nannte, mußte »100 Pfund Pfennig Straff« bezahlen. »Wellnmachen« war verboten, und gesungen werden durften nur geistliche Lieder ...

Trotzdem ging es in Baden auch weiterhin recht lustig zu, wie einer der »Briefe eines Eipeldauers an seinen Vetter in Kagran« über d'Wienerstadt (Verfasser war der Journalist Josef Richter, 1749–1813) aus dem Jahre 1794 über die Badener Kurgäste beweist: »Da würden d'Badner schön draus kommen, wenn s' von Kranken leben müßten. Von g'sunden Leuten lebn s'. Was thät denn mancher Ehemann, der ein schlimmen Teufel zum Weib hat, wenn er nicht alle Jahr vierzehn Tag zu Baden auslüften könnt? und so auch wieder d'hübschen Weiber, die einen alten Murrkopf zum Mann haben. Da gibts oft spaßige Auftritt. Ganze Romani werden g'spielt.

In der Fruh schlafen s', bis ihnen d'Sonn ins Zimmer scheint. Hernach gehn s' ins Bad, und da wird nichts als Spass trieben, und die sind oft so lustig, daß man 's gar nicht begreifen kann, wie d'Kranken solche Einfäll haben können. Hernach gehn s' wieder schlafen —

Darauf spieln s' Karten, bis man ihnen zum Tisch ruft, und da fressen d'Kranken, wie d' Halter.

Wie s' den Löffel aus dem Maul legn, nehmen s' wieder d' Karten in d' Hand, oder s' fahrn auf ein anders Ort, wo s' wieder fressen. Der Weil wird's ins Theater Zeit, und da lachen s' wieder heraus, was g'essen und trunken haben, damit s' hernach beym Nachtmahl den Bauch wieder anfülln können.

Hernach gehn d' Kranken erst ins Casini und tanzen, oder streichn d' halbe Nacht in den Gassen herum, und laufen den Menschern nach, oder gucken ehrlichen Leuten in d' Fenster hinein. Schau der Herr Vetter, so lebn d' Kranken z' Baden draus, und diese Lebensart nennen s' ein Badkur.

Und stinken thut's von Schwefel, daß s' mir noch auf der Brust liegt. Ich glaub, d' Höll kann unmöglich weit von Baden weg seyn.«

Richtig zur Bäderstadt wurde Baden am Beginn des 19. Jahrhunderts vor allem dadurch, daß Kaiser Franz I. jeden Sommer von 1803 bis zu seinem Tod (1835) dort verbrachte. Mit ihm kamen Mitglieder des Kaiserhauses und natürlich im gesellschaftlichen Sog Aristokraten, Staatsmänner und Finanzgrößen. Dabei kannte Kaiser Franz keine »Pflanz«, ging stets in Zivil und nur in Begleitung seines Adjutanten durch die Gassen Badens, wobei er einen Hut trug, der vom vielen Danken für die Grüße schon recht abgenützt war. Und wenn er Lust hatte, ging er zum alten Kaufmann Posch, um mit ihm ohne zeremonielle Umstände einige Duos zu geigen. In seinen »Erinnerungsblättern« erzählt der Dichter Hermann Rollett: »Man konnte die beiden Alten auch oft im ›Kaiserhause‹ am Hauptplatz, am offenen letzten Fenster des ersten Stockwerkes gegen die Wassergasse zu, ein Notenpult vor sich, ganz jämmerlich kratzen hören; und manches Bäuerlein blieb in Verwunderung und Vergnügen zuhörend vor dem Fenster stehen.«

Aus dieser Badener Zeit stammt auch die Geschichte vom Begräbnis eines Bettlers, dessen Sarg niemand folgte und dem der Kaiser spontan infolgedessen das letzte Geleit gegeben haben soll. Aus dieser rührenden Geschichte machte Moritz Saphir sein Gedicht »Der stille Gang« und legte es dem Kaiser vor. Der las es aufmerksam durch und sagte dann: »A schöne Gschicht, aber wahr is nit!«

Wahr ist allerdings, daß sich damals in Baden unzählige Bettler herumtrieben. In einem Bericht heißt es: »Schon auf dem Wege nach Baden traf man sie als Krüppel mit Stelzfüßen und Krücken; mehrere gruben sich einen Fuß in die Erde und ließen von dem Schenkel nur einen Stumpen sehen, sie hatten gewöhnlich kleine Buben bei sich, welche neben den vorüberfahrenden Karossen einherlaufen und die Passagiere solange auf den Unglücklichen mit dem abgeschossenen Fuße aufmerksam machen mußten, bis diese in die Taschen griffen. Verkleidet, entstellt, als Krüppel maskiert, mit einem Arm, einem Auge u.s.w. waren alle.« – Ob wirklich alle »maskiert« waren und sich nicht doch auch die vielen unversorgten Opfer der Napoleonkriege darunter befanden?

Natürlich war Baden auch ein beliebter Künstlertreffpunkt... Mozart und Beethoven, Lanner und Strauß, Grillparzer und Raimund, Stifter und Friedrich Schlegel, Rudolf von Alt und Daffinger, Waldmüller und Moritz von Schwind, Fanny Elßler und Therese Krones ... fast an jedem alten Badener Haus könnte eine Gedenktafel zur Erinnerung an einen prominenten Gast angebracht sein.

Bei einem Spaziergang auf der Hauswiese wurde einmal das österreichische Kaiserpaar von dem in Gedanken versunkenen daherstürmenden Beethoven fast über den Haufen gerannt. Der Kaiser sprang zur Seite und sagte nachher zur Kaiserin: »An so Leut muß man sich halt erst gwöhnen!«

Auch der berühmte Feuilletonist Daniel Spitzer war gerne in Baden – und schrieb dann gleich eine seiner bissigen Geschichten: »Ich bin schon viel Wochen in der landesfürstlichen Einöde Baden. Es herrscht in dieser Saison hier eine sehr bedrückende Bewohnungsnot; an jedem Haustor werden Mieter gesucht. Ein sehr nervöser Hausherr, der sich bisher zum Zweikindersystem bekannte, indem er keine Partei in sein Haus aufnahm, die mehr als zwei Kinder hatte, ist jetzt so mürbe geworden, daß er die Wohnung an ein Ehepaar mit sechs Kindern vermietet hat, von denen das jüngste zahnt, während das älteste am Anfangsunterricht im Violinspiel leidet. Noch vor wenigen Wochen fand ich an einem Haustor ›ein Zimmer für eine solide Dame‹ angekündigt. Jeden Tag gähnte mich die solide Dame an, aber Hochmut kommt vor dem Fall, und gestern fand ich die harte Klausel ›solide‹ durchgestrichen.«

Moritz (eigentlich Moses) Saphir (1795–1858), der Autor des schon erwähnten Gedichtes »Der stille Gang«, war mehr als nur ein »patriotischer Dichter« des Vormärz. Er war Journalist in Berlin, München und Paris, in Wien Redakteur der »Theater-Zeitung« und Herausgeber der satirischen Zeitschrift »Der Humorist«, war ein beliebter Vortragskünstler und gefürchteter Kritiker. Seine »Sämtlichen Werke« umfassen 26 Bände! In Baden, wo er auch gestorben ist, wurde ihm schon zu Lebzeiten von seinen Freunden und Verehrern ein Denkmal gesetzt – ein Pavillon im Kurpark mit dem Namen »Moritzruhe« . . .

Und das war, so war Saphir . . .

Saphir geriet einst mit einem Literaten in Wortwechsel. Dieser, der den Humoristen um seinen Ruf beneidete, sagte: »Sie schreiben nur für Geld, ich jedoch für die Ehre.« – »Jeder schreibt für das, was ihm fehlt!« gab Saphir zur Antwort.

»Niemand«, bemerkte Saphir, »schämt sich zu sagen: Mein Fuß ist mir eingeschlafen, mein Arm ist mir eingeschlafen u.s.w. jeder aber schämt sich zu sagen: Mein Verstand ist mir eingeschlafen, oder: Meine Nächstenliebe ist mir eingeschlafen!«

Sooft bei Saphir eine Soirée stattfand, befand sich über der Garderobe folgende Inschrift: »Hier werden Mäntel, Regenschirme, Vorurteile und Rangunterschiede abgelegt.«

Um eine kurze, aber treffende Grabschrift angegangen, meinte Saphir, man solle auf den Stein die Worte setzen:

> *Hier ruhen meine Gebeine,*
> *Ich wollt', es wären Deine!*

Die Herrin der (1945 abgebrannten und dann abgetragenen) Weilburg zu Baden, die nassauische Prinzessin Henriette, Gemahlin von Erzherzog Carl, des Siegers von Aspern, soll den mit Lichtern geschmückten Weihnachtsbaum in Österreich »eingeführt« haben.

Aber . . . o Tannenbaum, o Tannenbaum . . . die »Christbaumforschung« tappt noch immer etwas im Dunkeln. In Deutschland gab es die ersten Weihnachtsbäume mit Schmuck und Kerzen schon im 17. Jahrhundert, aber auch aus Österreich gibt es Berichte, die darauf schließen lassen, daß es schon vor dem Beginn des 19. Jahrhunderts Christbäume gab . . .

Es treibt der Wind im Winterwalde
die Flockenherde wie ein Hirt,
und manche Tanne ahnt, wie balde
sie fromm und lichterheilig wird,
und lauscht hinaus. Den weißen Wegen
streckt sie die Zweige hin – bereit,
und wehrt dem Wind und wächst entgegen
der einen Nacht der Herrlichkeit.

So hat noch Rainer Maria Rilke gedichtet. Aber für diese »eine Nacht der Herrlichkeit« werden in Österreich jährlich ca. 1,5 Millionen Christbäume »verbraucht«, und das ist zuviel, wenn man bedenkt, wie lange so ein Bäumchen zum Wachsen braucht, das dann nach einigen Tagen in den Ofen oder auf den Misthaufen wandert. Das kann auf Dauer keine Neuaufforstung wiedergutmachen.

Seit 1962 ist daher in Österreich das Schlägern der immer seltener werdenden Tanne als Christbaum verboten. Bundesgesetzblatt für die Republik Österreich, Nr. 222, vom 25. Juli 1962: »§ 37. Es ist verboten, Waldbäume der Holzart Tanne oder Teile hievon zu gewinnen und in Verkehr zu bringen, wenn diese für festliche Zwecke verwendet werden sollen, wie Christbäume und Schmuckreisig ...«

Aber auch die Fichten werden immer weniger. Der Weihnachtsbaum der Zukunft ist der Kunstbaum, der Plastikbaum ...

O Plastikbaum ... o Plastikbaum!

»Was eine herrliche Natur Hand in Hand mit verschönernder
Kunst zu bieten vermag, findet sich hier in ein wundersames
Ganzes vereint, dessen unerschöpflicher Fond für das kranke Ge-
müth ein eben so kräftiges Heilbad ist, als es die Schwefelquellen
Badens dem siechen Organismus sind.«

So schwärmte seinerzeit Schmidl vom Helenental. Auch Napoleon war schon davon begeistert, als er es 1809 besuchte ...« Es müßte schön sein, in diesem stillen Örtchen St. Helena sein Leben zu beschließen!« hatte er zu seinen Begleitern gesagt. Tatsächlich beschloß er sein Leben auf der englischen Insel gleichen Namens ein Dutzend Jahre später.

Wahrzeichen des Helenentals sind die Ruinen Rauheneck und

Rauhenstein. Beide stehen an Hängen, die schon in prähistorischer Zeit eine Siedlung trugen; die ersten Holzburgen wurden Ende des ersten Jahrtausends angelegt und später in Steinburgen umgewandelt, deren Verfall aber verhältnismäßig früh begann. Beim Anblick der rußgeschwärzten Ruine Rauhenstein denkt heute so mancher romantisch empfindende Burgenbesucher an Belagerung und blutigen Kampf – in Wirklichkeit war alles prosaischer. Rauhenstein ist eine der vielen Burgen Österreichs, die am Beginn des 18. Jahrhunderts von ihren Besitzern »abgedacht« wurden, um sich der damals horrend hohen Haussteuer zu entziehen (die nur für Gebäude zu entrichten war, die ein Dach besaßen). Und die rußgeschwärzten Steine sind eine Erinnerung an jene Zeit (1790–1808), in der sich in der Ruine eine Terpentinbrennerei befand.

Das dem Fiskus zum Opfer gefallene Rauhenstein und das auf der anderen Talseite gelegene Rauheneck werden immer wieder miteinander verwechselt. Es gibt aber eine einfache Methode, die beiden Ruinen auseinanderzuhalten: Rauheneck ist die Ruine mit dem drei»eck«igen Bergfrit, der in seiner Art eine Rarität ist.

Eine Rarität ist auch der »Töpferaltar« in der kleinen Helenenkirche. Dieser wurde um 1500 von der Wiener Töpferinnung für St. Stefan gestiftet und zeigt die drei göttlichen Personen als thronende Könige – auch den Heiligen Geist. Darstellungen des Heiligen Geistes in menschlicher Gestalt (der erst 381 auf dem Konzil von Konstantinopel zur göttlichen Person wurde) gibt es seit dem Mittelalter, doch unter Papst Benedikt XIV. wurden sie im Jahre 1745 verboten. Eine Badener Familie kaufte dann 1750 das Altarrelief und brachte es in die Helenenkapelle. Dorthin kommen nun weit und breit die Leute, um die »ketzerische« Darstellung zu bestaunen . . .

Es ist eine recht seltsame Geschichte, die der Badener Heimatforscher Karl Klose erzählt vom »Rad auf Rauhenstein« . . .

»Seine Anfertigung hat in den Tagen des Vormärzes gewaltiges Aufsehen erregt und seine Geschichte, sowie die des Anfertigers läßt ernste und heitere Saiten erklingen. Eine Lebenstragödie ist das Ende, ihre Furchtbarkeit hat einst erschüttert.« Sie zeigt Herrn Biedermeier einmal ganz anders . . .

»An einem schönen sonnigen Juli-Nachmittage des Jahres 1828 war es, als die Spaziergänger in großen Scharen ins Helenental wanderten. Milchmariandeln am Eingange bildeten das Ziel der Mütter

und jenes Teiles der Frauenwelt, der infolge leiblicher Fülle an
Atemnot litt und sich daher auf einem Ausflug bis zur Jammerpepi
nicht mehr einlassen konnte. Die Männer aber, die an dem von der
Kuh gespendeten weißen Naß nichts fanden, strebten dem Brau-
hause zu. Beim Sattelberger, dem Braushauswirte (heute Sacher),
gings lustig her. Man redete viel, lachte, aß und trank und freute
sich königlich seines Lebens. Wie es schon so kommt, kamen einige
Wiener auch auf das Gewerbe, seine Kunst und die Fertigkeit zu
sprechen. Jeder nahm den Mund gehörig voll und lobte sein Können
so viel er nur konnte. Besonders ein Wiener Wagnermeister tat sein
Möglichstes, sich herauszustreichen. Sechs Stunden brauche er nur,
um einen Baum zu fällen und aus dem gewonnenen Holze ein mitt-
leres Wagenrad zu verfertigen. Dem widersprach ein zweiter
Wagner namens Gregor Bildstein nicht nur, sondern erklärte, noch
früher fertig zu werden. Alles horchte; der Streit wurde allgemein,
gleichzeitig immer hitziger und endete mit einer Wette. Um 100
Gulden Münze gings. Bildstein hatte zu zeigen, daß zur Herstellung
eines Wagenrades einschließlich des Baumfällens nicht einmal sechs
Stunden nötig seien.

Am 23. Juli war der große Tag. Was Zeit hatte kam zum Sattelberger, um bei der öffentlichen Austragung der Wette nicht zu
fehlen. Der Wiener Wagnermeister hatte auf der Hauswiese einen
Baum gekauft und traf zur festgesetzten Zeit mit seinem Gegner
Bildstein ein. Die Austragung der Wette begann. Gregor Bildstein
fällte den Baum, richtete das Holz her und überreichte in vier
Stunden zwölf Minuten seinem Gegner das fertige Rad. Eine ungeheure Begeisterung erfaßte die Menge. Im Triumphzuge wurde Bildstein herumgeführt. Ansprachen wurden gehalten, sein Gegner
drückte ihm die Hand und übergab ihm feierlich die 100 Gulden.

Bildstein war nicht nur der Held des Tages, sondern bildete lange
Zeit hindurch den Gesprächsstoff in Wien und Baden. Seine Geschicklichkeit war in aller Munde und sein Geschäft, das er in der
kleinen Gemeinde Zwischenbrücken bei Wien (heute Brigittenau)
aufgeschlagen hatte, blühte.

Natürlich kann ein Wagner ohne Schmied nicht recht sein. Da es
aber in Zwischenbrücken keine Handwerker dieser Art gab, mußte
Bildstein seine Räder immer bis zum Tabor treiben, um sie dort be-
schlagen zu lassen. Er hatte im Radtreiben bald eine solche Fertigkeit, daß er sich öffentlich produzieren konnte. Wetten um Wetten
gabs und die Wiener fehlten nie bei einer solchen »Hetz«. Bildstein

wurde nicht nur populär, sondern man riß sich geradezu um seine Gesellschaft. Besonders die Wirte suchten ihn für sich zu gewinnen; war doch jede Austragung einer Wette gleichzeitig mit einem gewaltigen Konsum von Eß- und Trinkbarem verbunden.

Im Laufe der Zeit war es Bildstein gelungen, den tschechischen Schmiedmeister Cecka zu bewegen, seinen Wohnsitz in Zwischenbrücken aufzuschlagen. Damit entfiel für ihn das Radtreiben auf den Tabor. Dafür trieb er – sich auf Wetten einlassend – Räder nach Wolkersdorf, Klosterneuburg und anderen Orten ohne zu rasten hin und zurück. Der Schmiedemeister Cecka hatte im Laufe der Zeit fünfhundert Taler an Bildstein verloren und sann darüber nach, wie er wieder zu seinem Gelde kommen könnte. Auch ein Schwindel schien ihm nicht zu schlecht dazu. So verabredete er sich mit dem Sohne des Gastwirtes von Zwischenbrücken, daß dieser dem Bildstein vor der Austragung der nächsten Wette ein Abführmittel in den Wein zu schütten hätte. Dafür sollte der Bursche dreihundert Gulden erhalten. Nach längerem Zögern willigte letzterer ein. Cecka begann nun Bildstein zu bearbeiten. Bildstein sollte vom Lusthause im Prater aus ein Wagenrad zum Sattelberger in das Helenental treiben und dabei noch einen schweren Wagnerhammer und eine Hacke im Gurt tragen. Lange weigerte sich Bildstein, er wußte, daß Cecka den Preis von 1000 Talern nicht mehr würde bezahlen können. Andererseits war der Wagner aber überzeugt, daß er die Wette gewinnen werde. Da begann der Schmied dem Bildstein Feigheit vorzuwerfen und erinnerte ihn an die vielen Gulden, die er schon verspielt hatte. Nun willigte Bildstein ein und stellte sich zur Wette.

Vorher wurde noch gefeiert und Bildstein bekam den Wein mit dem Abführmittel zu trinken. Auch sein Sohn hatte zufälligerweise davon genossen. Die Wette begann. Nach kurzer Zeit schon mußte der junge Bildstein umkehren, da er heftige Magenschmerzen bekam. Bald darauf kam auch der Vater nicht mehr mit und gab infolge heftiger Bauchkrämpfe die Wette auf. Den ausgemachten Preis von 1000 Taler aber zahlte er anstandslos an Cecka.

Nach einigen Tagen starb Bildsteins Sohn. Bildstein hatte natürlich nach seiner Heimkehr schon von dem Betruge munkeln gehört, trat aber den Gerüchten entgegen. Als aber Cecka auf dem Heimwege vom Leichenbegängnisse dem Vater Bildstein höhnisch ins Gesicht lächelte, da war es um dessen Selbstbeherrschung geschehen. Er stach den Schmied nieder und stellte sich dann dem Gerichte.

Das Urteil lautete auf lebenslänglichen Kerker. Nach einem Jahr aber starb der Wagner auf dem Spielberg in Brünn, wohin man ihn gebracht hatte. Das war das traurige Ende, des einst von Arm und Reich, Groß und Klein, Jung und Alt bewunderten und bejubelten Gregor Bildstein.«

Das Rad, mit dem Gregor Bildstein seinen Ruf begründete, hing dann mehr als ein Jahrhundert lang als Kuriosität und Sehenswürdigkeit auf Rauhenstein. Auf einer Tafel war zu lesen: »Dieses Rad ist den 28. Juli 1828 samt Fällung des Baumes in 4 Stunden 12 Minuten von Gregor Bildstein Wagnermeister, zwischen den Donaubrücken von Bregens in Vorarlberg geboren, 46 Jahre alt, im Gasthause des Mathias Sattelberger in St. Helena verfertigt worden.«

1945 verschwand das Rad, wahrscheinlich haben es die Russen verheizt . . .

Ein »majestätisches Gewölbe« nannte man nach seiner Erbauung in den Jahren 1826/27 den Straßentunnel durch den »Urtelstein« im Helenental. Am »Urtelstein« sollen seinerzeit die Todesurteile vollstreckt worden sein. Nach einer anderen Meinung soll der Name dieses Felsriegels einst »Urdasstein« gelautet haben, und Urda war eine Schicksalsgöttin, die Todesnorne im nordischen Götterkult. Daß dieser Felsen schon immer als etwas Besonderes galt, beweisen jedenfalls die vielen alten (und recht blutrünstigen) Sagen, die von ihm erzählt werden.

Nicht weniger mysteriös als der »Urtelstein« ist der »Jungendbrunnen«, nahe der Straße Helenental–Siegenfeld. Die heutige Quellfassung stammt aus dem Jahre 1935, an der ursprünglichen lautete der Text:

> *Epetaphe*
> *General-Lieutenant Adolph Jungend,*
> *Geblieben von einer Kugel aus einem*
> *Schlangen-Schlunde am 31. July 1624,*
> *im 6. Jahre des 30 Jährigen Religions-Krieges.*

Bei dieser Inschrift stimmt einmal die Jahreszahl nicht. 1624 gab es im Badener Raum noch keine Kämpfe mit Schweden. Die

Schweden brachen im Dreißigjährigen Krieg erst 1645/46 in Niederösterreich ein, wobei es ihnen nicht gelang, südlich der Donau Fuß zu fassen. Wie General Lieutenant Adolph Jungend trotzdem von einer Kugel aus einem »Schlangen-Schlunde« am Jungendbrunnen gestorben sein soll, bleibt also eine offene Frage.

Der Militärschriftsteller Rudolf von Eichthal ließ sich vom »Jungendbrunnen« zu seiner Novelle »Die schwedischen Reiter« inspirieren. Nach dieser hätte Jungend im Auftrag von General Torstenson mit einer Schar von zweihundert Reitern durch die österreichischen Reihen bis Ungarn reiten sollen, um Verbindung mit dem Fürsten Rákóczy aufzunehmen, war aber dann bei Baden in einen Hinterhalt geraten. Belege für diese Story und überhaupt für die Existenz Jungends gibt es keine, wobei Militärhistoriker allerdings nicht ausschließen, daß ein Schwede dieses Namens bei früheren Kampfhandlungen in österreichische Gefangenschaft geraten sein konnte und vielleicht bei einem Fluchtversuch erschossen wurde.

Im Volksmund wird die Quelle »Jugendbrunnen«, aber auch »Gnadenbrunnen« genannt, und das erscheint als ein gutes Argument für die Hypothese, daß wir hier vor einem einst heidnischen Quellheiligtum stehen. Durch die Erfindung der Story vom Tod eines Schweden an dieser Quelle, wollte man vielleicht im Zuge der Gegenreformation erreichen, daß die alte heidnische und von der Landbevölkerung noch immer verehrte Kultstätte durch die Verbindung mit einem der als Plage des Landvolkes verrufenen Schweden »verteufelt« wurde.

Jugend- oder Jungendbrunnen ist also die Frage. An diesem irgendwie feierlich stimmenden Ort mitten im Walde und nach der schönen Wanderung dorthin wollen wir eher an einen Jugendbrunnen glauben ...

Baden ... Rohrgasse. Gegenüber vom Haus Numero 28 zweigt bei einem Bildstock unter einer Linde ein Weg in die Weingärten ab. Nach etwa 100 Metern erreicht man auf ihm ein kleines Holzhäuschen mit einer Bank und einem Steintisch davor - dieser wird »Karlstisch« genannt, weil angeblich Kaiser Karl der Große (oder Karl VI.) einmal an ihm gegessen haben soll. Nach einer anderen Sage befand sich an diesem Platz einst eine Burg, deren Besitzer wegen einer schönen Frau seine Seele dem Teufel verschrieben hatte und der - nach abgelaufener Frist - mit seinen Zechkumpanen auf dem Steintisch noch einen vergnügten Abschiedsschmaus hielt. Diese Burg oder »Veste Rohr« soll um das Jahr 1000 entstanden und 1477 von Matthias Corvinus zerstört worden sein. Nachher wurde sie nicht mehr aufgebaut, kein Stein blieb auf dem anderen; die biederen Landbewohner verwendeten die Steine zum Häuserbauen ...

Die runde Tischplatte hat einen Durchmesser von 1 Meter 60, ist aus einem Stück gearbeitet und weist in ihrer Mitte eine Schale auf (die heute allerdings mit Mörtel verschmiert ist). Sehr urtümlich wirkt dieser Steintisch in dem Weingarten. Ein ähnlicher befindet sich vor der Wallfahrtskirche Maria Taferl, und von diesem wird erzählt, daß er einst ein keltischer Opfertisch gewesen sein soll, ja, man kann sogar lesen, daß auf ihm auch Menschenopfer dargebracht wurden (was wohl gewesen sein kann, sich aber nicht beweisen läßt). Jedenfalls gibt es aber aus dem 16. Jahrhundert einen schriftlichen Bericht darüber, daß man alljährlich dort am Ostermontag nach Verlesung des Evangeliums ein Mahl abhielt, bei dem die Steinplatte den Honoratioren als Tisch diente.

Bei unserem »Karlstisch« in Baden fanden bis zum Anfang des 20. Jahrhunderts ebenfalls Gastmahle statt – und zwar bei jeder Hochzeit in der Familie des Grundbesitzers. Das ehrte sie, weil sie dadurch als etwas Besonderes galt, bereitete ihr jedoch auch viel Kopfzerbrechen (und Kopfrechnen); die äußerst kostspielige Bewirtung mit Speis und Trank aller gekommenen Gäste gehörte ebenfalls zum »alten Brauch«.

Nicht viel weniger Kopfzerbrechen als den seinerzeitigen Grundbesitzern hat dieser »Karlstisch« aber auch schon den Heimatforschern bereitet. Diese können ja nur altes Sagengut und bekannte Brauchtumsinhalte für ihre Forschungsarbeit verwenden, und die Ergebnisse klingen dann immer etwas kurios und vor allem so weit weg von unserer Zeit des sachlichen Denkens.

Andererseits: Auch heute noch wird in allen katholischen Kirchen der Welt tagtäglich ein rituelles Opfermahl zelebriert.

Der »Karlstisch«, kaum zehn Gehminuten von der Eisenbahnstation Baden bei Wien entfernt, ist wahrscheinlich noch ein Relikt aus jener Zeit, in der ein rituelles Mahl im Fruchtbarkeits- und Totenkult unserer Vorfahren seine besondere Bedeutung hatte ...

Torso im Schwarzenbergpark ▶

Die alte Bergbahn auf den Leopoldsberg

Krieger auf dem Laudonsgrab

Bad Vöslau ist ein sehr junges Bad. Wohl badete schon seit ältester Zeit die Landbevölkerung ihre rheumatischen Knochen in der »nie frierenden Quelle« im Maital (das so benannt wurde, weil dort alles früher blühte), aber erst am Beginn des 19. Jahrhunderts baute man bei der »Warmen Mühle«, die von einem »Warmen Gang« betrieben wurde, das erste Badhaus. 1853 wurde dann zum erstenmal den Gästen eine Kurtaxe abgeknöpft; Vöslau hatte es geschafft, mit Baden in Konkurrenz zu treten. Amtlich anerkannt als »Bad Vöslau« wurde der Ort erst 1924.

1926 wurde ein Teil des neugestalteten Parkstrandbades eröffnet, das bald zu einer der größten Badeanlagen Europas wurde (Fassungsraum 10.000 Personen). »Beobachtungen der Wünsche der Badegäste ergaben, daß es unzweckmäßig ist, die Trennung der Geschlechter in einer so großen Badeanlage durchzuführen, und veranlaßten mich, diese Trennung vollkommen aufzuheben und den Typ des modernen Familienbades einzuführen«, berichtet stolz der damalige Bürgermeister von Vöslau, nachdem er das Damenbad auflassen mußte, weil »es völlig unbenützt« geblieben war.

Ein Jahrhundert vorher war es noch ein Skandal ohnegleichen gewesen, daß die jungen Gräfinnen der Herrschaft Fries von Vöslau in einem Schwimmbecken Freibäder nahmen. Obwohl bei dieser »Orgie« ohnedies nur ein einziger Mann dabei sein durfte ... der alte Schwimmlehrer!

Die Thermenlinie am Abbruch der Alpen zum Wiener Becken wird nicht nur wegen ihrer heilkräftigen Quellen hochgeschätzt ...

Einmal ließ der Herrgott den Wein dort besonders gut werden. Nachher schickte er Petrus auf die Erde, um zu erfahren, was die Leute dazu sagen. Die Leute sagten: »Teufel, ist der Wein gut!«

Das ärgerte den Herrgott, und er ließ den Wein besonders sauer werden. Und wieder schickte er Petrus auf die Erde. Die Leute sagten: »Herrgott, ist der Wein sauer!«

Da war auch der Herrgott stocksauer.

◄ *»Verlobungssäule« von Neustift am Walde*

In Rodaun beginnt die berühmte »Hochstraße«, deren richtiger Name nach ihrem Erbauer am Anfang des 19. Jahrhunderts (dem Fürst Liechtenstein) eigentlich »Liechtenstein-Höhenstraße« lautet. Aber weil an der Perchtoldsdorfer »Hochstraße« diese »Höhenstraße« ansetzt, geriet der alte Name in Vergessenheit.

Aber was sind schon Namen gegen das, was die »Hochstraße« im Sommer und im Winter für die Wiener bedeutet? Über diese »Hochstraße« – die am Kreuzsattel endet – ist im näheren Südlichen Wienerwald so ziemlich alles erreichbar, was als Wanderer- oder Skiläuferziel gut und schön ist. Man kann auf der »Hochstraße« aber auch einen gemütlichen Sonntagnachmittag-Spaziergang unternehmen, Baby im Kinderwagen und Hund an der Leine.

Mit der »Hochstraße« beginnt auch der 1975 eröffnete »Nordalpine West-Ost-Weitwanderweg 01«, der in Bregenz endet. Weglänge: ca. 1400 km, Zeitaufwand: ca. 55 Tage. Aber wer hat schon so viel Urlaub? Mit solchen am Schreibtisch entstandenen Kontrollstempel-Wanderwegen wird heutzutage auch die Unrast unserer Zeit in den Urlaub getragen und das uralte Wandererlebnis zu Tode getrampelt. Bleiben wir also froh und frei, genießen wir die Nähe ...

Verhungern oder verdursten ist auf der »Hochstraße« unmöglich. Doch so mancher ältere Wanderer denkt beim Anblick der verlockenden Tafeln mit der Speisekarte vor den Gasthäusern manchmal auch noch zurück an jene Zeit nach dem letzten Krieg, in der mit Kreide gekritzelt kurz verkündet wurde: »Keine Speisen!« Oder als Sondermeldung: »Heute Dünnbier!!!«

Das war auch die Zeit, in der die Wiener alle begeisterte Botaniker waren. Ihr größtes Interesse galt der Pflanze »Allium ursinum«, deutsch: »Bärenlauch oder Waldknoblauch«, wienerisch: »Knofelspinat«. Sie stank fürchterlich und verlor auch nach langem Kochen nicht viel von diesem Gestank – aber sie war das einzige frei wachsende Gemüse und immerhin doch etwas zum Essen. Fürchterlich stank es auch an Sonntagabenden in den Waggons der 60er-Linie, wenn sie vollgestopft mit Wanderern waren, die alle ihre Rucksäcke mit Knofelspinat gefüllt hatten. Sogar die russischen Soldaten zögerten, bevor sie in einen solchen Wagen stiegen.

Trotzdem wanderte man auch in dieser Zeit aus Freude am Wandern und kletterte sogar in den Wienerwald-Kletterschulen. Die Seile – jede dünne Wäscheleine von heute hat mehr Reißfestigkeit! Bergschuhe – hatte fast niemand. Kletterschuhe – das waren Turnpatschen oder jämmerliche selbstgebastelte Kompositionen; meist kletterte man barfuß. Und die Bekleidung – wie sie beschaffen war, zeigt vielleicht am besten die Tatsache, daß bei Kletterkursen (und die gab es damals ebenfalls schon wieder) Abseilübungen nur in bescheidenstem Ausmaß durchgeführt werden konnten, weil Hosen und Oberbekleidung aller Kursler so schleißig waren, daß nach einigen Abseilfahrten der ganze Verein wahrscheinlich nur in Unterhosen und Hemd dagestanden wäre ...

Aber wieder zurück auf unsere Hochstraße. Sie beginnt auf der Perchtoldsdorfer Heide, an deren Rand von 1926 bis zu seinem Tod im Jahre 1939 der berühmte Komponist Franz Schmidt im Hause Lohnsteinstraße 4 lebte. Neben der Oper »Notre Dame« (mit dem berühmten »Zwischenspiel«) ist Schmidts bekanntestes Werk das Oratorium »Das Buch mit den sieben Siegeln« ... der Weltuntergang als grandioses musikalisches Erlebnis. Komponiert wurde diese Apokalypse zum Großteil auf einer kleinen Bank am Rande der sanft ansteigenden Perchtoldsdorfer Heide ...

Noch ein berühmter Mann lebte am Rande der Perchtoldsdorfer Heide, der Lehrer und Schriftsteller Dr. Alois Tlučhoř (1869–1939), der unter dem Pseudonym A. T. Sonnleitner als Fünfzigjähriger einen für die damalige Zeit sensationellen Bestseller geschrieben hat: »Die Höhlenkinder«. – In dieser Trilogie erleben im 17. Jahrhundert zwei ins Gebirge verschlagene Kinder dann im weiteren Verlauf ihres Lebens die kulturgeschichtliche Entwicklung des Menschen vom Höhlenbewohner der Steinzeit bis zum Ackerbauer der Metallzeit. Bevor »der Sonnleitner« die »Höhlenkinder« schrieb, hatte er selbst Steinbeile geschäftet, Tongefäße geformt und gebrannt, sich als Metallgießer und Schmied versucht, ja sogar eine Blockhütte gezimmert. Während des Schreibens lagen als Stimulanz stets Steinwerkzeuge, Knochen, Moose u. a. auf dem Tisch – gut, daß der Sonnleitner keine Kriminalromane geschrieben hat! Ein hübsches Relief von der »Höhle im heimlichen Grund« schmückt heute das Haus »An der Sonnleiten« (Walzengasse 26), in dem dieser phantasievolle Autor einst gelebt hat.

1891 errichtete der Gebirgsverein auf dem Hinteren Föhrenberg die elf Meter hohe Josefswarte. Sie war aus Eisen und der Stolz des Vereins. Und eines Tages langte in der Geschäftsstelle ein Beschwerdebrief nach dem anderen ein über dieses unzulängliche Pfuschwerk. Was war geschehen? Ein Spaßvogel hatte an der funkelnagelneuen Aussichtswarte eine große Tafel angebracht mit der Aufschrift: »Wegen Baufälligkeit gesperrt!«

Eine zweite Aussichtswarte steht neben dem Schutzhaus auf dem Höllenstein. Dieses Haus gehört den »Naturfreunden«, die ja bekanntlich mit dem Ziel gegründet wurden, die Arbeiter aus dem Wirtshaus heraus und in die Natur zu führen. »Naturfreund« sein und Antialkoholiker, das war seinerzeit gleich eins. Orthodoxe »Naturfreunde« denken auch heute noch so. – »Dann brauchen Sie ja wahrscheinlich für die Mitglieder ihres Vereins überhaupt kein Bier, keinen Wein . . .« sagte einmal jemand zum Wirt vom Höllenstein-Schutzhaus. »O ja!« antwortete dieser. »Die Leut nehmen dann einfach nur das Naturfreunde-Abzeichen runter, bevor sie in das Haus einigeh'n!«

So breit, wie die Hochstraße heute ist, so breit war sie natürlich von Anfang an nicht. »Wenn die die Straßen immer breiter machen, werden bald die Autofahrer da fahrn wolln!« sagte einst ein Wanderer zum anderen. Und der andere meinte: »Aber geh, wer wird schon auf einem so schönen Waldweg mit dem Auto fahren wollen?« Etliche Jahre später wollte man!

Der Kampf um die Hochstraße, die man zur Autostraße ausbauen wollte, endete zum Glück damit, daß das Gebiet unter Naturschutz gestellt und zum »Naturpark Föhrenberge« wurde.

Herzog Albrecht I. (der Sohn Rudolf von Habsburgs) hatte drei Fehler in seinem Leben begangen.

Erster Fehler: Nachdem ihm nach einem Mahle übel wurde, vertraute er den Ärzten. Diese glaubten, er sei vergiftet worden und hingen ihn an den Füßen auf, damit das Gift wieder aus Nase und Mund herausquellen könne. Ergebnis dieser Behandlung: Der Herzog blieb auf einem Auge blind.

Zweiter Fehler: Herzog Albrecht I. (der Fremdling, der »Piefke« des Mittelalters für Österreich) wollte die weltlichen und geistlichen Herren von damals auf Vordermann bringen. Ergebnis: Intrigen, Verschwörungen, Aufstände . . .

Dritter Fehler: Er unterschätzte den Ehrgeiz der Jugend und Nachfolger. Seinem Neffen setzte er einmal einen Blumenkranz aufs Haupt und meinte dabei scherzend, daß dieser viel leichter zu tragen wäre als eine Krone. Dieser Neffe ermordete ihn.

Herzog Albrecht I. hat keine »Gute Nachred«, auch die Zerstörung der Burg Kammerstein wird ihm angelastet. Nach der Sage trotzte darin ein Otto von Perchtoldsdorf dem Herzog. Dieser lud dann den Perchtoldsdorfer in die Wiener Burg ein, um Frieden zu schließen. »Dort wurde den ganzen Tag getafelt und gezecht. Der Herzog aber sandte heimlich eine gleich große Schar seiner Knechte, die genau die gleichen Pferde und Kleider wie die Perchtoldsdorfer hatten, nach Burg Kammerstein. Der Torwart hielt sie in der Dämmerung für die Leute seines Herrn und öffnete ihnen das Tor. Nach kurzem Kampf hatten sie ihn überwältigt und die Burg besetzt.

Als es dunkel geworden war, sah Herzog Albrecht vom Fenster seiner Burg roten Feuerschein von den Waldbergen heraufleuchten. Nun rief er den Perchtoldsdorfer herbei und zeigte ihm den Feuerschein. Dieser, vom vielen Zechen ganz berauscht, fragte stieren Blickes, wo dieses Feuer wohl brenne. Da entgegnete der Herzog mit starker Stimme, daß dieser Feuerschein von der Burg Kammerstein komme, die jetzt in Flammen stehe. Dann ließ er Otto von Perchtoldsdorf fesseln und in den Kerker werfen, wo er bis an sein Lebensende gefangengehalten wurde.«

Das soll sich im Jahre 1295 zugetragen haben. In Wirklichkeit war mit dem letzten Perchtoldsdorfer, Otto II., das Geschlecht schon 1286 ausgestorben und Stift Melk hatte den Besitz übernommen. Und Kammerstein ging nicht in Flammen auf, sondern wurde verlassen, weil das Wohnen in der hochgelegenen kleinen Wachtburg den neuen Herren viel zu unbequem war.

Grabungen am Beginn unseres Jahrhunderts ergaben, daß sich an dieser Stelle schon eine hallstattzeitliche Siedlung befand. Daß heute das romantische Gemäuer (durch das nachts noch immer die Geister der Erschlagenen irren sollen) als die »älteste Ruine des Wienerwalds« angesprochen wird – daran zumindest trägt der Sündenbock Herzog Albrecht I. keine Schuld.

»Der im Thale herfließende Medlingbach wird auf
seiner Reise von Mühlern, Fischern und dergl. nach
Kräften benutzet. Er hat ein sehr klares, und wie man
versichert, überaus gesundes Wasser. Seine artigen Krüm-
mungen, sein liebliches Rieseln, das Plätschern der
Aenten und Gänse, das Herumschiessen der kleinen
Fischhorden, die Spiegelglätte an einigen Stellen, in dem
sich die Felsen abmahlen, mit dem Ganzen zusammenge-
nommen, bringt in der Seele eines empfindsamen Lust-
wandlers tausend angenehme Empfindungen hervor, die
durch die Gesellschaft, in der er sich befindet, vielfach er-
höhet werden können.«
                                                Franz Gaheis, 1794

1794 – zu dieser Zeit war der Brühl (»der« ist richtig! Brühl = alt-
hochdeutsch und bedeutet Hag oder Forst oder Augrund) schon ein
bekanntes Ausflugsziel. Das Miniatur-Gebirge der Klause mit seinen
Felsen und dem rauschenden Bach, die ganze Gegend mit ihren malerischen Ruinen und den alten Sagen war zur Traumlandschaft
vieler unserer romantisch veranlagten Vorfahren geworden. Ange-
heizt wurde die Ruinenschwärmerei noch von vielen Theater-
stücken (welche allerdings später von strengen Literaturkritikern
nur als »ödeste Schundliteratur« bezeichnet wurden!). »Der Burg-
geist von Medling. Eine Geistergeschichte und romantisches Phan-
tasie-Gemählde mit Gesang und Maschinerien« lautete zum Beispiel
der Titel eines solchen, das 1800 im Theater in der Josefstadt aufgeführt wurde. Auch Karl Friedrich Hensler (Autor von 200 Bühnen-
stücken!) beeilte sich, vom Zeitgeschmack zu profitieren. »Der Teufelsstein von Mödlingen« heißt sein Stück, in dem es im Szenarium
eines Auftritts heißt: »Ruinen von der Burg Teufelsstein im Mödlinger Wald. – Grause, fürchterliche Gegend.«
Damals waren die Höhen oberhalb der Klause noch unbewaldet,
eine öde Schafweide. Von seinem kahlen Ende bekam auch der Kalenderberg (schon in prähistorischer Zeit besiedelt) seinen Namen.
Feldmarschall Johannes Fürst von Liechtenstein (1760–1836) war
es dann, der nach Beendigung seiner militärischen Laufbahn im
Jahre 1810 das Bild dieser Landschaft gewaltig veränderte, sie zu
einem Naturpark gestaltete. Er ließ fruchtbare Erde anschütten,
Bäume einsetzen, Wege errichten, echte Ruinen renovieren und falsche Ruinen bauen (z. B. 1810 den »Schwarzen Turm« und das
»Amphitheater«) – alles eigentlich nur so zu seinem Vergnügen.

Ein verspielter Herr? In seiner Biographie lesen wir allerdings, daß ihm in Kriegen 23 Pferde unter dem Leib weggeschossen, 3 Hüte und 2 Degen von Kugeln durchlöchert wurden und einmal sogar eine Kanonenkugel seinen Rock zerfetzte. Aber außer einem blauen Fleck nach einem Sturz vom Pferd hatte der Feldmarschall in seiner ganzen kriegerischen Laufbahn keinerlei Verletzung davongetragen.

Auch der Sparbacher Tiergarten wurde von Fürst Liechtenstein ausgebaut und gestaltet, wobei ihm die schon vorhandene Ruine Johannstein (aus dem 12. Jahrhundert) nicht genügte, er ließ auch noch eine künstliche bauen – das sogenannte Köhlerhaus. Nachdem die englische Reiseschriftstellerin Mistreß Frances Trollope in der ersten Hälfte des vergangenen Jahrhunderts durch den Sparbacher Tiergarten gewandert war, schrieb sie begeistert: »Die Nähe solcher Gegenden muß der Hauptstadt Wien einen Reiz geben, dessen sich keine andere, die ich kenne, rühmen kann.« – Eine junge Wienerin unserer Zeit meinte hingegen am Eingang verdrossen: »Jetzt san wir eh schon so weit mit dem Auto gefahren, jetzt solln wir auch noch gehn?«

Öfter durchgeführte Rundfragen ergaben: Von hundert Besuchern des 340 ha großen Sparbacher Tiergartens legen darin 50% nur 2000 Meter Weglänge zurück, 32% gehen ca. 5000 Meter, und nur 18% wandern bis zu einem der schönsten Aussichtspunkte des Wienerwaldes, bis zum Köhlerhaus ...

Der Husarentempel bei Mödling wurde ebenfalls im Auftrag von Fürst Liechtenstein erbaut; der Architekt Josef Kornhäusl schuf eine klassizistisch empfundene Nachbildung eines dorischen Tempels. In seiner Krypta sollen jene vier Husaren bestattet worden sein, die den Fürsten in der Schlacht von Aspern (in der er Kommandant der Schweren Kavallerie war) unter Einsatz und Verlust ihres eigenen Lebens gerettet hatten.

Daß diese schöne vaterländische Lesebuchgeschichte leider nicht wahr ist, beweist schon die Inschrift am Tempel: »Ruhet sanft auf diesen Höhen, edle Gebeine tapferer Österreichs Krieger. Ruhmbedeckt bey Aspern und Wagram gefallen, vermag euer Freund nicht die entseelten Leichname zu beleben; sie stets zu ehren, ist seine Pflicht.« – Die Schlacht bei Aspern fand am 21./22. Mai 1809 statt, die bei Wagram am 5./6. Juli 1809. Wenn in der Gruft tatsächlich die

Lebensretter des Fürsten bestattet wurden – wo sollte dann die Lebensrettung stattgefunden haben? Bei Aspern oder bei Wagram?

Ursprünglich hieß der Bau »Tempel des Kriegsruhmes« und war 1813 zum Andenken aller bei Aspern und Wagram gefallenen Krieger errichtet worden, und – stellvertretend für alle – bestattete man in der Krypta die Gebeine von sieben Kriegern, von denen nur einer, ein Oberst Dollée, namentlich bekannt ist. Die schöne Lebensretter-Geschichte ist bald darauf entstanden, schon um 1830 wird sie allgemein erzählt und bis zum heutigen Tag brav nacherzählt . . .

Die markante Silhouette des Husarentempels gehört nun auch schon recht lange zum Landschaftsbild des Südlichen Wienerwaldes. Franz Schubert und der Maler Moritz von Schwind haben in der Tempelhalle einmal eine Nacht verbracht. Sie hatten sich diese Nacht sehr romantisch vorgestellt; aber bald nach Mitternacht ist es immer kälter und kälter geworden, und aus der romantischen Verzauberung der beiden Jünglinge wurde ein großes Zähneklappern.

Schubert liebte die Landschaft um Mödling, und in der »Höldrichsmühle« (die ihren Namen von dem Besitzer Anton Hildrich bekam, der ab 1786 darin auch einen Bier- und Weinausschank betrieb) soll er das berühmte Lied »Am Brunnen vor dem Tore« und den Liederzyklus »Die schöne Müllerin« komponiert haben . . . »Und so wollen wir uns in Zeit und Ort hineindenken, wie Schubert vor der Mühle sitzt, rechts von ihm das Mühlrad mit plätscherndem Überwasser und der murmelnde Bach, vor ihm der bewaldete Schwarzkogel und an dessen Fuß das kühle Kiental sich emporziehend zur Höhe mit seinen Fichten und Tannen. Er arbeitet emsig an seinen ›Müllerliedern‹. Da nähert sich an der Straße von Mödling her ein Gefährte, ein Zeiselwagen, darauf eine lustige Gesellschaft, seine Freunde Schwind, Schober, Kupelwieser, Spaun, Holzapfel, die von ihm verehrte Therese Puffer, die ›Melusine‹, wie Schwind sie bezeichnet. Sie kommen, ihn zu besuchen. Schubert ergreift die Gitarre an dem grünen Bande und spielt und singt eines seiner neuen Lieder zum Willkommgruß. Die besten Weine Mödlings der Rieden Auholz und Goldsteindl, grüngolden in den Gläsern funkelnd, werden kredenzt und gar fidel wird die Runde.« – So stellte man sich einst Schubert in der Höldrichsmühle vor (Franz Eder in seinem Essayband »Von Gestern ins Ehegestern«, 1919).

In Wirklichkeit schrieb Franz Schubert »Die schöne Müllerin« in seiner Wiener Wohnung und dann auch im Allgemeinen Krankenhaus, wo seine syphilitische Krankheit behandelt werden mußte.

Sogar mit der Blauen Grotte auf Capri wurde die »Seegrotte« in der Hinterbrühl schon verglichen!

In Wirklichkeit ist sie nur ein »ersoffenes« Gipsbergwerk. 1848 begann man zunächst aus einem Schacht Gips zu fördern, erst später wurde der 450 Meter lange Stollen geschlagen, durch den heute die Besucher das Bergwerk mit seinen drei übereinanderliegenden Stockwerken betreten. Und 1912 brachen dann die Wassermassen ein.

Nach dem Ersten Weltkrieg wollte ein unternehmungslustiger Mann das Bergwerk zu einem unterirdischen Vergnügungsetablissement ausbauen. Das Projekt kam nicht zustande, auch nicht der Plan, es in ein »Champignonbergwerk« umzuwandeln. Lediglich als Kulisse für Filmaufnahmen (»Irrlichter der Tiefe« und »Kameradschaft«) wurde es kurz belebt.

1932 wurde das ersoffene Bergwerk endlich zur »Seegrotte« ausgebaut, deren Attraktion die Bootsfahrt auf dem 6200 m² großen See ist. Und dann kam der Zweite Weltkrieg.

1944 wurde das Wasser aus der »Seegrotte« gepumpt und in ihr eine Flugzeugfabrik errichtet. 2000 Menschen (darunter 1700 KZ-Häftlinge) arbeiteten dann Tag und Nacht in den unterirdischen Hallen an Turboflugzeugen vom Typ Heinkel. Ein eigenes Kraftwerk versorgte den Betrieb mit Strom, es gab darin eine Zentralheizung und eine Entlüftungsanlage, Büros und eine Werksküche, natürlich auch Aborte... die unterirdischen Werksanlagen der Schurken von James-Bond-Filmen sind in unserer »Seegrotte« schon einmal Wirklichkeit gewesen.

1945 kamen die Russen. Vorher wurden 37 Fliegerbomben zur Sprengung vorbereitet, um den unterirdischen Rüstungsbetrieb zu zerstören. Ein österreichischer Feldwebel rettete die »Seegrotte«, indem er nur sechs »Alibi-Bomben« zur Explosion brachte.

Noch 1945 begann man mit den Aufräumungsarbeiten. 80 zerstörte Flugzeugrümpfe, unzählige Tonnen Schrott und Gerümpel der Einrichtung mußten durch den schmalen Eingangsstollen ins Freie geschafft werden – und noch die restlichen dreißig 250 Kilogramm-Bomben! Eine, die schon geschärft war, hatte an Ort und Stelle ge-

sprengt werden müssen. 1948 fanden wieder die ersten Führungen
statt...

»Meine sehr geehrten Damen und Herren! Zuallererst möchte ich
Sie mit dem alten Bergmannsgruß Glück auf! begrüßen...« – Obwohl die »Seegrotte« eine sehr bewegte Geschichte hat und obwohl
sie ein herrliches Erlebnis ist, gehört zu ihrem Besuch – sozusagen
als Würze – noch etwas: Das sind die fast schon zur Tradition gewordenen Witzchen der Führer.

»Also: Den Pferden, die seinerzeit die Kippwagen aus dem Bergwerk zogen, gab man nur Stroh zu fressen. Um aber den Viechern
zumindest die Illusion von Heu zu geben, setzte man ihnen grüne
Brillen auf!«

Ein jüngerer Führer wollte einmal einen anderen Stil finden, erzählte ein bisserl mehr von Geologie, vom Bergwerksbetrieb im allgemeinen (z. B. daß die Bergleute von einst eine Arbeitszeit von
11 Stunden hatten), erzählte auch von Grottenmolchen...

...und bald raunten Kenner der »Seegrotte« den anderen Besuchern zu: »Mit dem Jungen geht's lieber nicht, der erzählt nur fade
Geschichten!«

Ist Wildegg eine Burg oder ein Schloß?

Gebaut wurde Wildegg im 12. Jahrhundert als eine feste Burg, die
förmlich aus dem Fels zu wachsen schien. Und erst im 16. Jahrhundert begann man, aus dem neuen Denken und Fühlen der Renais-
sance, einen Umbau vorzunehmen, der aber doch nicht so entscheidend war, um dem Gebäude den Charakter eines Schlosses zu
geben. Weshalb der Kunsthistoriker Richard K. Donin in seiner Mo-
nographie Wildeggs, den Bau doch »lieber als Burg denn als Schloß
bezeichnet wissen möchte«.

Herren von Wildegg waren zuerst die Wildegge, später die Alten-
burger, die Alechter, die Neunhauser und die Neidecker, die es dann
1686 an Stift Heiligenkreuz verkauften, und zwar auf dringenden
Wunsch von Kaiser Leopold I., der zwar gerne in diesem Gebiet
jagen wollte, aber nicht so vermögend war, um den Kaufpreis dafür
aufzubringen!

18,5 Millionen hingegen brachte der kleine Verein »Österreichische Wanderfreunde« (der vom Stift einen Teil der Räume als Touri-
stenunterkunft zugesprochen erhielt) für die Innenausstattung auf.
Das war 1923 und noch in der Inflation, und der Millionenbetrag

langte gerade für zwanzig »selbstgebaute« Strohsäcke, einige Tische, einige Bänke und einen Ofen . . .

Selbstverständlich hat die romantische Märchenburg auch ihr Gespenst – die »Weiße Frau«. Und in der Zeit der Romantik war sie so aktiv mit ihren Mitternachtswanderungen, daß das Volk der Umgebung ernsthaft beunruhigt war. Schließlich schickte der Abt von Heiligenkreuz am 1. November 1839 die Patres Ambros und Aloysius auf die Burg, um einmal ernsthaft mit der Dame zu reden. Die beiden Herrn wachten und beteten während der Nacht, lasen eine Messe am Morgen – und waren von der »Weißen Frau« vollkommen ignoriert worden. Auch dem Schriftsteller Hermann Rollett blieb ein Rendezvous mit ihr versagt. Er schrieb nachher:

> Ein Schloß liegt tief im Wienerwald
> In grünem Bergversteck,
> Du siehst so schönen Ort nicht bald –
> Das Schloß, es heißt »Wildegg«.
>
> Die schönste Frau im Erdenrund
> Starb dort in Schreckensqual,
> Und seitdem wird zur Geisterstund
> Es laut im Rittersaal.
>
> Verfallen steht nun längst der Bau –
> Noch wahrend alte Pracht –
> Denn klagend zieht die »weiße Frau«
> Durchs Schloß in jeder Nacht.
>
> Ich wollt einst übernachten dort,
> Die schöne Frau zu sehn,
> Doch ging zuletzt ich wieder fort,
> Und – Jeder wird wohl gehn.

Die Zisterzienser, die dem Ruf von Markgraf Leopold III. folgten und ab 1133 mit der Errichtung von Stift Heiligenkreuz begannen, leiten ihren Namen nicht – wie es oft heißt – von ihrem Stammkloster Citeaux in Frankreich ab, sondern von »cis tercium« (= diesseits der dritten Meile. Ein Kloster mußte nach der Regel weiter als drei Meilen von der nächsten Siedlung entfernt erbaut werden!).

Stifte wie Heiligenkreuz gibt es heute nur noch in Österreich. Sie wurden einst von ihrem Stifter mit Grundbesitz ausgestattet, der den Lebensunterhalt der Ordensmitglieder für alle Zeiten sichern soll. Diese bilden innerhalb ihres Klosters, aber auch auf Außenposten als Seelsorger, eine Familie, deren Oberhaupt der Abt ist. Arbeitsgebiete der Zisterzienser sind Seelsorge, Schulwesen und Landwirtschaft (den Wein der Zisterzienser von Heiligenkreuz hat wohl schon jeder Wiener im Stiftskeller oder im Weingut Thallern kennengelernt!).

Wie man Ordensmann wird? DDr. Floridus Röhrig, Bibliothekar des Stifts Klosterneuburg, berichtet dazu: »Ein Kandidat, der Ordenspriester werden will, muß die Höhere Schule mit der Reifeprüfung abgeschlossen haben. Sobald er dann in einem Stift um Aufnahme ansucht, wird er dort eingekleidet. Mit dem Ordenskleid erhält er in der Regel auch einen neuen Vornamen, den Ordensnamen. Dieser soll nach außen hin die Übernahme einer neuen Lebensform versinnbildlichen, und außerdem dient er dem Familienbewußtsein der Klostergemeinschaft. Als Novize verlebt der Ordensneuling nun eine einjährige Probezeit, während der er in das Klosterleben eingeführt wird, und er hat das Recht, jederzeit wieder auszutreten, kann aber ebenso jederzeit entlassen werden. Ist das Noviziat zur beiderseitigen Zufriedenheit abgelaufen, wird der Novize vom Stiftskapitel zur Ablegung der zeitlichen Gelübde zugelassen. Durch diese verpflichtet er sich für drei Jahre zur Beobachtung der Armut, der Keuschheit und des Gehorsams. Nun beginnt das Theologiestudium. Es dauert fünf bis sechs Jahre und wird entweder an einer Ordenslehranstalt, wie sie mehrere Stifte unterhalten, oder an einer Universität absolviert. Nach Ablauf der drei Jahre legt der Kandidat dann die ewigen Gelübde ab und bindet sich damit für sein ganzes Leben an das Kloster, das er nun hinlänglich kennen- und liebengelernt hat. Am Schluß des Theologiestudiums wird er zum Priester geweiht. Bei Laienbrüdern fällt das Studium weg, doch gilt für sie derselbe Zeitablauf. Viele Ordensleute absolvieren nach der Priesterweihe noch ein Spezialstudium, wenn es ihre Tätigkeit im Unterricht, Wissenschaft oder Wirtschaft erfordert.«

Wer heute eine Stiftsbesichtigung unternimmt, ist natürlich beeindruckt von der Stiftskirche mit dem Kontrasterlebnis von romanischem Langhaus und gotischem Hallenchor, vom stimmungsvollen Kreuzgang mit dem Brunnenhaus. Sehr oft ergibt sich aus solchen

Eindrücken auch eine romantisch-sentimentale Vorstellung vom mönchischen Leben in unserer Zeit.

»Bete und arbeite« – das gilt wohl noch immer; aber mögen sich im Gebet nur manche Texte geändert haben, so verlangt die Arbeit heute aufgeschlossene Männer und keine stillen Träumer. So wurde zum Beispiel ein junger Zisterzienser von Heiligenkreuz mit der Jugendbetreuung des Bezirks Baden beauftragt. Er ist viel mit der Jugend unterwegs und außerdem ein extremer Felskletterer, Bergführer und Skilehrer ...

»Wie ein Meteor, der am dunklen Nachthimmel emporsteigt, und immer strahlender und glänzender seine Bahn beschreibt, um dann spurlos im Weltenraume zu verschwinden; wie ein Licht, das vor dem Erlöschen noch einmal lebhafter und heller emporflackert: So pflegen auch die letzten Sprossen ruhmvoller Herrschergeschlechter nur unter Donner und Blitz, im Kriege und allgemeiner Verwirrung zu Grabe zu gehen. Mehr als dritthalb Jahrhunderte lang herrschte das Geschlecht der Babenberger über Österreich, sie erweiterten ihr anfänglich sehr beschränktes Gebiet zu mehr als neunfachem Umfange, verwandelten Einöden und Wildnisse in herrlich aufblühende Landschaften, schmückten dieselben mit ritterlichen Burgen, reichen Klöstern und wohlhabenden Städten, schützten und förderten Bildung und Kunst. Aber kaum einer aus der langen, glänzenden Reihe der Vorfahren zieht die allgemeine Aufmerksamkeit der Nachwelt in einem höheren Grade auf sich, als der ihnen höchst ungleiche letzte Sprosse des Hauses, Friedrich, dieses Namens der Zweite, in späteren Zeiten der Streitbare beigenannt. In fortwährenden, fast seine ganze Regierungszeit erfüllenden Kämpfen und Kriegen, bald gegen Bayern, Böhmen und Ungarn, bald gegen den Kaiser und das Reich, schien er mehrmals dem Erliegen nahe zu sein; immer aber raffte er sich wieder empor, das kaum Verlorene wurde zurückgewonnen, und seine früheren Feinde suchten seine Freundschaft. Schon war er nahe daran, die höchste Würde im Reiche dem Kaiser zu erringen, sich die Königskrone auf das Haupt zu setzen. Solches Glück erreichte er nicht, und bald sank er in die Gruft. Aber er fiel, noch im Tode siegreich, in offener Feldschlacht. Er hinterließ keinen Erben, und sein Ende führte eine lange Reihe trauriger Jahre für seine verwaisten Gebiete herauf ...« – So beginnt Adolf Ficker sein 1884 erschienenes Werk »Herzog Friedrich II., der letzte Babenberger« (und in so wohlklingender Sprache waren seinerzeit fast alle Werke der Historiker verfaßt).

Leben und Tod des letzten Babenbergers sind von Geheimnissen umgeben. Man sagt, daß er in seinem Leben Knaben mehr geliebt hätte als Frauen. Und man sagt von seinem Tod, in der Schlacht an der Leitha 1246, daß er nicht durch Feindeshand gefallen sei, sondern daß in seinen eigenen Reihen ein gedungener Mörder gewesen wäre.

Aber damals kämpften die Herrscher tatsächlich noch an der Spitze ihrer Heere, und Friedrich der Streitbare ist wahrscheinlich zu ungestüm vorgeprescht. Er war ein tapferer Mann. Und er war ein gepanzerter Mann! Ein Ritter in schwerer Rüstung mußte von Hilfskräften aufs Pferd und von diesem heruntergehoben werden. Wenn ein Pfeilschuß das Pferd traf (und die Ungarn, die Gegner dieser Schlacht, hatten viele gute Bogenschützen), und wenn das Pferd stürzte, lag der stolze Ritter ziemlich hilflos wie eine gekippte Schildkröte auf dem Boden.

Wie immer es damals auch gewesen sein mag – seine letzte Ruhestätte fand der letzte Babenberger im Stift Heiligenkreuz. Sein Grabmal im Kapitelsaal ist kein Meisterwerk dieser Zeit: Die Liegefigur des Herzogs auf der Grabplatte wirkt »hölzern«. Außerdem wurde das Gesicht von den Türken zerschlagen. Aber gerade das verleiht dem toten Ritter etwas Abstraktes, einen Zauber, dem man sich nur schwer entziehen kann und der diese Grabplatte zu einer besonderen Sehenswürdigkeit des Stiftes macht. Ritter, Tod und Teufel ... Friedrich der Streitbare fiel im Alter von 36 Jahren ...

Nach der Verwüstung durch die Türken ließ Abt Clemens Scheffer von Heiligenkreuz die Kaiserzimmer renovieren und notierte 1690 sehr sachlich: »Die Freskomalerey hat gekostet neben der Kost für den Maler 106 Fl (Gulden), ist nit die Schlechteste, auch nit die Köstlichste Malerey, hätt sonst um solchen Wert nit können gemacht werden.« Dazu ein Preisvergleich: Für die Deckenmalerei im Kaisersaal von St. Florian erhielt der berühmte Martin Altamonte 4300 Gulden.

Das war 1724. Einige Jahre später wurde der große Barockmaler »Familiaris« von Stift Heiligenkreuz; er gehörte von da an zur Hausgemeinschaft des Klosters ohne jedoch Ordensangehöriger zu sein. Im Heiligenkreuzerhof zu Wien bekam er ein schönes Zimmer und einen Bedienten zugewiesen; er hingegen verpflichtete sich, jährlich dafür 300 Gulden zu bezahlen. Nachdem Altamonte 1745 im Alter von 89 Jahren verstorben war, wurde sein Leichnam zur Beisetzung nach Heiligenkreuz überführt. Bei der Ankunft des Leichenzuges gab es »Fürstengeläuth« für den nun heimgekehrten »Familiaris«.

Ebenfalls »Familiaris« von Heiligenkreuz war dreiunddreißig Jahre lang der Barockbildhauer Giovanni Giuliani, der schon vorher viel für das Stift gearbeitet hatte (Chorgestühl, Dreifaltigkeitssäule u. a.). In seinem Vertrag verpflichtete er sich, »so lang er das Leben haben werde jederzeit dem closter mit seiner kunst und hard arbeit sowohl in modelln als aigner-bild und andern ausschnitzung ohne ainige gelds-praetension obligiert zu sein ...« – Durch diesen Vertrag kam das Stift auch zu der einzigartigen Sammlung von 145 Tonmodellen (Bozzetti) des Meisters, die heute Glanzstücke des Stiftsmuseums sind. – In dem Vertrag wurde auch noch festgehalten, »weilen ihme allein die grosse und starke handarbeit etwas beschwärlich fallete«, und »damit die schwäre arbeit seine ermate glieder nicht vor der zeit gar abzuschwächen machete«, wird ihm »ain oder andern lehrjung oder gesellen« zugestanden. Einer von diesen »lehrjung« war der Zimmermannssohn Schorschl Donner aus Eßling bei Wien, später, als er selber schon ein Meister geworden war, nannte er sich Raphael Donner ...

An der Innenwand der Stiftskirche von Heiligenkreuz befindet sich ein Grabstein mit einer Geschichte, wie sie wohl kein anderer aufzuweisen hat ...

Das Relief darauf zeigt einen vornehm gekleideten, aber barfüßigen Mann, der seine Füße auf ein tierisches Wesen mit einem affenartigen Gesicht stellt und auch mit seiner rechten Hand darauf deutet. Der Kunsthistoriker Karl Oettinger bewies in einer 1953 erschienenen Arbeit überzeugend, daß dies das Grabmal des 1227 verstorbenen Herzogs Heinrich ist, einem Sohn von Leopold VI., dem Glorreichen.

Herzog Heinrich – »an untugent was im nicht gleich«, wie Enikel in seinem um 1280 erschienenen »Fürstenbuch« schreibt – hatte den Beinamen »der Grausame«. Er erhob sich gegen seinen Vater, soll sogar einen Mordversuch an ihm unternommen haben. Deshalb ist der Tote barfuß als Büßer dargestellt; das affenartige Wesen zu

seinen Füßen verkörpert alles Böse, ist ein Teufelstier, das niedergetreten werden muß.

Der Grabstein befand sich ursprünglich im Boden des Heiligenkreuzer Kreuzganges und wurde 1892 anläßlich einer Neupflasterung gehoben. Damit beginnt wiederum eine höchst seltsame Geschichte ...

Im Jahre 1893 trat der aus Wien-Penzing stammende Schullehrerssohn Adolf Lanz (1874–1954) in das Kloster Heiligenkreuz als Novize ein. Frater Georg – wie er nun hieß – sah in der Figur auf dem Grabstein einen Tempelritter, der einen »Untermenschen« besiegt. Frater Georg war ein Schwarmgeist, und der alte Grabstein von Heiligenkreuz wurde für ihn zum Grundstein einer (seiner) Weltanschauung: Kampf der reinrassigen Asinge (= von den Göttern abstammenden Blonden) gegen die dunklen, minderrassigen Äfflinge.

1899 verließ Lanz das Kloster und machte sich dann im Verlauf der Zeit selber zum Doktor und Adeligen, wurde Dr. Jörg (Georg) Lanz von Liebenfels. Seine »Weltanschauung« veröffentlichte er nun in der von ihm herausgegebenen Zeitschrift »Ostara«, auf deren Titelblatt zu lesen war:

> »Die ›Ostara‹ ist die erste und einzige Zeitschrift zur Erforschung und Pflege des heroischen Rassentums und Mannesrechtes, die die Ergebnisse der Rassenkunde tatsächlich in Anwendung bringen will, um die heroische Edelrasse auf dem Wege der planmäßigen Reinzucht und des Menschenrechtes vor der Vernichtung durch sozialistische und feministische Umstürzler zu bewahren.«

In diesem obskuren Blatt (das manchmal sogar eine Auflage von 100.000 erreicht haben soll) läßt Lanz seinen Rassentheorien freien Lauf ...

› »Gewiß muß es auch die niedrigen Rassen geben, auch sie haben einen Zweck im Haushalte der Kultur zu erfüllen. Dieser Zweck ist eben: dem asischen Menschen zu dienen, ihm die groben Handwerkerarbeiten abzunehmen und ihm Handlangerdienste bei der Fortbildung und Weiterentwicklung der Gesittung zu leisten.«

Oder:

› »In allen Einzelfällen entscheidet das Rassenrecht immer nach
dem natürlichen Rechtsgrundsatz: Nützt oder schadet etwas der
asischen Rasse. Das erstere ist anzustreben, das zweite zu verhin-
dern.«

Oder:

› »Es ist herzzerreißend, wenn man sieht, wie Menschen der herr-
lichsten asischen Rasse Fabriksarbeiter und Tagschreiber in einem
Amt sein müssen, wenn sie vielleicht gar ihre Geistesarbeit in den
Dienst eines ganz minderwertigen Mischlings stellen müssen.
Dieses edle Rassenblut soll und wird, vorausgesetzt, daß es sich
rein hält, nicht untergehen. Es wird der Tag kommen, wo man
diese Menschen suchen wird und wo man Prämien auf sie und
ihre Zeugung aussetzen wird, ebenso wie der Tag kommen wird,
da man die Mischlingsbrut, die Staat, Gesittung, Religion und Gesellschaft zerstört, vom Erdboden hinwegtilgen wird müssen ...«

Lanz gründete auch einen »Orden des Neuen Tempels«, der
seinen Sitz auf Burg Werfenstein im Strudengau hatte. Dort hißte er
im Jahre 1907 eine Hakenkreuzfahne. Hitler war damals erst achtzehn Jahre alt.

In Wien (ab 1908) wurde Hitler ein eifriger »Ostara«-Leser.
Einmal suchte er auch Lanz auf, um einige ihm fehlende Nummern
zu erbitten. Lanz gab sie ihm und schenkte dem armen jungen
Mann außerdem noch zwei Kronen. Als Hitler dann 1938 in Österreich einmarschierte, erteilte er Lanz sofort strengstes Schreib-
verbot!

Heute besteht kein Zweifel darüber, daß ein Großteil von dem,
was Adolf Hitler geschrieben und verkündet hatte, eigentlich der
»Weltanschauung« des Adolf Lanz entstammt (der 1932 auch stolz
Hitler als seinen Schüler bezeichnete). Lanz war »Der Mann, der
Hitler die Ideen gab« – wie auch der Titel des Buches von Wilfried
Daim lautet, in dem es zum Schluß heißt: »Es begann mit dem
Schwärmen für Tempelritter, ging weiter mit der phantastischen
Auslegung der Symbolik eines Grabsteines in Heiligenkreuz, auf
dem nach dieser Auffassung ein Heldling auf einen Äffling tritt,
fand seine Fortsetzung bei Würstelessen und Biertrinken auf Wer-
fenstein und endete in Hitlers Rassenzucht und Gaskammern.«

»Mary Freiin v. Vetsera, geb. 19. März 1871, gest. 30. Jänner 1889. Wie eine Blume sproßt der Mensch auf und wird gebrochen. Hiob 14, 2.« – Schon bald nach der »Tragödie von Mayerling« wurde es bei jungen Paaren Brauch, vom Lorbeerbaum der Vetseragruft ein Blatt als »Liebestalisman« mitzunehmen, und jetzt, fast hundert Jahre nach der Tragödie, besuchen immer häufiger ausländische Besucher den Heiligenkreuzer Friedhof und das Grab der jungen Baronesse.

1945 hatten die Russen in der Gruftkapelle eine Feldküche eingerichtet und den Sarg auf der Suche nach Schmuckstücken aufgebrochen. 1959 erfolgte daher eine Umbettung in einen neuen Sarg; dabei zeigte sich das Kleid noch erhalten, das die Baronesse zuletzt getragen hatte. Sie wurde ja seinerzeit von der sogenannten »Hochkommission« zuallererst sehr schnell – um nur ja kein Aufsehen zu erregen – wie ein Stück Vieh neben der Friedhofsmauer verscharrt. Und von Mayerling zu ihrer letzten Ruhestätte in Heiligenkreuz wurde sie nicht in einem Sarg und Leichenwagen gefahren, sondern halb liegend und völlig angekleidet mit Pelzmantel und Hut in einem Fiaker ...

Mayerling selbst ist für die in großen Autobussen anreisenden Ausländer zunächst eine Enttäuschung. Sie können es nicht fassen, daß das berühmte Mayerling nur aus einigen weithin verstreuten Häusern besteht. An der Stelle des alten Jagdschlosses befindet sich nun das von Kaiser Franz Joseph gestiftete Sühnekloster. Der Hochaltar der Kapelle steht genau an der Stelle, wo einst das Bett stand, in dem Österreichs Thronfolger Erzherzog Rudolf zuerst Baronesse Vetsera erschoß und dann sich selbst.

Die Karmelitinnen, die noch heute in dem Kloster für das unglückliche Paar beten, sind der strengste katholische Frauenorden. Keine der Frauen verläßt nach ihrem Eintritt lebend das Kloster; Tage und Nächte werden im Gebet verbracht, es gibt viele Fasttage und nie Fleisch – eine Karmelitin ist lebend begraben. Das hat auch schon der Stifter Kaiser Franz Joseph gefühlt, als er nach der Einweihung des Klosters 1889 an seine Freundin Katharina Schratt schrieb: »Gestern war ich in Mayerling und kam befriedigt, wenn auch traurig gestimmt, zurück. Das Kloster ist gut ausgefallen und die Kapelle ist wirklich sehr hübsch. Über dem ganzen ruht in der freundlichen, beim gestrigen schönen Wetter besonders hübschen Gegend, ein wohltuender, beruhigender Frieden. Ich hörte zuerst die Messe in der Kapelle und besichtigte dann das Kloster und alle Nebengebäude. Die Nonnen sind zufrieden und ihre Zellen mit der unendlich einfachen ärmlichen Einrichtung haben eine freundliche Aussicht in die Gegend und gute Luft. Es sind auch einige junge, hübsche Novizinnen da. Welcher Entschluß, sich für das ganze Leben in diese strengen Klostermauern zu begraben.«

Kronprinz Rudolfs Leiche wurde von Mayerling nach Baden gefahren und von dort um Mitternacht mit einem Sonderzug nach Wien. In dieser Nacht – so erzählt man in Gumpoldskirchen – war ein Bahnbediensteter aus Baden etwas zu lange beim »Gumpoldskirchner« sitzengeblieben und ging dann auf dem Heimweg – weil er wußte, daß kein Zug mehr kommt – durch den »Busserltunnel« bei Pfaffstätten. Und als er inmitten des Tunnels war, sah er plötzlich die Lichteraugen einer Lokomotive näher kommen, und – eng an die Tunnelwand gepreßt – sah er mit Entsetzen, daß diese einen Wagen zog, auf dem ein Sarg stand. Der Mann fiel in Ohnmacht und wurde erst am Morgen halb erfroren und verwirrt, immer etwas von einem »Geisterzug« lallend, neben dem Geleise gefunden. Die Tragödie von Mayerling war zu der Zeit noch Staatsgeheimnis. Man hielt den Eisenbahner für verrückt und schaffte ihn in ein Krankenhaus.

Auf dem Peilstein soll sich einst eine heidnische Opferstätte befunden haben. Beweise dafür gibt es natürlich keine, nur Vermutungen:

› Fast alle Peil-, Beil-, Ballersteine usw. Mitteleuropas haben entweder selbst eine phallusähnliche Form oder es befinden sich phallusähnliche Felsgebilde an ihnen (z. B. an unserem Peilstein die Arnsteinnadel). Man nimmt an, daß solche Berge einst Stätten besonderer Verehrung waren, wo man für die Fruchtbarkeit des Menschen, der Tiere und der Felder Opfer darbrachte.

› Um jeden dieser »Peilsteine« gibt es Sagen. Von unserem Peilstein erzählt man die Geschichte der Burgfrau von Arnstein, die, während ihr Mann auf Kreuzzug im Heiligen Land war, ein Kind mit Hundskopf zur Welt brachte. Der Heimkehrer ließ dann die untreue Frau in ein Faß stecken, das mit spitzen Nägeln gespickt war, und den Berg hinabrollen. Dort, wo das Faß mit der Frau liegengeblieben war, ließ er später die Kirche von Raisenmarkt errichten. Und in der Pfarrkirche von Alland wird heute noch ein Grabstein aus dem 13. Jahrhundert als der des »Hundekopfkindes« bezeichnet. Tatsächlich zeigt der Stein unter einem großen Lilienkreuz ein auf dem Rücken liegendes undefinierbares Tier, das als Hund, aber auch als Lamm identifiziert wird.

Das Interessante an der Arnsteinsage ist das hundeköpfige Kind. Hunde sind Wotans Begleiter bei seiner berühmt-berüchtigten »Wilden Jagd«. Und über den Peilstein soll sie – den Sagen nach – oft ziehen.

1889 unternahm Carl G. Kryspin, Volontär im gräflich Wimpffen'schen Forstamte zu Fahrafeld, Ausgrabungen bei der aus dem 12. Jahrhundert stammenden, um 1529 von den Türken zerstörten Burgruine Arnstein. In der Arnsteinhöhle fand er einige Höhlenbärenschädel und -knochen, im ehemaligen Burgverließ stieß er noch auf Menschenknochen, die er unter Salutschüssen bestatten ließ … »Die armen Teufel werden sich's bei ihrem Hinscheiden damals schwerlich gedacht haben, daß über ihr Grab Forstmannsbüchsen des neunzehnten Jahrhunderts als Gruß ins Jenseits donnern würden.«

Und dann erzählt der wackere Forstmann und Ausgräber noch folgendes: »Es war in Neuhaus, früh am Morgen des 14. Octobers 1889, als ich die Nachricht erhielt, daß in der Nacht zwischen 12 und 1 Uhr die Wilde Jagd gehört worden sei. Einige Burschen, die Nachts Fensterln waren, hatten sie gehört, und hatten sich, wahrscheinlich nicht gerade zur Freude ihrer »Dirndln«, spornstreichs davongemacht, um nicht in die Luft mitgenommen zu werden. Das Unheimlichste an diesem Geschehniß war aber, daß erst 13 Jahre seit dem letzten Auftreten der Wilden Jagd in Neuhaus verflossen waren, während sonst nach der Überlieferung der Bewohner immer 30 Jahre verstrichen, bis sich der mitternächtige Spuk wieder hören ließ. Mit weithin hallendem Hundsgebell und Peitschengeknall, mit Roßgewieher und dem markerschütternden Schrei übermenschlicher Stimmen braust der gespenstige Zug von Arnstein über den Gipfel in's Thal und verliert sich in den Wäldern des Taßberges. Wehe dem Frechling, der sich vor der, 6 Schuh über der Erde ziehenden Jagd nicht zu Boden wirft; vor Jahren versuchte ein Bursche der Gefahr zu trotzen, am anderen Morgen wurde er am Peilstein in elendem, zerfetzten Zustand aufgefunden, der wilde Jäger hatte ihn mitgerissen und auf seinem Rückwege dort aus der Höhe herabgeschleudert. Das verfrühte Wiedererscheinen des Wilden Jägers wurde vom Volke, sobald meine Grabungen auf seinem Sitze Arnstein ruchbar wurden, diesen zugeschrieben.«

In den achtziger Jahren des vorigen Jahrhunderts wurden auch die Peilsteinwände als Klettergebiet entdeckt, und seit damals gibt es wohl keinen Wiener Bergsteiger, der nicht auch an der Peilstein-Zinne, am Peilstein-Matterhorn oder Peilstein-Cimone herumgeklettert ist. »Vom Peilstein zur Eigernordwand« ist der Titel des berühmten Bergbuchs von dem Eigernordwand-Erstbegeher Fritz Kasparek, und in der ersten Strophe des »Peilsteinliedes« (das heute schon in Südtirol gesungen wird und auch an der Nordsee) von Pauli Wertheimer und Hans Schwanda heißt es:

> *Ist die Wochen endlich aus,*
> *fahrn wir auf den Peilstein raus,*
> *da gibts immer a Gaudee.*
> *Denn die Weiberln und die Manndln,*
> *kräuln dort auf die Felsenwandln*
> *wie die Fliegen in die Höh.*
> *Haut's an abi bei dem Sport,*
> *geht er trotzdem no net fort,*
> *hat er auch ein Loch im Hirn.*
> *Jede Wochen a paar Tote,*
> *ja so is am Peilstein Mode,*
> *sowas kann uns net geniern!*

1928 erschien der erste Peilstein-Kletterführer. Im Vorwort schrieb sein Verfasser Leopold Landl: »Welch unvergeßliche Romantik liegt in den nächtlichen Anmärschen zum Peilstein, im Abkochen des Frühstücks beim Einstieg, wenn der langsam aufziehende Tag die hellen Felszinnen freigibt und der kühle Morgenwind den Schlaf aus den Augen scheucht!« – Die nächtlichen Peilstein-märsche machte man zu dieser Zeit nicht wegen der »unvergeßlichen Romantik«, sondern weil bis Samstagabend gearbeitet wurde.

1928 ... damals kletterte man auch noch mit einer Ausrüstung, die im Vergleich mit der modernen fast mittelalterlich primitiv erscheint (Kletterschuhe mit Hanfsohlen, Hanfseile mit geringer Reißfestigkeit, Mauerhaken und Karabiner aus schwerem Eisen). Trotzdem kletterte man auch damals schon durch eine Zinne-Nord (Erstbegehung 1911!) oder einen »Selbstmörderriß«, die auch heute noch zu den schwierigsten Peilstein-Kletterein gehören.

Nach dem Zweiten Weltkrieg war durch die moderne Erschließung des 800 Meter langen und bis zu 100 Meter hohen Wandzuges eine Neubearbeitung des Peilstein-Kletterführers notwendig geworden. Diese wurde von dem bekannten Bergsteiger Hubert Peterka (mehr als 500 Erstbegehungen in den Alpen!) vorgenommen; seine Assistenten waren die Mitglieder der Bergsteigergruppe vom Österreichischen Gebirgsverein.

Sonntag um Sonntag baute nun Peterka am Fuße der Wände sein »Büro« auf ... ein Holzbrettl war sein Schreibtisch, links und rechts von ihm lagen mit Steinen beschwert die Manuskriptblätter der Wegbeschreibungen, während mindestens zehn Seilschaften der Bergsteigergruppe in den Wänden herumkletterten, um diese Beschreibungen zu kontrollieren. Peterka wollte einen Führer ohne Fehler herausbringen.

Peterka wollte überhaupt den vollkommenen Führer schaffen! Er wollte vermeiden, daß nach Erscheinen des Führers »ein Herr Gschisti oder ein Herr Gschasti« noch irgendeine Erstbegehung macht und der Führer dadurch als unvollständig und veraltet gilt. Daher: »Was noch am Peilstein an Erstbegehungen zu machen ist, das machen wir selber!« Wo er noch ein Stückerl Fels wußte, das noch keines Menschen Fuß betreten hatte, dort setzte er seine Seilschaften an ... »Erledigt das, Burschen!«

Peterka hatte aber die Rechnung ohne den Herrn Reif gemacht! Nachdem 1949 der Führer erschienen war, kam dieser aus der Emigration aus Shanghai zurück. Rudolf Reif hatte zwischen den beiden Weltkriegen zu den besten Wiener Bergsteigern gezählt, und in der Emigration war seine Bergsehnsucht unendlich gewesen. Wieder in der Heimat, stillte er den Nachholbedarf; er war damals zwar schon fast siebzig Jahre alt, kletterte aber noch immer wie eine Katze. Außerdem war er Pensionist und hatte viel Zeit.

Herr Reif sah sich am Peilstein ein wenig um – und entdeckte dann doch noch einige unbegangene Lücken im Fels. Dort hinauf kletterte er und schickte dann die Beschreibungen seiner Erstbegehungen an Peterka; fast zwei Dutzend sind es geworden. Peterka tobte. Sein Traum vom vollkommenen Führer war ausgeträumt ...

Für einen Peilstein-Kletterweg ist allerdings kein Führer notwendig, für den »Vegetariersteig«, dessen Griffe schon vom Schweiß einiger Klettergenerationen glattpoliert wurden und im Sonnenlicht glänzen wie fette Speckschwarten – eine Supermarkierung!

1902 hatte Otto Laubheimer – ein strenger Vegetarier – diesen Weg zum erstenmal begangen, und sehr schnell wurde dieser Steig dann zu einer der beliebtesten Kletterereien am Alpenostrand.

»An der Platten tu ich hängen,
und die Griff sind so weit weg,
und ich kann sie nicht derglengen,
wenn ich mich auch noch so streck!«

– so hat Pauli Wertheimer über die Platte des »Vegetarier-Steiges« gedichtet.

Zum fünfundsiebzigsten »Geburtstag« des Steiges wurde berechnet, wie viele Menschen sich wohl schon nach seinen Griffen gestreckt haben. Die Rechnung lautete so: Nehmen wir an, daß an 25 Wochenenden (Samstage und Sonntage) des Jahres etwa 25 Zweier- und Dreier-Seilschaften unterwegs waren, so ergibt das pro Wochenende eine Begeherzahl von ca. 50 bis 60 Menschen, im Jahr sind das rund 1400. Bei dieser Hoch-(oder Tief-?)Rechnung klammern wir Kriegszeiten aus, aber auch jene betriebsamen Sonntage, an denen die Kletterkurse unterwegs sind und am Einstieg Platzkarten verteilt werden. So kommen wir nach 75 Jahren zu der stolzen (abgerundeten) Zahl von ca. 100.000 Vegetarierbezwingern! Würden sich diese 100.000 Kletterer einer hinter dem andern aufstellen, dann würde diese Menschenschlange vom Wiener Stephansplatz bis auf den Peilstein und zum Einstieg des »Vegetarier-Steiges« reichen! Wohl der eindrucksvollste Beweis dafür, was der Peilstein für die Bergsteiger am Ostrand der Alpen bedeutet!

Seinerzeit haben die Peilsteinkletterer ihre Gaudi daran gehabt, den Sonntags-Wanderern am Aussichtsfelsen einzureden, soeben – »Husch, und weg war sie!« – eine Gemse gesehen zu haben. Für die Wienerwaldwanderer war das eine Sensation. Und was die Einbildung vermag: Schießlich meinte dann jeder, tatsächlich ebenfalls mit eigenen Augen »a echte Gams« gesehen zu haben ...

Nach dem Zweiten Weltkrieg siedelte man auch in den niederösterreichischen Voralpen Gemsen an; einige von ihnen wechselten sogar in unseren Wienerwald herüber. Als die ersten Gemsen am Peilstein herumsprangen, traute sich keiner der Kletterer den anderen davon zu erzählen. Jeder fürchtete, für leicht angesäuselt gehalten zu werden ... weiße Mäuse, weiße Gams und so ...

Die »Pankraziburg« auf einem markanten Hügel oberhalb von Nöstach – einst eine Wehrkirche mit Ringmauer und Rundtürmen – ist heute eine malerische Ruine. Und eine Ruine ist auch die bereits

1256 urkundlich genannte Martinskirche inmitten des Friedhofs von Nöstach.

Von Nöstach wird heute noch immer wieder erzählt, daß sich an seiner Stelle einst eine reiche, blühende Stadt namens Schwarzenburg befand, die 1529 von den Türken völlig zerstört wurde. Deshalb gilt auch heute die Gegend noch als ein Eldorado für Schatzgräber, die dort heimlich und still nach vergrabenen Schätzen suchen – und nie, nie welche finden.

Nun: Es stimmt, daß das Kloster Kleinmariazell 1136 von den Brüdern Heinrich und Rapoto von »Suarzenburch« gegründet wurde und daß man dieses Schwarzenburg lange Zeit mit Nöstach identifizierte. Dann aber ergaben Forschungen, daß sich dieses Schwarzenburg doch irgendwo in Bayern oder Böhmen befunden haben muß. Nöstach hieß wahrscheinlich einmal »nezta«, wurde von den Slawen schon vor dem Jahr 1000 gegründet, war aber nie eine »blühende Stadt«.

Und die Türken – sie waren gewiß keine Engel, aber an den Kirchenruinen St. Pankraz und St. Martin sind sie unschuldig. 1745 ist die geräumige barocke Wallfahrtskirche Hafnerberg vollendet und der Pfarrsitz Nöstach dorthin verlagert worden; St. Martin und St. Pankraz hatten damit ihre Funktion verloren und wurden entweiht. Von der »Pankraziburg« holte sich die Landbevölkerung ihre Bausteine; St. Martin wurde an einen Maurermeister aus Leobersdorf namens Nothaft verkauft, der den Bau (bis auf den Kirchturm) abtrug...

Festverwurzelt ist wohl in jedem Wienerwaldwanderer die Vorstellung, daß der Wienerwald von einst noch »waldiger« war...

In Wirklichkeit wurde schon im 12. Jahrhundert rund um den Peilstein auch Wein gezogen... bei Raisenmarkt und Schwarzensee, bei Weißenbach (wo heute noch ein Berg oberhalb des Ortes Weinberg heißt) und Nöstach. Das Ende des Weinbaues in diesem Gebiet dürfte wohl weniger auf wirtschaftliche Gründe zurückzuführen sein als auf eine allgemeine Klimaverschlechterung, die auch das Ende des Safrananbaues in Niederösterreich bewirkte.

Von diesem Weinbau rund um den Peilstein berichten alte Urkunden; darin steht allerdings nichts davon, wie diese »Peilstein-(Salatessig-)Perle« gemundet hat...

»Ganz bescheiden und versteckt wie ein Waldveilchen, das gesucht werden muß« (so heißt es in einer romantischen Beschreibung), liegt die ehemalige Benediktinerabtei Klein-Mariazell in einem Seitental der Triesting. Cella S. Mariae, Alt Zell, Zell im Walde und Mariazell im Wienerwald nannte man sie einst, erst im 19. Jahrhundert erfolgte die Benennung in Klein-Mariazell – obwohl die schon 1136 gegründete Abtei älter ist als das hochberühmte steirische Mariazell.

Nur eine schmale Straße führt an Klein-Mariazell vorbei, eine Sackgasse, die sich nachher bald im Wald verliert. Kirche und Klostergebäude stehen auf einer von einem Bach durchflossenen Wiese, dahinter ist Wald. Schwermütig erscheinen die romanischen Portale, luftig und duftig hingegen die berühmten Barock-Fresken von Johann Bergl in der Kirche. Alles in allem: Wirklich ein Veilchen, das im verborgenen blüht ... obwohl nur wenige Kilometer davon die berühmte »Via sacra« vorbeiführt.

Das seit 1974 in den wiederhergestellten mittelalterlichen Mönchsräumen Klein-Mariazells untergebrachte »Wallfahrtsmuseum« ist diesem alten Pilgerweg von Wien nach Mariazell gewidmet. Die Museumsobjekte: alte Andachtsbilder, Pilgerführer, Flugblattlieddrucke, Wallfahrermedaillen – und Münzen, Andenken, Opfergaben, Votivbilder (»Von einer andächtig Marianischen Versammlung in der Landesfürstlichen Stadt Korneuburg zur schuldigsten Dancksagung für die Wunderbahrliche Erhaltung bey dem untern 17ten August 1764 in Zell für gewest erschrecklichen Donner-Wetter« lautet die Inschrift auf einem dieser Bilder).

Das Glanzstück der Sammlung sind vierzig Aquarelle, welche diese »Via sacra« von Wien nach Mariazell wie ein Film zeigen. Titel: »Mahlerische Reise von Wien nach Maria Zell in Steyermark, dargestellt in drey Tagreisen und nach der Natur aufgenommen im Jahre 1833 in Begleitung Sr. Majestät des jüngeren Königs von Ungarn Ferdinand dem Fünften von Eduard Gurk«. – Selbstverständlich hat der Künstler diese 40 Aquarelle nicht während des Dreitage-Marsches angefertigt, sondern nach vielen Skizzen, die er auf dem Hin- und Rückweg gemacht hat.

An der »Via sacra« gab es Klöster und Wallfahrtskirchen, viele Bildstöcke und Kapellen, selbstverständlich auch Pilgerunterkünfte und Gasthäuser. Schon im 15. Jahrhundert fanden die ersten Gruppenwallfahrten statt, im Hochbarock (nach den überstandenen Türkenkriegen) war dann die Blütezeit der »Mariazeller Fußwallfahrt«.

Nach der Erbauung der Eisenbahnen im 19. Jahrhundert verlor der alte Pilgerweg allmählich seine Bedeutung.

Sammelpunkt der Wallfahrer war damals die Paulanerkirche auf der Wieden vor den Toren Wiens. Dorthin kamen auch die Leute aus dem Marchfeld, aus dem Wald- und Weinviertel. Der Aufbruch erfolgte am frühen Morgen.

Erste Tagesetappe: Spinnerin am Kreuz – Maria Enzersdorf – Gaaden – Heiligenkreuz – Alland – Hafnerberg – Altenmarkt – Nächtigung entweder in Kaumberg oder Hainfeld.

Zweite Tagesetappe: Weiter über Lilienfeld, Türnitz bis nach Annaberg oder Wienerbruck.

Tagesziel des dritten Tages: Mariazell.

In Mariazell verbrachte man einen Tag, und nachher zog man wieder in einem Dreitagemarsch zurück nach Wien.

Gruppen aus ländlichen Gegenden hatten manchmal einen Wagen mit, auf den sie das Gepäck verluden, aber im allgemeinen trug man es selbst. Rucksäcke gab es damals noch keine, man trug die Habseligkeiten in einem Stoffbündel. Das »Verköstigen« in einem Gasthaus war den Leuten nicht nur zu zeitraubend, sondern auch zu teuer; man hatte den Proviant für die ganze Reise mit: Brot, Speck, Käse ... gebratenes oder gesottenes Fleisch wurde in mit Essig getränkte Tücher gewickelt, um es vor dem Verderben zu schützen (wie das Fleisch im Hochsommer nach fünf oder sechs Tagen geschmeckt hat, kann man sich vorstellen!). Niemand dachte daran, Reservewäsche mitzunehmen. Alles, was man für das rauhere Klima im Bergland brauchte, trug man von Wien weg auf dem Leibe; ein Wanderer von heute würde sich in der rauhen Leinenwäsche und in dem schweren Tuchzeug wie in einer Ritterrüstung fühlen. Trotzdem war man »schnell und gut zu Fuß«, denn wie aus allen zeitgenössischen Berichten hervorgeht, legte man ja nicht nur die respektable Wegstrecke zurück, sondern hielt außerdem in jeder bedeutenderen Kirche auch noch eine kleine Andacht. Und unterwegs wurde gebetet und gesungen, aber das war zugleich auch eine anfeuernde Marschierstimulanz.

So beschwerlich eine solche Wallfahrt auch war, für die Menschen von damals bedeutete sie noch etwas mehr als nur eine religiöse Tat. Denn einen Urlaub in unserem Sinn gab es zu dieser Zeit weder für Bauern noch für Bürger; eine Wallfahrt war die einzige Möglichkeit, einmal aus dem Alltag auszubrechen, etwas zu erleben, was man nachher erzählen konnte.

Heute versuchen junge Menschen, die alte Fußwallfahrt nach Mariazell wieder aufleben zu lassen. Aber den eigenartigen Zauber der
»Via sacra« können sie doch nicht mehr erleben … bei dem Ausbau
zu einer modernen Schnellstraße versank auch viel von ihrer Romantik unter Asphalt und Beton.

In Berndorf gründeten 1843 die Großindustriellen Alexander von
Schoeller und Hermann Krupp (ein Sohn des Essener Krupp) eine
»Löffelfabrik«. 1844 waren darin 50 Arbeiter beschäftigt, 1879 arbeiteten in dem zur »Metallwarenfabrik« gewordenen Betrieb bereits
3000 Menschen.

Zur großen Sehenswürdigkeit Berndorfs wurden seine zwei
1908–1909 erbauten Schulen, deren Klassenzimmer in verschiedenen Stilarten gestaltet sind. Es gibt ein ägyptisches, dorisches,
pompeianisches, maurisches, byzantinisches, romanisches, gotisches
Lehrzimmer und außerdem noch Zimmer im Renaissance-, Barock-,
Rokoko- und Empirestil. Das maurische Zimmer z. B. schaut so aus:
»Die Decke ist eine Nachahmung der alten maurischen Holzdecke
in der Universitätskirche zu Alkala de Heinares in Spanien. Unter
der Decke laufen stilisierte Tropfsteine um den Raum, mit goldenen
Wassertropfen, die auch an der Decke hängen und an den Wänden
heruntertropfen wie in einer Tropfsteinhöhle. Die wirklichen Vor-
bilder befinden sich in Cordoba und in der Alhambra. Der untere
Teil der Wandbekleidung besteht aus bemalten, glasierten Tonflie-
sen, wie sie in der Kathedrale zu Toledo zu sehen ist. Das Portal ist
eine Nachahmung des ›Goldenen Tores‹ (Porta aurea) in Cordoba
und besteht aus vier freistehenden Marmorsäulen, deren Kapitäle
farbenprächtig geschmückt sind. An der Türe hängt die Nachahmung eines arabischen Gebetsteppiches.«

Der Stifter dieser Einrichtung war Arthur Krupp, der die Absicht
damit verband – wie es in der Heimatkunde des Bezirkes heißt –
»durch die künstlerische Gestaltung der Innenräume auf die Kinder
der Berndorfer Arbeiter einzuwirken, um sich auf diese Weise einen
entsprechenden Nachwuchs für seine Fabrik zu erziehen. Diese
Fabrik erhielt ja ihren Weltruhm durch die besonders künstlerische
Herstellung von Tafelgeschirr aus Alpakasilber, und die Berndorfer
Arbeiter waren es, deren kunstfertige Hände diesen Reichtum
schufen.«

Schön! Aber wen packt heute nicht das Grausen allein bei der

Vorstellung, als Schüler ein ganzes Schuljahr lang in solch einem maurischen Grottenbahn-Schulzimmer zu sitzen (während z. B. vor den Fensterscheiben die Schneeflocken durch die Luft wirbeln)?

Die Krupps zu Berndorf hatten sich aber auch ein eigenes Theater erbauen lassen. Ebenfalls ein Kuriosum: Seine Hauptfassade wurde nicht gegen den Stadtplatz, sondern gegen die am Berghang befindliche Kruppvilla gerichtet. Der Hausherr wollte nämlich den Gästen jederzeit sein »Haustheater« zeigen können . . .

Daß bis heute nicht überall im Wienerwald »rauchende Schlote« stehen, ist ein (ist unser) Glück. Die »grüne Lunge« blieb Wien bisher erhalten, und auch eine wohltuende Ruhe ist in den meisten Wienerwaldsiedlungen noch immer zu finden.

Ein bisserl an »Krähwinkel« erinnert allerdings die Geschichte vom 1. Mai 1890 im Ort Hinterbrühl. Damals fand nicht nur im Wiener Prater der erste Mai-Aufmarsch statt, sondern es wurden auch in vielen anderen Orten Österreichs Arbeiter-Umzüge veranstaltet. In der Hinterbrühl traf man für (oder gegen) dieses Ereignis ganz gewaltige Sicherheitsvorkehrungen: Es trat die ganze Feuerwehrmannschaft in Bereitschaft! Sie wurde aber dann – wie es in der Ortschronik zu lesen ist – »hierorts nicht in Anspruch genommen«.

Hir ligt der Vatter und der Sohn,
Ein Alter und ein Junger,
der Tod schaut die Person nicht an
sorgt nur für seinen Hunger.
Bald schluckt er einen Jung in sich,
bald frisst er einen Greysen,
O Sterblicher, so lasse dich
doch einmal unterweisen.

Grabinschrift aus dem Jahre 1783 an der Kirche von Pottenstein

Ferdinand Raimund liebte die Wienerwald- und Voralpenlandschaft, er schrieb und wanderte dort gerne; in Gutenstein wollte er begraben sein, und in Pottenstein ist er gestorben. Dem Schriftsteller Hermann Rollett, Sohn des berühmten Badener Arztes Anton Rollett, verdanken wir einen ausführlichen Bericht über die letzten, qualvollen Tage des Dichters – eine Reportage über eine große Tragödie.

»Raimund reiste gegen Ende August 1836 auf seine Besitzung bei
Gutenstein, wo ihm sein Haushund zufällig an der linken Hand un-
bedeutend die Haut ritzte. Bald danach begab er sich mit seiner
Freundin Antonie Wagner nach Mariazell. Am 30. Vormittags
kamen sie auf der Rückreise nach Pottenstein. Daselbst im ›Hir-
schen‹-Wirtshause angelangt, trennten sie sich. Raimund fuhr von
Pottenstein wieder zurück nach seinem Landhause bei Gutenstein,
um nach dem Hunde zu sehen, welcher ihn gebissen hatte. Daselbst
angelangt, fand Raimund den Hund erschlagen und bereits verscharrt, und es wurde ihm bedeutet, daß der dortige Hirt den Hund
für tollwütig gehalten habe.

Dies setzte den unglücklichen Raimund in die bangste Besorgnis.
Allsogleich kehrte er nach Pottenstein zurück und bestellte sich
einen Wagen, um am 31. August Morgens um 5 Uhr nach Wien zu
fahren. Eine außerordentliche Aengstlichkeit ließ den Armen die
ganze Nacht nicht ruhen. Morgens 4 Uhr stand er auf, öffnete die
Fenster und klagte laut über ein ungewöhnliches Gefühl von Hitze,
Angst und banger Furcht, das er nie empfunden habe. Seine
Freundin, dadurch in Schrecken gesetzt, suchte ihn zu trösten, und
sie nahm ein Glas, um ihm frisches Wasser zu bringen. Als sie aber,
zurückkommend, in die Stube trat, sah sie Raimund, der sich inzwischen aufs Bett gesetzt hatte, sein Handterzerol nach dem Munde
führen und einen Schuß abfeuern, worauf der Bejammernswerte
lautlos zurücksank. Bestürzt lief sie zum offenen Fenster und zur
Türe und schrie um Hilfe. Der Wirt Schönbichler eilte herbei, sah
den das Terzerol in der rechten Hand haltenden Raimund blutig auf
dem Bett liegen, packte ihn und rief, ihn rüttelnd: ›Raimund, was
haben Sie getan‹ –?‹ Darauf setzte sich Raimund auf, schaute den
Wirt groß an, rief mehrmals: ›Ach Gott!‹ und andere undeutliche
Worte aus, und fiel wieder aufs Bett zurück – – –

Der Wirt brachte sogleich den im Wirtshause wohnenden
Dr. Holzer herbei und schickte auch um den Ortswundarzt Kaibl.
Beide Ärzte untersuchten den ausgestreckt Daliegenden, fanden den
rechten Arm und Fuß gelähmt, und trachteten vor allem, das gegen
den Unterleib zu festgehaltene Terzerol von der gelähmten Hand
loszulösen. Die Ärzte reinigten das Gesicht vom Blute und fanden,
daß die Kugel hinter den Schneidezähnen durch die Mitte des
harten Gaumens in den Kopf gedrungen war. Raimund machte mit
der linken Hand automatische Bewegungen nach dem Kopfe und
zeigte mit derselben auch an, daß er schreiben wolle. Sogleich gab

man ihm eine Feder in die linke Hand und legte das nächste Stück-
chen Papier darunter. In schiefer Linie von der linken zur rechten
Seite herab, aber ganz deutlich, schrieb er die von gebrochenem Mut
zeugenden Worte: ›Gott anbeten.‹ Die beiden Ärzte verordneten
kalte Umschläge auf den Kopf, erwarteten aber übrigens nichts anderes, als das baldige Hinscheiden des tödlich Getroffenen.

Die Freundin Raimunds sendete gleich darauf einen Wagen zu
meinem Vater nach Baden, wo derselbe als weit und breit rühm-
lichst bekannter Arzt seit dem Anfang des Jahrhunderts (1778 geb.)
wirkte.

Mein Vater folgte so schnell als möglich der Aufforderung und bereits Mittags war er an Ort und Stelle. Er nahm mich, der ich damals
17 Jahre zählte und zum Arzt bestimmt war, mit.

Als wir in die Stube des Kranken traten, lag Raimund ausgestreckt im Bett, die Augen waren geschlossen, die Augenlider vom
sugilliertem Blut schwarzblau aufgeschwollen. Aus beiden Nasenlö-
chern floß Blut. Die rechte Seite war lahm. Sprechen konnte er
nichts, doch er hörte alles mit vollem Bewußtsein und machte auf
Verlangen den Mund zur Untersuchung auf. Mein Vater nahm sofort die nötige ärztliche Hilfe vor, prognostizierte aber den baldigen
Tod.

Als mein Vater auf neues Verlangen tags darauf, Nachmittags,
wieder nach Pottenstein kam, fanden wir erstaunlicherweise den
Armen nicht nur noch am Leben, sondern sogar noch bei vollem Bewußtsein. Beim Hintreten meines Vaters ans Bett schlug Raimund
die Augen auf, schaute denselben mehrmals mit bedeutendem Blick
an, konnte aber kein Wort sprechen. Auf Befragen um sein Befinden
zeigte er mit dem Finger der linken Hand in den Mund, machte
denselben auf Wunsch gehörig auf, ließ sich ruhig untersuchen und
recht gern einen noch vorhandenen störenden Knochensplitter wegnehmen. Meinem Vater drückte Raimund darauf mit dankendem
Blicke die Hand.

Ich erinnere mich noch lebhaft, daß ich mich von dem schwer
Leidenden – den ich auf der Bühne in allen seinen Werken, stets tief
ergriffen von seinem eigentümlichen, in dieser Art wohl nie wieder-
kehrenden Gemütston, gesehen hatte – fast nicht trennen konnte,
und daß er auch mich aufmerksam mit einem unbeschreiblichen
Blick angeschaut, als ich, schon im Weggehen, nochmals an sein Lei-
denslager getreten war.

Ich und mein Vater sahen nun Raimund lebend nicht mehr. Rai-

mund wurde nämlich, nachdem wir ihn verlassen, von Tag zu Tag
schwächer, bis ihn endlich am 5. September um $^3/_4$ 4 Uhr Nachmittags der Tod von seinen qualvollen physischen und moralischen
Leiden befreite.«

Bei der Obduktion der Leiche Raimunds behielt damals Dr. Rollett
die ihm interessant erscheinende Schädelschale Raimunds für seine
phrenologische Schädelsammlung zurück. Raimund wurde also in
Gutenstein ohne Kopf begraben. Raimunds »heimliche Frau« Toni
Wagner führte dann einen jahrelangen Prozeß um den Kopf ihres
Geliebten, bis sie ihn schließlich bekam. Nach ihrem Tod wechselte
er noch einige Male die Besitzer, und erst im Jahre 1969 wurde auch
er im Raimundgrab zu Gutenstein beigesetzt.

Gegenüber dem Sterbehaus in Pottenstein steht jetzt ein Raimund-
denkmal. Sinnend schaut der Dichter des »Hobelliedes« auf einen
Hobel in seiner Hand. Erstaunt mußten aber seinerzeit die Potten-
steiner bei der Denkmalenthüllung feststellen, daß Raimund den
Hobel verkehrt hält . . .

»Und wenn die Leute auch schimpfen,
ich bleibe der Graf Wimpffen!«

Das war der Wahlspruch des um die Jahrhundertwende lebenden
Simon Graf Wimpffen zu Fahrafeld, eines etwas sonderlichen
Herrn, von dem man im Triestingtal noch heute viele Geschichten
erzählt. Er war ein leidenschaftlicher Fahrer von Wagen mit
schnellen Pferden (also ein Vorfahre der Autoraser unserer Zeit),
und wenn er mit seinem Gespann unterwegs war, trieb er gerne
seine Späßchen. Er lud Leute zum Mitfahren ein und führte sie dann
anstatt nach Hause an einen ganz anderen Ort, wo er sie aussteigen
ließ. Oder er fuhr mit ihnen so schnell, daß sie glaubten, ihr letztes
Stündlein hätte geschlagen. Durch ein Geldgeschenk glaubte er, den
armen Teufeln ihren Ärger oder ihre Angst wieder abkaufen zu
können.

Im ersten Weltkrieg waren die beiden Hotels in Neuhaus Erho-
lungsheime für Offiziere. Als einmal eine neue Gruppe am Bahnhof
Weißenbach ankam, stand dort ein schäbiger Fiaker. Der Kutscher
fuhr die jungen Offiziere nach Neuhaus, trug ihnen das Gepäck ins
Zimmer, nahm untertänigst dankend das bescheidene Trinkgeld in
Empfang. Abends: Großer Empfang des Grafen Wimpffen für die

neuen Gäste und große peinliche Überraschung für die Offiziere . . . der Kutscher vom Vormittag war der Graf persönlich gewesen!

Vom Bahnhof Weißenbach hatte der Graf im ersten Jahr seiner Ehe auch einmal seine Frau abgeholt . . . mit einem von Ochsen gezogenen und mit dampfenden Stallmist beladenen Wagen!

So war Simon Graf Wimpffen. 1922 ist er gestorben.

Um Merkenstein gibt es viel Merkwürdiges . . .

Im Kalkgraben, bei der »Buche am Stein«, ist in einem Felsblock eine kreisrunde künstliche Schale eingeschnitten. Man erzählt, daß bei dieser »Blutschüssel« in heidnischer Zeit Menschenopfer dargebracht wurden.

Unterhalb von Merkenstein verschwindet der aus Rohrbach kommende Rohrbach mit einemmal im Boden und kommt erst wieder – als ein echter Karstbach! – inmitten von Gainfarn (und zwar im Haus Hauptstraße 47) zum Vorschein.

In der Merkensteiner Höhle hauste schon der Neandertalermensch und auch noch der Mensch des Mittelalters – wie die seit 1921 durchgeführten Grabungen ergaben. Dem Höhlenbären, der noch vor der letzten Eiszeit lebte, war sie ebenso Lebensraum wie dem Ren und Eisfuchs während dieser Eiszeit. Insgesamt 7 Millionen Tierknochen aus der Eiszeit wurden in ihr gefunden, aber auch eine römische Münze aus der Zeit Marc Aurels.

Um 1100 wurde auf der Felskuppe über der Höhle eine Burg gebaut, eine von den vielen Burgen im Verteidigungssystem der »Ostmark«. Ein »Mercho« soll der Burg den Namen gegeben haben. Aus der Zeit um 1180 ist dann bereits ein Schreiben erhalten, das ein Ortwin von Merchenstein erhielt. Sein Inhalt: Der Empfänger möge einen gewissen Rudolf von Piesnich um die Ecke bringen, aber so diskret, daß weder der Auftraggeber (ein Graf Sigiboto von Hademarsperch) noch der Killer der Kirchenbuße verfällt. Zumindest wünschte Sigiboto, daß man dem bösen Feind die Augen aussteche . . .

So wie alle Burgen in diesem Gebiet, wurde auch Burg Merkenstein wiederholt belagert, wechselte oft ihre Besitzer und erlebte ihre Blütezeit im 17. Jahrhundert. 1683 wurde sie von den Türken zerstört. Seither ist sie Ruine, eine sogar sehr malerische Ruine. Für die Kurgäste Badens und Vöslaus war im 19. Jahrhundert eine »Überlandpartie« zu ihr fast ein Pflichtbesuch. Man lagerte dann dort auf der Wiese unter dem geborstenen Gemäuer, picknickte und führte dabei tiefsinnige Gespräche über die Vergänglichkeit alles Seins ...

Merkenstein könnte heute noch eine intakte Burg sein, wenn es nicht die »übermütige Magd« gegeben hätte! Nachdem die Türken vergebens Merkenstein längere Zeit zu erstürmen versucht hatten, gaben sie schließlich die Belagerung auf und machten sich fertig zum Abzug. Und da zeigte nun die »übermütige Magd« vom Fenster aus den Türken ihren nackten Hintern. Das erzürnte diese so sehr, daß sie dann noch einmal und diesmal mit Erfolg stürmten, die Burg zerstörten und die ganze Besatzung töteten ...

Bleibt noch die Frage, ob die »übermütige Magd« wirklich übermütig war? Ihre Geste galt nämlich in dieser Zeit auch noch als Abwehrzauber. (Übrigens: In einem erst vor kurzer Zeit aufgedeckten Etruskergrab in Tarquinia findet sich als Wandmalerei – und als Abwehr alles Bösen – die gleiche Geste dargestellt.) Vielleicht wollte die arme Magd nur dem Abzug der Türken noch mehr Nachdruck verleihen? Und erreichte das Gegenteil ...

»Von dieser herrlichen Gallerie herabschauend, erblickt man einen steten Wechsel von Bergen, Felsen, Hügeln, Thälern, Flüssen, Bächen, Auen, Wäldern, Weinbergen, Feldern, Wiesen, Dörfern, Flecken und Städten. – Goldene Wolken umschweben den Scheitel des Schneeberges, der klar und rein uns seinen Gipfel zeigt – und in Rosenschimmer gehüllt liegt die ganze Gebirgsgegend.«

Der Topograph I. A. Krickel in seinem 1832 erschienenen Werk »Baden und seine Umgebungen« über die Aussicht vom Hohen Lindkogel

Der Hohe Lindkogel (834 m) ist nach dem Schöpfl und dem wenig bekannten Gföhlberg der dritthöchste Wienerwaldberg. Seinen häufiger verwendeten Namen »Eisernes Tor« bekam er – nach der Überlieferung – von einem Heiligenbild an einem Baum, das in einem Kästchen mit einem Eisentürl hing. Zu diesem zogen häufig Bittsteller, manchmal sogar kleine Wallfahrten – und diese vielen Leute im Wald paßten den Herren Wildschützen nicht. Sie entfernten also das Bild. Da dieser Bildbaum aber schon seinen gewissen Ruf hatte, so pilgerte die bäuerliche Bevölkerung weiterhin zu ihm – wenn's auch nur zum »Eisernen Türl« war. Natürlich ist dieses Denkmal des uralten heidnischen Baumkults schon lange der Zeit erlegen.

Burg Merkenstein
Aus: Georg Matthäus Vischer, Topographia Archiducatus Austriae Inferioris Modernae,
1672

Die ersten Bergwanderer, die Anfang des 19. Jahrhunderts das Eiserne Tor erstiegen, wurden nach ihrer Rückkehr in Baden noch als verwegene Abenteurer gefeiert (und das zu einer Zeit, in der Montblanc und Großglockner bereits erstiegen waren!). 1856 ließ der naturliebende Freiherr von Sina auf dem Gipfel einen steinernen Aussichtsturm errichten, und nun nahm jedermann auch gerne »die Strapaz des qualvoll langen Aufstiegs« (wie es in einem Führer heißt) auf sich, um den »erhabenen Prospect« zu genießen, den die Warte bot. 1884 wurde das Schutzhaus neben ihr eröffnet.

Der »erhabene Prospect«, die Aussicht vom Eisernen Tor ist wirklich großartig und vor allem ist es der Anblick des Schneebergs, der fasziniert – im Frühjahr, wenn er noch weiß ist, oder im Herbst, wenn er schon wieder weiß ist. Das Hochgebirge über den Kuppen unseres Wienerwaldes und der Voralpen!

Viele Wienerwaldwanderer lieben den südlichen Wienerwald deswegen besonders, weil man in ihm – wie sie sagen – eine Ahnung vom Hochgebirge spürt … die grünen Nadelbäume, die an weite Latschenfelder erinnern, die kleinen hellen Felsen, welche Sehnsucht nach Kletterfreuden und großen Wänden erwecken. Und außerdem, weil man nach seinem Durchwandern und Weiterwandern auch das Hochgebirge, den Hochschneeberg erreichen kann. In drei, in zwei Tagen – sogar in einem Tag, wenn's sein soll!

Das ist der Bericht über eine bis heute wohl einmalige Schneebergwanderung aus dem Jahre 1898 (erschienen in der Zeitschrift »Der Naturfreund« und einmalig deswegen, weil die Wanderer dazu von der Haustür aus gestartet sind):

»Schon lange war in uns der Plan gereift, den stolzen Schneeberg, einmal unmittelbar von Wien aus in möglichst kurzer Zeit zu ersteigen.

Am 14. Mai, abends 7 Uhr 45 Min. marschierten wir bei günstigstem Wetter und sehr angenehmer kühler Temperatur, in der Stärke von drei Mann, mit drei wohlgefüllten Rucksäcken von Rudolfsheim (Wien XIV) weg. Vorläufig bewegten wir uns flott ausgreifend längs Schönbrunn, über den sogenannten »Grünen Berg« nach Hetzendorf und über den Rosenhügel nach Mauer (8 Uhr 45 Min.). Über den Kaisersteig war Rodaun und bald auch der Fuss der Föhrenberge erreicht. Während wir nun über den steilen Hang den Bierhäuselberg erklommen, genossen wir einen äusserst schönen Überblick über das beleuchtete Wien. Die mondlose, finstere Nacht zwang uns, zu unserem Leidwesen, unsere Beleuchtung, die hinter der wienerischen nicht weit zurückstand, in Betrieb zu setzen.

10 Uhr 15 Min. ward die erste Rast bei der Fröhlichquelle gehalten. Appetit war reichlich vorhanden, immerhin aber reichten 20 Min. aus, den Magen zu befriedigen. Die kühle Temperatur erleichterte den Aufbruch und flott ging's nun über die Kugelwiese, Lange Wiese zum Kreuzsattel (11 Uhr 30 Min.). In demselben Verhältnisse, wie sich das Marschtempo beim folgenden Abstieg über Neuweg und Wildegg nach Sittendorf beschleunigte, verlangsamte es sich beim Anstieg nach Füllenberg. In Bestätigung der alten Regel, dass einem Berge auch stets ein Thal folgt, ging's wieder abwärts und um 12 Uhr 45 Min. befanden wir uns in Heiligenkreuz. Nach 5 Min. Aufenthalt verfolgten wir die Strasse nach Mayerling. Beim Engelkreuz (1 Uhr 15 Min.) wurde erste Frühstücksrast gehalten.

Nach 25 Min. musste von der Stelle geschieden werden, lag ja doch noch die weit grössere Strecke vor uns. Der Gedanke an die noch zu nehmende Riesenstrecke, vermehrte das schon durch die Natur angeregte Frösteln.

Mit frischer Kraft, durch Mayerling und Raisenmarkt schreitend, wurde die Strassenhöhe bei Schwarzensee (3 Uhr) erreicht, eben als der Mond höher getreten und sichtbar geworden war und zugleich auch eine helle Färbung im Osten das Nahen des kommenden Tages verkündete. Das anbrechende Tageslicht schien uns elektrisiert zu haben, denn wir flogen nur so hinunter nach Neuhaus (3 Uhr 20 Min.) Und eher als wir es dachten, passierten wir Weissenbach a. d. Triesting (3 Uhr 40 Min.).

Durch den Kreuzgraben und über den dadurch gewonnenen Sattel, suchten wir das Grabenwegthal zu erreichen. Auf erwähntem Sattel wurde bei eben aufgegangener Sonne ein zweites Frühstück gehalten und nach 25 Min. in die Thalsohle hinabgestiegen.

Die Strasse bis zum Hals, durch das stark bereifte Grabenwegthal, gestaltete die Expedition ziemlich langweilig, doch entschädigte uns reichlich das herrliche Bild, das sich uns vom Hals (6 Uhr 15 Min.) darbot. Der Schneeberg lag in tadelloser Reinheit vor unseren Augen. Man wähnte ihn fast mit den Händen greifen zu können. Dahin fehlte in Wirklichkeit noch recht viel. – 10 Min. war uns dieser Anblick gegönnt – dann ging's wieder abwärts durch das Schärfthal nach Pernitz.

Hatten wir vor dem Hals schon etwas Müdigkeit zu verspüren geglaubt, so war sie jetzt wieder vollständig geschwunden. Der Schneeberg schien belebende Kräfte bis zu uns herüber gesandt zu haben. Schon um 7 Uhr war Pernitz erreicht, als eben die letzten Überreste des starken Morgennebels der vollen Auflösung entgegengingen.

Entgegen unserer Vereinbarung, suchten wir nun ein Gasthaus auf, um Kaffee zu trinken. Hier wurden wir einer nach dem anderen von einer modernen, epidemischen Krankheit erfasst, deren erregendes Bacterium wohl nie entdeckt werden wird: ich nenne sie Ansichtskarten-Geldhinauswerfesucht.

Solcherart war bald eine volle Stunde um, und wir mussten schleunigst aufbrechen (8 Uhr). Anfangs hatten wir vor, über Puchberg und durch den Schneidergraben den Schneeberggipfel zu erreichen. Ein »vielgereister«, intelligenter Bauer schilderte uns aber den Weg über Gutenstein und durch das Klosterthal so anziehend, dass wir uns für diese Route entschieden.

In Gutenstein (9 Uhr 5 Min.) wurden wir angestaunt wie Wunderthiere; warum, ist uns nicht bekannt. Mag sein, dass sich die Leute ob unseres späten Aufbruches wunderten, oder dass das gänzliche Fehlen von Stöcken auffiel.

In die Strasse durch's Klosterthal zog sich langsam, richtiger gesagt zogen wir langsam hin, aber bei der bedeutenden Sonnenhitze war ein rascheres Tempo wohl nicht gut möglich.

11 Uhr 15 Min. standen wir im Klausgraben und rasteten an einer schattigen Stelle in der sogenannten Klamm (35 Min.). Nach äusserst ergiebiger Mahlzeit brachen wir auf und stiegen steil aufwärts, was wohlthuend auf unsere strassenmüden Glieder wirkte. Immer näher unser Ziel schauend, ging's zur Sparbacher-Hütte (1 Uhr). Da die Hütte geschlossen war, nahmen wir mit 5 Min. Rast vorlieb und stiegen dann über den Fadensteig weiter dem Plateaurand zu.

Die Luft war wegen eingetretener Bewölkung angenehm kühl, aber auch nicht mehr so rein wie frühmorgens, wenngleich unsere Fernsicht immerhin noch bis an die Donau hinausreichte. Als wir 2 Uhr 35 Min. das Plateau erreicht hatten, athmeten wir erleichtert auf, rasteten 5 Min. und erklommen nach weiteren 20 Min. den Kaiserstein, 2061 m.

Die einstündige Rast gestaltete sich äusserst genussreich, besonders in Anbetracht der überstandenen Mühen. Da wir den um 8 Uhr 15 Min. von Payerbach abgehenden Zug benützen wollten, verliessen wir schon nach einer Stunde den herrlichen Gipfel.

Über den Emmysteig gelangten wir rasch zum Baumgartnerhaus (5 Uhr 5 Min.), rasteten bei der dortigen Quelle 5 Min. und schritten dann rasch längs der Alpelleiten nordwärts. Hier blühten, was erwähnenswerth ist, die Soldanellen in besonderer Fülle. Unser rasches Tempo hemmte in der »Eng« die elende Beschaffenheit des Weges, aber trotzdem hatten wir durch das Schneedörfl um 7 Uhr den Bahnhof in Payerbach erreicht und damit unsere Fusspartie beendet.

Es sei schliesslich bemerkt, dass die Tour an Zeit 23 Stunden 15 Minuten erforderte, wovon auf Rasten 4 Stunden 15 Min. fielen, die reine Gehzeit also 19 Stunden betrug.

Es wird vielseits eingewendet werden, dass eine solche Tour gar kein Vergnügen gewähre. Dies glauben wir verneinen zu müssen: Wir hatten keiner das Gefühl der Abgestumpftheit, vielmehr, als wir das gesteckte Ziel erreicht hatten, waren wir in sehr gehobener Stimmung, wozu wohl auch das herrliche Wetter nicht unwesentlich beitrug.«

Wir haben diesen Bericht aus dem Jahre 1898 deswegen ganz zitiert, weil er beweist, wie verhältnismäßig leicht erreichbar für uns das Hochgebirge ist. Sollten einmal schlimme Zeiten kommen (wie es sie schon gab), dann haben wir noch immer die Möglichkeit, auf unseren zwei eigenen Beinen über die alte Route Rodaun – Föhrenberge – Wildegg – Peilstein usw. auch das Hochgebirge Schneeberg und Rax zu erreichen. Eigentlich kann uns Wienern also »nix passieren« . . .

DIE »WALD- UND WIESENTOUR«

>*»Alles strömt an freyen Tagen, in freyen Stunden hinaus in die herrlichen Gefilde, welche ein offenes Paradies, von den rebenreichen Gestaden der Donau, bis in die Felsenthäler der Mödlingerklause die Hauptstadt umschlingt. So führt denn der Heimische auch gerne den ihm befreundeten Fremdling hin nach diesen reizenden Fluren, welche er mit Stolz sein Vaterland nenne, und schon lange ist es anerkannt, daß keine deutsche Hauptstadt sich solcher Umgegend zu erfreuen habe, als das herrliche Wien. So begrüßet jeder neuerwachte Lenz eine größere Zahl von Gästen in den ländlichen Gefilden. Gesundheit, erhöhte Lebenslust und Kraft ist der Lohn dieser Ausflüge. Freudiger kehrt der Waller zurück nach den Mauern der Hauptstadt, mit dem Vorsatze, diese Genüsse, deren wohlthätigen Einfluß er nicht verkennen kann, sich bald wieder zu verschaffen.«*
>
> *F. C. Weidmann, 1823*

Ich erwartete aus Berlin den Besuch eines begeisterten Wanderers, der für einen knappen Wien-Aufenthalt auch einen Tag Wienerwald eingeplant hatte.

Auf den Kahlenberg wollte ich meinen Besucher nicht führen, weil ihn dort vielleicht die Wiener Höhenstraße mit den vielen Autos enttäuscht hätte . . .

Aber wohin dann?

Zufällig war am Abend des Tages, an dem ich die Ankündigung des Besuches erhalten hatte, wieder einmal Führerausschußsitzung im »Gebirgsverein«. Ich beschloß, mich von erfahrenen Wienerwaldkennern beraten zu lassen. Aber das hätte ich besser nicht tun sollen!

Wenn sonst eine Sitzung gegen neun Uhr abends zu Ende war, so saßen wir diesmal fast bis Mitternacht beisammen. Man riet mir:

Ich sollte mit meinem Gast von Preßbaum über die Drei Berge nach Breitenfurt wandern . . .

. . . Nein, da kriegt ja ein Fremder nicht mit, daß der Wienerwald auch eine Kulturlandschaft ist! Ich sollte daher nach Klosterneuburg fahren, das Stift besichtigen, und dann von »hinten« auf den Hermannskogel steigen . . .

». . . aber der Hermannskogel ist doch nicht der ›richtige‹ Wienerwald! Also: Wanderung von Rodaun über die Hochstraße nach Heiligenkreuz . . .«

In dem kleinen Zimmerchen in unserem Vereinshaus ging es bald so stürmisch zu wie bei der UNO. Jeder redete gegen jeden, und immer mehr erhitzten sich die Kenner und Liebhaber des Wienerwaldes an meinem Problem: Wohin führt man einen Berliner, der den Wienerwald kennenlernen will?

Man verriet mir Geheimtipwege, die kein Mensch kennt, beschrieb mir den Weg auf einen Kogel, von dem aus man den Schneeberg »einmal ganz anders sieht als sonst«, schilderte begeistert eine einsame Wiese mit herrlichem Gras, so die richtige Wiese für ein Liebespaar (mir, mit meinem Berliner!). Man debattierte heftig darüber, wo man den besten Millirahmstrudel kriegt (denn auch der gehört zum Wienerwald) – aber wann hätten wir den an diesem Tag essen können bei dem Fünfundzwanzigstunden-Tagesprogramm, das man für uns ausarbeitete?

Kurz vor Mitternacht mußte die Sitzung abgebrochen werden, weil der Hausmeister das Haustor zusperren wollte. Einer der Führer verpaßte die letzte Straßenbahn und mußte dann von Simmering nach Schwechat zu Fuß gehen, ein anderer mußte sich ein Taxi nehmen. Der allerärmste war aber der, dessen Frau absolut nicht glauben wollte, daß eine »Führerausschußsitzung« bis Mitternacht dauern kann ...

Ich bin dann mit dem Berliner von Mödling über den Anninger nach Baden gewandert. Meine Kollegen vom Führerausschuß waren empört ... »Jetzt haben wir dem Menschen bis Mitternacht tausend gute Tips gegeben, und was macht er? Er macht so eine ganz gewöhnliche Wald- und Wiesentour!«

Der Berliner war von der »ganz gewöhnlichen Wald- und Wiesentour« hellauf begeistert: »Mensch, wißt ihr Wiener überhaupt, was ihr mit eurem Wienerwald besitzt?«

Wir wissen es.

LITERATUR

Arnberger E./Wismeyer R., Ein Buch vom Wienerwald, Wien 1952

Auböck/Kühler/Mutewsky, Schrebergärten in Wien, Wien 1972

Auden W. H., Gedichte, Wien 1973

Autoweihe St. Christophen, St. Christophen o. J.

Badener Bücherei, Baden o. J.

Baum Elfriede, Giovanni Giuliani, Wien 1964

Beetz Wilhelm, Die Hermes-Villa in Lainz, Wien 1929

Benedikt Ernst, Karl Josef Fürst von Ligne, Wien 1936

Bermann Moritz, Der Wiener Stefansdom, Wien 1876

Blumenbach Carl W., Neueste Landeskunde des Erzherzogtums Österreich unter der Enns, Wien 1816

Britz Nikolaus, Lenau und Klosterneuburg, Wien 1975

Broucek Peter, Der Schwedenfeldzug nach Niederösterreich 1645/46, Wien 1967

Burget-Hagenauer-Pozdina-Weber, Der Weinort Gumpoldskirchen, Gumpoldskirchen 1977

Calliano Carl, Niederösterreichischer Sagenschatz, Wien 1924

Calliano Gustav, Prähistorische Funde in der Umgebung von Baden, Wien 1894

Calvi Primo, Darstellung des politischen Bezirkes Hietzing Umgebung, Wien 1901

Caspart Julius, Der Scheiblingstein im Wienerwald. In: Unsere Heimat, Band VIII/1935

Criste Oskar, Feldmarschall Johannes Fürst von Liechtenstein, Wien 1905

Daim Wilfried, Der Mann, der Hitler die Ideen gab, München 1958

Dauthage Heinrich, Grinzing – ein grimmiges Weinlied, Wien 1970

Dix Robert, Raritäten und Kuriositäten in Niederösterreich, Wien o. J.

Döbling. Eine Heimatkunde des XIX. Wiener Bezirkes, Wien 1922

Donin Richard Kurt, Wildegg, Wien 1927

Drescher Kurt, Flur- und Riedbezeichnungen in und um Baden, Baden 1977

Eder Robert, Von Gestern und Ehegestern, Mödling 1919

Effenberger Eduard, Geschichte der österreichischen Post, Wien 1913

Eichthal Rudolf von, Der ersten Liebe goldne Zeit, Wien 1956

Faltis Viktor, Grinzing 1900, Wien 1973

Fenz Egon, Kulturstraße im Wienerwald, Wien 1962

Festschrift der Sektion »Wienerwald« des Österreichischen Touristenklubs, Wien 1926

Festschrift des Österreichischen Touristenklubs, Wien 1969

Ficker Adolf, Herzog Friedrich II., der letzte Babenberger, Innsbruck 1884

Fischer Friedrich, Die Grünflächenpolitik Wiens bis zum Ende des Ersten Weltkrieges, Wien 1971

Freytag-Berndt, Atlas Wienerwald, Wien 1975

Gaheis Franz, Spazierfahrten in die Gegenden um Wien, Wien 1794

Ganghofer Ludwig, Die Jäger, Stuttgart 1905

Giannoni Karl, Geschichte der Stadt Mödling, Mödling 1905

Goldmann Salka, Vom Kahlenberg, Wien 1923

Grausam Georg, Geschichte der Pfarrgemeinde Mauerbach, Wien 1946

Gugitz Gustav, Das Jahr und seine Feste im Volksbrauch Österreichs, Wien 1950

Güttenberger Heinrich, Heimatfahrten von heute und gestern, Wien 1925

Hagenauer Johann, Gumpoldskirchen, Augenzeugenberichte und Dokumente zu seiner Geschichte, Gumpoldskirchen 1978

Hammerl/Keller, Der freiwillige Arbeitsdienst in Österreich, Wien 1934

Heimatbuch für den Bezirk Mödling, Mödling 1956–58

Heimatbuch für die Stadtgemeinde Bad Vöslau, Bad Vöslau 1957 und 1959

Heimatjahrbuch 1930, Mauer bei Wien

Heimatkalender des Tullner Bezirkes, Tulln 1950

Heimatkunde des Bezirkes Baden, Baden 1951

Heller Hermann, Gumpoldskirchen und Thalern im Spiegel der Geschichte, Gumpoldskirchen 1928

Heller Hermann, Die Anningerhöhlen um Mödling, Wien 1927

Heller Hermann, Führer durch die Drei Därrischen-Höhle am Anninger, Mödling 1927

Hula Franz, Die Totenleuchten und Bildstöcke Österreichs, Wien 1948

Hutter Kaspar, Wie Kaspar Priester geworden, Innsbruck 1936

Ilg Albert, Schloß Breitenfurt. In: Mittheilungen der k. k. Central-Commission zur Erforschung und Erhaltung der kunst- und historischen Denkmale, XIII. Jahrgang, Wien 1887

Jahne Josef, Heimatkunde des Bezirkes Hietzing-Umgebung, Wien 1911

Janko Wilhelm, Laudons Leben, Wien 1869

Jelem Helmut, Standorterkundung Hoher Lindkogel, Wien 1961

Judtmann Fritz, Mayerling ohne Mythos, Wien 1968

Kahlenbergerinnerungen. Ausstellungskatalog vom Bezirksmuseum Döbling, Wien 1972

Kerchler Helga, Beiträge zur Kenntnis der norisch-pannonischen Hügelgräberkultur, Wien 1967

Klaar Adalbert, Das Altstraßennetz von Wien. In: Festschrift zum 70. Geburtstag von Karl Lechner, Wien 1967

Klaus I., Martin Altomonte, Wien 1916

Klesheim, Anton Freiherr von, 's Schwarzblatl aus'n Weanawald, Wien 1844

Kotasek Edith, Feldmarschall Graf Lacy, Horn 1956

Kramert Klemens, Ausgrabungen unter der St. Jakobskirche dokumentieren 1500 Jahre Heiligenstadt, Wien 1971

Kronenzeitung-Kochbuch, Wien o. J.

Krickel I. A., Baden und seine Umgebungen, Wien 1832

Kryspin Carl G., Ruine Arnstein, Wien 1891

Lanz-Liebenfels J., Grundzüge eines asischen Rassenrechtes. In: »Ostara« Heft 22/23, Rodaun b. Wien 1908

Lexikon der ur- und frühgeschichtlichen Fundstätten, Wien 1965

Loos Lina, Das Buch ohne Titel, Wien 1947

Lotler Friedrich, Severinus von Noricum, Stuttgart 1976

Lorenz Albert, Wenn der Vater mit dem Sohne . . ., Wien 1965

Lorenz Konrad, Er redete mit dem Vieh, den Vögeln und den Fischen, Wien 1949

Ludwig Vinzenz Oskar, Der Leopoldsberg, Wien 1939

Lukan Karl, Alpenwanderung in die Vorzeit, Wien 1965

Lukan Karl, Herrgottsitz und Teufelsbett, Wien 1979

Madura Lothar, Der Naturpark Sparbach, Wien 1968

Meißner Leopold Florian, Aus den Papieren eines Polizeikommissärs, Wien 1892

Miksch Willi, Der Drachenflieger vom Wienerwaldsee, Wien o. J.

Mödling, Landschaft, Kultur und Wirtschaft, Mödling 1975

Mödling und sein Bezirk, Wien 1879

Moißl Rudolf Alexander, Das Posthorn klingt, St. Pölten o. J.

Müller-Guttenbrunn, Altwiener Wanderungen und Schilderungen, Wien 1917

Muhr Adelbert, Reise um Wien in achtzehn Tagen, Wien 1974

Naturgeschichte Wiens (I–IV), Wien 1970–74

Nebehay Christian, Egon Schiele 1890–1918. Leben, Briefe, Gedichte, Salzburg 1979

Niederösterreichische Kulturberichte, Wien, verschiedene Nummern

Niel Alfred, Unvergessene alte Zahnradbahn, Wien 1974

Ottakring. Ein Heimatbuch des 16. Wiener Gemeindebezirkes, Wien 1924

Pawlik H. P./Raab F., Kahlenbergbahn, Wien 1972

Peichl Gustav, Der Grinzing-Plan, Wien 1976

Perchtoldsdorfer Heimatbuch, Wien/Melk 1958

Pichl Eduard, Wiens Bergsteigertum, Wien 1927

Piffl Ludwig, Tullnführer, Tulln 1962

Planung Wienerwald, Wien 1972

Plechl Pia Maria, Gott zu Ehrn ein Vatterunser pett, Wien 1971

Pöttlinger Josef, Burg Greifenstein an der Donau in Geschichte und Sage, Wien 1920

Prusik Karl, Ein Wiener Kletterlehrer, Wien 1929

Purkersdorfer Heimatbuch, Purkersdorf 1967

Reischl Friedrich, Wien zur Biedermeierzeit, Wien 1921

Riebe Else Valery, Der Wiener Neustädter Schiffahrtskanal, Wien 1936

Rieck Walter, Kulturgeographie des Triestingtales, Diss. Wien 1957

Röhrig Floridus, Alte Stifte in Österreich, Wien 1966

Röhrig Floridus, Klosterneuburg, Wien 1972

Roessler Arthur, Egon Schiele im Gefängnis, Wien 1922

Rollett Hermann, Begegnungen, Wien 1903

Rosenkranz Friedrich, Der Anninger, Wien 1929

Saphiriana, Brünn 1874

Sartori Franz, Mahlerisches Taschenbuch für Freunde interessanter Gegenden, Wien 1812–1817

Schad'n Hans P., Die Hausberge und verwandten Wehranlagen in Niederösterreich, Horn 1953

Scharfetter R., Pflanzenschicksale, Wien 1952

Schindler Anton, Beethoven-Biographie, Münster 1840

Schlögl Friedrich, Wienerisches, Wien 1882

Schmal Felix, Skisport in Österreich, Wien 1911

Schmidl Adolf, Wiens Umgebungen auf zwanzig Stunden im Umkreise, Wien 1835–39

Schmidl Adolf, Wien und seine nächsten Umgebungen, Wien 1847

Schmidt Leopold, Volkskunde von Niederösterreich, Horn 1972

Schneeweiß Emil, Bildstöcke in Niederösterreich, Diss. Wien 1966

Schöffel Josef, Erinnerungen aus meinem Leben, Wien 1905

Schönefeld August, Die Marktgemeinde Brunn am Gebirge, Brunn a. G. 1906

Seefranz Dieter, Der weiße Rausch, Wien 1976

Sieczynski Rudolf, Wiener Lied, Wiener Wein, Wiener Sprache, Wien 1947

Sieczynski Rudolf, Seltsame Leute im einstigen Wien, Wien 1950

Stadler Rudolf, Die Wasserversorgung der Stadt Wien, Wien 1873

Stadtländer Chris, Beethoven zieht um, o. O. 1962

Sternhart H./Pötschner H., Hundert Jahre Badner Bahn, Wien 1973

Stuckenschmidt H. H., Arnold Schönberg, Zürich 1951

Tietze Hans, Alt-Wien in Wort und Bild, Wien 1926

Till Rudolf, Wiener Land. In: Festschrift zum 70. Geburtstag von Karl Lechner, Wien 1967

Toth-Sonns Werner, Sonntagsleut im Wienerwald, Wien 1943

Trollope Frances, Wien und die Österreicher, Leipzig 1838

Trost Ernst, Figl von Österreich, Wien 1972

Vaculny Gertrude, Die Burgen am Ostabfall des Wienerwaldes zwischen Wienfluß und Mödling, Wien 1954

Via Sacra. Das Wallfahrtsmuseum in Klein-Mariazell, Wien 1975

Villers Alexander von, Briefe eines Unbekannten, Wien 1881 und Graz 1962 (Auswahl)

Währing. Ein Heimatbuch des 18. Wiener Gemeindebezirkes, Wien 1923–25

Watzl Hermann, Das Tagebuch des Priesters Balthasar Kleinschroth aus dem Türkenjahr 1683, Graz 1956

Weidmann F. C., Andeutungen zu Ausflügen von einem halben Tag bis zu vier Tagen mittels der beiden von Wien auslaufenden Eisenbahnen, Wien 1842

Weidmann F. C., Wien's Umgebungen, historisch-malerisch geschildert, Wien 1823; spätere Auflagen erschienen mit dem Titel: Die Umgebungen Wiens

Weinbuch, Das österreichische, Wien 1962

Weinhebers Wahlheimat, Neulengbach 1955

Wickenburg E. G., Barock und Kaiserschmarrn, München 1961

Wienerwald-Weitwanderweg 404, Wien 1977

Winkler Karl, Neidhart von Reuental, Kallmünz 1961

Zimmel Bruno, Kammerstein und Teufelsmühle, Wien 1962

Zimmel Bruno, Der Goldmacher Sehfeld in Rodaun, Wien 1963

Die Episoden aus dem Leben des Grafen Wympffen verdanke ich einer freundlichen Mitteilung des verdienstvollen Heimatforschers Leo Wirtner, Pottenstein

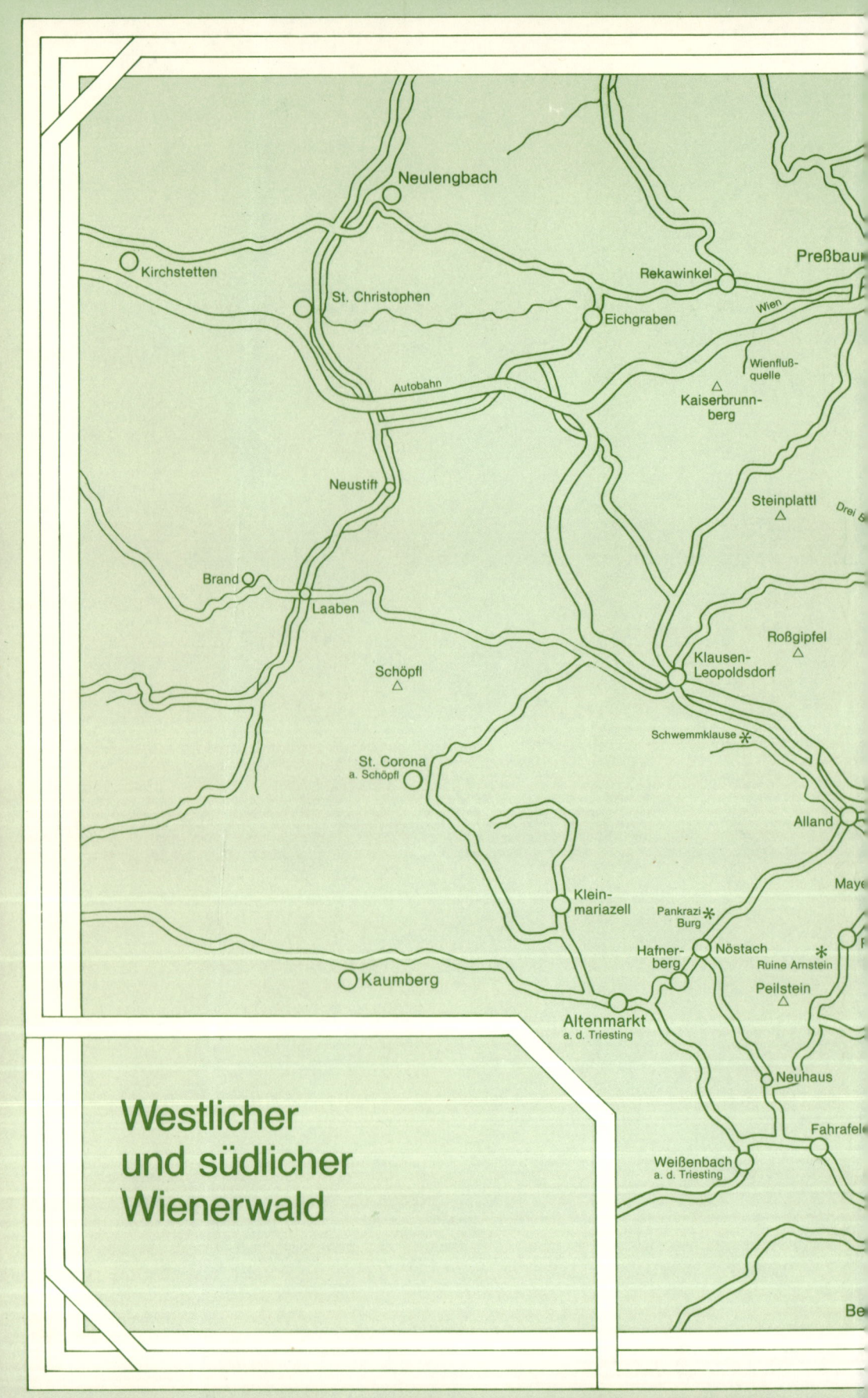

Westlicher
und südlicher
Wienerwald